너희가 그러고도
천국 갈 줄 아느냐!

"If you keep on sinning, you will never enter the kingdom of heaven"

김장환 목사, 장향희 목사, 한영훈 박사 추천

너희가 그러고도
천국 갈 줄 아느냐!

"If you keep on sinning, you will never enter the kingdom of heaven"

김경규 지음

"당신의 믿음은 구원 받기에 합당한 참된 믿음입니까?"

생각의 뜰

차례

감사의 글 _ 7
추천의 글 _ 8
머리말 _ 10

제1장 구약 시대의 성전 사상과 이 시대의 구원의 확신 사상 _ 13
제2장 구원 받는 믿음에 대한 혼란 _ 59
제3장 개인이 아닌 공동체를 위한 하나님의 택하심 _ 101
제4장 성경은 믿음에서 떨어질 가능성을 배제하는가? _ 151
제5장 하나님의 택한 자는 결국 모두 구원 받게 되는가? _ 197
제6장 성도의 견인은 누구의 책임인가? _ 239

부록(附錄) : 지옥 참상의 간증과 경고 _ 285
참고문헌 _ 323

감사의 글

　이 글을 쓰게 하시고 이 글을 쓸 수 있도록 용기와 지혜와 영감을 주신 성삼위 하나님께 모든 영광과 감사를 돌려드립니다.

　그리고 바쁘신 가운데서도 기꺼이 추천사를 써주신 김장환 목사님 장향희 목사님, 그리고 한영훈 목사님께 깊은 감사를 드립니다. 또한 표지 디자인뿐만 아니라 이 책의 출판을 위해 여러모로 애써 주신 김사무엘 전도사님과 교정으로 수고해 주신 여러분들께 감사를 드립니다.

추천의 글 (가나다 순)

김경규 목사님의 '너희가 그러고도 천국 갈 줄 아느냐' 란 책은 예수그리스도의 재림을 기다리고, 말세를 대비하는 지혜가 더욱 필요한 이때에 다시 한번 우리의 신앙과 시대적인 사명을 일깨워주고 있습니다. 특별히 이 책이 침체된 한국 교회에도 소망을 불어 넣어주게 될 것이라 확신하며, 기쁘게 추천하는 바입니다.

(극동방송 이사장 김장환 목사)

이 책을 읽게 되면 신앙생활에서 오늘날 우리들의 구원론이 얼마나 바른 구원론에서 멀리 와 있는가를 통감하게 해 준다. 구원론은 신앙생활의 기초라고도 할 수 있는데, 기초를 바르게 놓지 못한 결과, 한국의 신자들은 일꾼보다 말꾼, 구경꾼이 많아지고 있다고 할 수 있다. 본서는 "행함이 없는 믿음은 죽은"(약 2:26) 믿음이라는 것을 성경적으로, 신학적으로 탁월하게 분석하며, 해석한 책이다. 김경규 목사가 바른 구원론 정립을 위해 투철한 사명감으로 이룬 열매를 목회자 뿐만 아니라 많은 성도들이 읽으며 자신을 되돌아보게 되기를 소망한다.

(든든한교회 담임 장향희 목사)

    이제 한국교회는 십자가에 죽었다가 살아나신 그리스도의 구원사역을 통해 이룩한 영적 출애굽에 동참하도록 호소하는 선지자적인 외침을 요구하고 있다. 그러한 시기에 김경규 목사가 『너희가 그러고도 천국 갈 줄 아느냐?』라는 책을 썼기에 말할 수 없이 기쁘다. 평소에 사랑하는 김경규 목사는 본서를 통해 구원, 믿음, 예정, 언약, 견인이라는 칼빈주의적인 용어들을 사용하며 천국백성 됨을 보수적인 시각에서 쉽게 풀어 설명하고 있다. 무엇보다 평신도와 신학도, 그리고 목회자들에게 모두 적절한 종말론적인 신앙과 올바른 구원론을 갖도록 호소하고 있다. 아무쪼록 신구약 성경에 능통한 김경규 목사의 기도로 빚어진 본서를 통해 천국백성 됨을 확인할 수 있기를 바란다. 아울러 영적각성을 촉구하는 본서를 통해 성도들의 신앙이 더욱 견고해져서 한국교회가 한층 더 성장하기를 소망하며 이 책을 추천하는 바이다.

(한영신학대학교 총장 한영훈 박사)

머리말

오늘날 많은 사람들이 복음을, 그리고 구원 받는 믿음을 오해하고 있습니다. 그래서 이렇게 믿으면 천국 간다고 믿고 살았는데, 죽어보니 지옥이라면 이처럼 황당하고 기가 막힌 일이 어디에 있겠습니까? 그때 가서 아무리 후회한들 무슨 소용이 있겠습니까? 지옥은 더 이상 회개할 기회가 주어지지 않는 영원한 형벌과 고통만이 있는 곳입니다.

이러한 참담한 일이 결코 우리 중 그 누구에게도 닥쳐서는 안 될 것입니다. 이 책은 바로 이러한 불행이 우리에게 닥치지 않도록 우리가 가진 믿음이 구원받기에 합당한 믿음인가를 돌아보는 기회를 주고자 쓰여진 것입니다.

당신의 신앙은 천국에 들어가기에 합당하다고 생각하십니까? 만약 그렇다면 그 증거가 무엇입니까? 어떤 분들은 '나는 구원의 확신이 있기 때문에 천국에 갈 수 있다'고 대답할 것입니다. 그러나 구약시대에 이스라엘 백성들 중에 '구원의 확신을 가지고 구원받았다'고 외친 사람들 중 대다수가 구원받지 못했습니다 (렘 7: 4-15).

지금 이 시대에도 마찬가지 입니다. 예수님은 "나더러 주여 주여 하는 자마다 천국에 다 들어갈 것이 아니요 다만 하늘에 계신 내 아버지의 뜻대로 행하는 자라야 들어가리라" 고 말씀하십니다 (마 7: 21).

요즈음도 '예수를 믿는다' 고 하는 사람들 중에 결코 적지 않은 사람들이 천국과 거리가 먼 삶을 살고 있습니다. 너무나 많은 사람들이 구원의 확신은 가졌지만 이(利)를 위하여 의(義)를 버리고, 세상과 타협하며 불의하게 살면서 지옥으로 달려가고 있습니다. 그러면서도 천국에 간다고 믿고 있습니다. 하나님께서는 그러한 자들에게 '너희가 그러고도 천국 갈줄 아느냐?' 고 묻고 계십니다 (참고, 렘 7: 4-15, 사 1: 10-28, 마 7: 13-23).

천국문은 좁은 문을 통과하여 자기를 부인하고 십자가를 지고 가는 자에 한해서만 열립니다. 결코 입술로만 믿는 신앙인에게 열리는 것이 아닙니다. 그런데 언제부터인지 '십자가 없이도, 자기를 부인하지 않아도, 넓은 길로 걸어가며 불순종하며 살아도 능히 천국에 들어갈 수 있다' 고 현대 교회 성도들 중 많은 사람들이 그렇게 믿고 있습니다. 그러나 성경은 그러한 사람들이 생각하는 것처럼 '구원의 확신이 구원을 보장한다' 고 결코 말씀하고 있지 않습니다.

두 번 주어지지 않는, 영원한 때를 준비할 유일한 기회인, 단 한 번의 귀중한 인생입니다. 지금 이 땅에서의 기회를 놓치고 나면 영원히 후회할 날이 바로 나 자신에게 닥칠 수도 있음을 우리는 꼭 기억해야만 할 것입니다.

참고로 '부록'에 지옥이 얼마나 무섭고 처참하고 참담한 곳인지 지옥을 보고, 체험한 사람들의 간증을 실었습니다. 당신이 이 세상의 모든 것을 손에 거머쥔들 당신의 영혼이 지옥에 떨어져 영원토록 고통을 당해야 된다면 그 모든 것들이 무슨 소용이 있겠습니까?

이 글을 읽는 분 중에 넓은 길로 걷고 있는 분이 계시다면, 속히 돌이키시어 지옥 행렬에서 벗어나 좁은 생명의 길, 천국 길에 들어서시기를 간절히 바랍니다.

주후 2010년 4월 19일
캘리포니아 한 기도원에서
김경규 목사

chapter

구약 시대의 성전 사상과
이 시대의 구원의 확신 사상

제 1 장

구원의 확신이 구원(천국)을 보장하는가?

　많은 사람들이 구원은 믿음으로 받는다는 진리를 오해하고 있는 것 같습니다. 행위로 구원 받는 것이 아니라 믿음으로 구원 받는 것이기 때문에 마음 속으로 '예수님이 나의 구세주'라는 믿음만 있으면 행함과는 상관이 없는 것으로 믿고 있습니다. 또한 많은 설교자들이 '구원은 믿음으로 받고, 축복(상급)은 행함으로 받는다'고 설교합니다. 이 말은 마치 구원 얻는 믿음에는 행함이 필요 없는 것처럼 들립니다.
　루터의 종교개혁의 동료였던 필립 멜랑히톤 (Philip Melanchthon)은 "구원하는 것은 오직 믿음이지만 구원하는 믿음은 홀로가 아니다"라고 말했습니다.[1] 이 말은 곧 "행함이 없는 믿음은 곧 그 자체가 죽은 것"(약 2:17) 이어서 그러한 믿음으로는 구원에 이를 수 없다(약 2:14) 는 야고보 사도의 말씀과 같은 맥락입니다. 야고보 사도의 증거나 멜랑히톤의 해석은 믿음에는 반드시 행함이라는 열매가 나타난다는 것입니다.
　행함이 따라오지 않는 믿음은 참된 믿음이라고 할 수 없다는 것이지요. 그러한 믿음은 귀신들도 가지고 있는 믿음이며 헛된 믿음이라고 성경은 분명히 밝히고 있습니다 (약 2:19-20). 그럼에도 불구하고 오늘날 '오직 믿음으로만 구원 받는다'는 말은 행함이 없는 믿음으로도 구원 받을 수 있는 것으로 오해되고 있습니다.

구원의 확신이 마치 구원을 보장(guarantee) 하는 구원의 보증수표처럼 여겨지고 있습니다. 그러나 '구원 받았다'는 확신을 가지고 있다고 해서 그것이 곧 구원의 보장은 될 수 없습니다. 이것은 성경에 나타난 구약의 택함 받은 이스라엘 민족의 역사에도 잘 드러나 있습니다.

◐ 구원의 확신은 가졌지만 구원 받지 못했던 이스라엘 백성들

선지자 예레미야 당시에 유대인들은 불의를 행하면서도 자기들은 하나님 백성이기에 결코 (지옥) 심판을 받지 않으리라는 확신을 가지고 있었습니다. 그것은 그들이 불의를 행한다 할지라도 성전이 그들을 안전하게 보호한다고 저들은 굳게 믿고 있었기 때문입니다. 그러한 사상은 그 당시의 시대정신이었습니다.

영적 지도자들은 백성들에게 "이것이 여호와의 전이라, 여호와의 전이라, 여호와의 전이라"고 가르쳤습니다 (렘 7:4). 즉, 그 당시 거의 대부분의 유대 선지자들과 제사장들은 '여호와의 전이 그들 가운데 있기 때문에 저들은 결코 망하지 않으리라'고 가르쳤습니다.

'결코 망할 수 없는 하나님이 임재해 계시는 성전이 그들 가운데 계시는데 어찌 망할 수 있겠느냐'는 것입니다. 그래서 '하나님이 임재해 계시는 성전이 그들 가운데 있는 한 여호와의 백성들은 어떻게 살든 안전하다'는 것입니다. 그러한 사상이 당시 택한 이스라엘 백성들의 구원에 관한 정통 교리요 믿음이었습니다.

이와 같은 구약 백성들의 성전 사상은 그 당시의 백성들에게 구원의 확신을 갖도록 했습니다. 그러한 믿음을 가진 그 백성들은 자신들의 삶을 돌아볼 필요성을 전혀 느끼지 못했습니다. 그랬기에 저들은 하나님을 믿노라 하면서도 동시에 우상숭배와 불의를 버젓이 행했습니다. 그러면서도 자기들은 '구원 받았다'고 신앙고백을 했습니다 (렘 7:10). 그들은 그러한 자신들의 신앙이 잘못되었다는 것을 깨닫지 못했습니다. 그래서 하나님은 그러한 이스라엘 백성들의 잘못된 믿음을 깨우쳐 주시고자 당신의 종들을 부지런히 보내셨습니다 (렘 7:25).

예레미야를 통해서는 직접적으로, '성전이 너희를 구원할 것이라는 그러한 거짓말을 믿지 말라'고 말씀해 주셨습니다 (렘 7:4,10). 그러나 그 백성들은 선지자를 통해서 주시는 하나님의 생명의 메시지를 듣고도 하나님의 말씀을 거절했습니다 (렘 7:26). 저들은 '죄를 버리고 공의를 실천해야 구원에 이를 수 있다'는 하나님의 말씀을 달가워하지 않았습니다.

그러한 하나님의 말씀은 이기적인 욕심을 채우기 위해 마음대로 죄를 짓고 살아가는 저들에게 걸림돌이 되었기 때문입니다. '성전 신앙'은 저들로 죄를 짓고도 마음의 불안을 덮어주는 역할을 해 주었습니다. 그래서 저들은 끊임없이 죄를 지으면서도 성전에 나아와 제사 드리는 일에 열심을 다하였던 것입니다 (사 1:11-15).

성전 신앙을 통해 구원의 확신을 가진 저들은 자신들의 탐심을 채

우기 위해 물질 신(神)인 바알을 섬기는 우상숭배도 서슴지 않았습니다. 오늘날도 세상의 물질과 하나님을 동시에 섬기는 자들이 적지 않습니다. 이러한 자들은 돈신(맘몬신)을 섬기는 우상 숭배자입니다. 저들은 세상의 영광과 하늘나라를 동시에 얻기를 소원했던 자들입니다.

저들은 자기들의 이기적인 욕심을 채우기 위해 불의(不義)를 일 삼았습니다. 또한 구원 받기 위해 넓은 문을 통과하여 넓은 길로 걸어갔습니다. 문제는 그러한 성전사상을 통한 구원의 확신을 가지고 넓은 길로 걸었던 사람들 중 구원 받은 사람은 단 한 사람도 없었다는 점입니다 (롬 11: 4,7).

∽ 구원의 확신이 구원을 보장하지는 않습니다.

현대 교회의 많은 사람들이 구원의 확신을 가지고 있습니다. 구원의 확신은 좋은 것입니다. 그러나 자기 자신이 '구원 받았다'고 확신한다고 해서 그 사람이 꼭 구원 받는 것은 아닙니다. 왜냐하면 그러한 구원의 확신 중에는 거짓된 확신도 있기 때문입니다.

조나단 에드워즈는 위선적 확신의 가능성을 다음과 같이 말했습니다. "자신들 스스로 표명하는 자신감이 구원의 확실성의 근거가 될 수 없습니다".[2] 뿐만 아니라, 구원의 확신을 가지고서도 예레미야 당시의 유대인들처럼 탐심의 우상숭배와 불의를 일삼는, 행함이 따르지 않는, 죽은 믿음을 가진 자들도 있기 때문입니다.

제리 브릿지즈는 네비게이토 선교회의 지도자로서 많은 영향력을 끼친 분입니다. 그는 '거룩한 삶의 추구'라는 책에서 거룩한 삶이 없는 즉, 불의한 삶을 살아가는 자는 결코 천국에 들어갈 수 없음을 다음과 같이 말하고 있습니다.

비록 입술로는 그리스도인이라고 떠들 수는 있을지는 모르지만, 우리가 거룩함과 무관한 삶을 살고 있다면 우리 안에는 성령이 거하시지 않습니다. 하늘 나라에 들어갈 사람들은 그리스도를 아노라고 큰 소리치는 사람들이 아니라 거룩한 삶을 사는 사람들입니다. 하나님의 뜻을 따라 행하지 않는다면 "기독교에 위대한 업적"을 남긴 사람이라 할지라도 하늘나라에 들어갈 수 없을 것입니다.[3]

유대인들은 아브라함의 자손인 것을 자랑스럽게 여기고 있었습니다. 저들은 '아브라함의 자손들에게는 그 누구에게도 천국의 문은 활짝 열려 있다'고 생각했습니다.[4] 그러한 확신을 가진 유대인들에게 세례요한은 '회개에 합당한 열매를 맺으라'고 경고 하였습니다 (마 3:9). 만약 회개의 열매를 맺지 못하면 결코 지옥의 심판을 면치 못할 것이라고 증거 했습니다 (마 3:10).

요즈음에도 '예수 믿는 자'라 하면서 회개에 합당한 열매는 없는 자들이 많습니다. 저들은 불의한 삶을 살아가면서도 구원의 확신을 가지고 입술로는 '주여 주여'를 외치고 있습니다. 예레미야 당시에 성전 신앙을 소유하고서 탐심의 우상숭배와 불의를 일삼던 사람들과 다르지 않습니다. 이러한 열매 없는 입술만의 신앙은 구원 얻는 참된 믿음이 될 수 없습니다.

권성수 박사는 "진짜 신앙은 행동과 마음이 함께 가는 것이다"라고 말하고 있습니다.[5] '구원 얻는 참된 믿음'에 대하여 영국 성공회의 경건한 주교였던 존 라일은 다음과 같이 설명하고 있습니다.

야고보 사도는 입술의 고백만 있고, 성품에는 전혀 영향을 주지 않는 '죽은 믿음'을 경고합니다 (약 2:17). 구원 얻는 참된 믿음은 이와는 전혀 다릅니다. 참된 믿음은 항상 그 열매를 통해 드러납니다. 참된 믿음은 거룩하게 합니다. 사랑으로 역사하고, 세상을 이깁니다. 마음을 청결하게 합니다. 우리가 그리스도와 하나이고, 그리스도께서 우리 안에 계시다는 유일하고도 안전한 증거는 거룩한 삶입니다.[6]

이 시대의 대부분의 신자들이 '구원은 행함으로 받는 것이 아니라, 은혜로 받는 것'이라 하여 하나님의 계명을 소홀히 하는 것을 볼 수 있습니다. 우리는 주님 앞에 가서 우리의 믿음을 입증해야 합니다. 야고보 사도는 "나는 행함으로 내 믿음을 네게 보이리라"고 말하고 있습니다 (약 2:18). 하나님의 계명을 지키지 않고 신앙 생활을 한 사람들은 그 무엇으로 주님 앞에 가서 자신의 믿음을 증명할 수 있을까요?

∞ 삶의 열매를 맺느냐의 문제는 구원 여부와 직결됩니다.

포도나무의 비유는 포도나무의 원 줄기와 가지와의 유기적 관계를 통하여 예수님과 성도간의 신비적 연합을 보여주고 있습니다. 이 비유에서 예수님은 사람들이 맺는 과실(열매)로 그리스도 안에 있는 자들과 밖에 있는 자들을 구분합니다 (요 15:2). 즉, '구원 받을 자'와 '구원 받지 못할 자'는 그들이 맺는 열매 여하에 달려 있다는 것입니다. 사람이 과실을 많이 맺을 수 있는 유일한 길은 포도나무 되시는 그리스도께 붙어 있는 것입니다 (요 15:4). 그리스도께 붙어 있기 위해서는 주님의 계명을 지켜야 합니다 (요 15:10).

예수님께서는 주님 안에 있기만 하면 그 사람은 과실을 많이 맺는다고 말씀하십니다 (요 15: 5). '주님께 붙어있다'는 말이나 '주님 안에 거한다'는 말이나 '주님 안에 있다'는 말은 모두 같은 말입니다. 모두 '메노'(meno)라는 원어를 우리말로 달리 번역한 것입니다.

그렇다면 예수님께서 말씀하신 '열매'는 무엇을 뜻하는 것일까요? 박윤선 박사는 '열매'를 "성령의 은혜로 행실을 바로 행함"이라고 말하고 있습니다.[7] 즉, '성도로서의 올바른 행실'을 열매로 이해한 것입니다. 강병도 목사는 '열매'를 "그리스도를 믿고 새 사람이 됨에 따라 나타나는 신령한 변화들을 총칭하는 것"으로 설명하고 있습니다.[8] 즉, 성도들의 변화된 행위, 즉, 성도들의 선한 삶을 열매로 이해한 것입니다.

그래서 그는 '과실을 맺지 못하는 가지는' 주 밖에 있는 자로서, "그리스도를 주로 믿다가 배교(背敎)하는 자들과 명목상으로 신자이면서 실제적으로는 충실한 열매를 맺지 못하는 소위 가라지 신자들"이라고 설명합니다.[9] 즉, '열매 없는 자는 구원 받지 못하는 자요, 열매 맺는 자는 구원 받는 자'라는 말씀입니다.

이로 보건대, 예수님께서 말씀하신 열매란 다름 아닌, 사랑을 실천하는 성도들의 선한 행위, 즉 계명을 지키는 삶을 가리킨다고 볼 수 있습니다. 계명을 실천하는 삶은 바로 주님을 사랑할 뿐 아니라 이웃을 사랑하는 증거가 됩니다 (요 14:21). 주님의 계명을 지키지 아니하는 자는 그리스도 밖에 있는 자들입니다 (요 15:6). 그리스도 안에 있는 자들은 많은 열매를 맺습니다 (요 15:5). 그러므로 열매를 맺느냐의 문제는 사람들의 구원을 받는 문제와 직결되는 것입니다.

따라서 그리스도와 성도와의 신비한 연합을 나타내는 포도나무의 비유는 근본적으로 구원의 문제를 다루고 있는 것입니다. 그 구원의 여부는 그리스도께 붙어 있어 열매 맺는 삶을 사느냐에 따라 달라진다는 것이지요.

❧ 과실을 맺는 일과 제자가 되는 일은 일시적이 아닌 계속적인 일입니다.

예수님께서는 "너희가 과실을 많이 맺으면 내 아버지께서 영광을 받으실 것이요 너희가 내 제자가 되리라"고 말씀하십니다 (요 15:8). 원어에는 '이것으로 (엔 투토) 내 아버지께서 영광을 받으신다' 고 되어 있습니다. NKJV 영어성경도 그렇게 번역해 놓고 있습니다 (By this My Father is glorified). '이것으로'가 가리키는 바는 원문상 '열매 맺는(perete) 것'과 '제자가 되는 (genesde) 것' 두 가지 입니다.

그런데 여기서 중요한 것은 그 두 동사 모두 '현재 능동태 가정법'으로 기록되었다는 점입니다. 헬라어에서 현재 능동태는 계속적인 진행의 의미를 나타냅니다. 따라서 '열매를 맺는 일'이나 '제자가 되는 일'은 과거 어느 한 순간에 이루진 것이거나, 또는 일시적으로 이루어질 성질의 것이 아님을 나타내 주고 있습니다.

즉, 열매 맺는 일이나 제자가 되는 일은 모두 계속적으로 진행되는 일이라는 것입니다. 따라서 예수님께서 말씀하신 8절 말씀을 원어에 충실히 번역하자면, "너희가 계속적으로 과실을 많이 맺고 계속적으로 제자가 되고 있다면, 이로 인하여 내 아버지께서 영광을 받으실 것이요"라는 의미입니다. 예수님의 "이같이 너희 빛을 사람 앞에 비춰게 하여 저희로 너희 착한 행실을 보고 하늘에 계신 너희 아버지께 영광을 돌리게 하라"(마 5:16)는 말씀과 맥을 같이 하는 것입니다.

그러므로 참된 제자가 되기 위해서는 사랑을 실천하는 선한 행실의 과실을 계속적으로 맺고 계속적으로 제자의 삶을 살아가는 자가 되라는 것입니다. 그렇게 할 때 하나님께서는 영광을 받으신다는 말씀입니다. 그러한 자는 자신의 삶의 열매로 자신의 믿음을 입증함으로써 하나님께 영광 돌리고 자신은 구원을 얻게 되는 것입니다.

즉, 달리 표현하면 말씀을 지킴으로 포도나무 되시는 예수님께 붙어 있는 자는 버림을 받지 않고 구원을 얻게 된다는 것이지요. 그러나 말씀에 불순종하여 그리스도께 붙어 있지 않은 가지는 밖에 버리어 불살라집니다(요 15:6). 이것은 '포도나무 되시는 예수님께로부터 떨어져 나가는 자는 지옥에 간다'는 비유적인 표현입니다. 대부분의 설교자들이 그렇게 설교하지 않지만 말입니다.

예수님은 가지가 포도나무에 붙어 있는 방법은 주님의 말씀을 지키는 것이라고 말씀하셨습니다 (요 15:10). 이처럼 구원과 계명을 지키는 일과는 결코 뗄래야 뗄 수 없는 밀접한 관계에 있습니다. 이와 같이 계명을 지키는 것과 구원과의 상호 관련성에 대해 영국의 존 라일 주교는 다음과 같이 설명하고 있습니다.

> 율법이나 십계명을 지킨다고 의로워지는 것이 아니기 때문에, 그리스도인은 율법이나 십계명과 상관 없다고 생각하는 것은 매우 큰 오해 입니다. 성령은 율법을 통해 신자에게 죄를 확신하게 하시고, 칭의를 위해 그리스

도께로 이끄십니다. 우리 주 예수그리스도께서는 십계명을 결코 경시하신 적이 없습니다. 스스로 성도라 하면서 십계명을 가볍게 여기고, 거짓말하고, 외식하고, 속이고, 분내고, 비방하고 술 취하고, 제7계명을 어기는 사람은 철저하게 속고 있는 것입니다. 이런 사람은 마지막 날에 자신을 "성도"라고 증명할 수 없을 것입니다. 구원 받은 믿음의 증거도 없고 그리스도를 제대로 알지도 못하는, 전혀 천국에 합당하지 않은 사람들이 자신도 죽으면 "천국에 들어가게 될 것"이라고 말하는 것을 보면 참 마음이 아픕니다![10]

～ 말씀을 버린 거짓 선지자들과 말씀을 강조한 참 선지자 예레미야

예레미야는 그릇된 성전신앙을 바로 잡아 백성들을 하나님께로 돌이키는 사명을 받은 자였습니다. 그 당시에 정통으로 인정받던 거짓 선지자들의 가르침으로 인하여 이스라엘 백성들은 여호와의 성전을 믿는 잘못된 성전사상에 완전히 도취되어 있었습니다. 거짓 선지자들은 그 당시에 교권을 쥐고 있었습니다.

여호와의 말씀을 버린 거짓 선지자들과 정 반대되는 사상을 전하는 예레미야의 말은 그 당시에 이단자의 말 그 자체로 여겨졌습니다. 모두 다 일어나 예레미야를 죽이고자 했습니다. 심지어는 자기 고향 아나돗 사람들 까지도 그를 죽이려고 했습니다. "여호와께서 아나돗 사람들에 대하여 이같이 말씀하시되 그들이 네 생명을 취하려고 찾아 이르기를 너는 여호와의 이름으로 예언하지 말라 두렵건대 우리 손에 죽을까 하노라 하도다" (렘 11:21).

역사적으로 보면, 예레미야의 조상은 아히멜렉 제사장입니다. 쫓기는 다윗을 보호해 주었다는 이유로 아히멜렉 자신은 물론 그의 가족까지 몰살을 당하기에 이릅니다. 그런데 그 와중에 그의 아들 중 하나가 살아 남아 다윗에게 피신을 갔습니다 (삼상 22:18-20). 그리고 그가 나중에 다윗왕의 제사장이 됩니다 (삼하 8:17). 바로 아비아달 제사장입니다. 그러나 그는 나중에 정치적으로 솔로몬의 반대 편에 서게 된 연유로 솔로몬 왕에 의해 파면을 당하게 됩니다 (왕상 2: 27).

그리하여 그는 자신의 원래 고향인 아나돗으로 돌아갑니다. 이러한 일련의 사건들은 이후 예루살렘 제사장들의 판세가 바뀌는 계기가 됩니다. 다윗 왕조에는 아비아달 제사장 가문과 사독 제사장 가문이 양립하고 있었습니다. 그러던 것이 솔로몬이 집권하는 과정에서 아비아달 제사장 가문이 몰락합니다. 대신 사독 제사장 가문이 예루살렘의 제사장직을 독점하기에 이릅니다.

이러한 역사적인 계기로 인하여 아나돗의 아비아달 제사장 가문과 예루살렘의 사독 제사장 가문과는 사이가 별로 좋지 않았습니다. 그럼에도 불구하고 지금 예레미야의 고향 친척인 아나돗 사람들조차도 지금 예루살렘의 사독 제사장 편에 서는 것은 참으로 놀라운 일입니다. 이것은 그 당시에 성전 사상이 얼마나 백성들 사이게 절대적인 진리로 깊이 인식되어 있었는지를 보여주는 한 단면입니다.

그것은 아나돗 출신의 예레미야 선지자가 그 당시 정통으로 인식되던 '성전 사상'을 거짓 진리라고 비판하였기 때문입니다. '오직 성전만 있으면 구원 받는다는 진리가 잘못되었다'고 지적한 예레미야 선지자는 고향 친척들에게서조차 철저하게 외면을 당한 것입니다. 예레미야의 메시지는 저들에게 받아들이기 힘든 참으로 기이한 것이었습니다. '하나님의 성전에 나아와 제사만 열심히 드리면 구원 받게 되는 것이 아니라'는 예레미야의 메시지는 저들의 신앙과는 너무 동떨어진 것이었기 때문입니다.

성전 제사나 성전 신앙을 통해서가 아닌, 말씀을 지키고 공의를 행하는 순종하는 삶이 참된 믿음이요, 그러한 행함이 따르는 살아있는 믿음을 통해서만 구원 받을 수 있다는 메시지는 저들을 격분시켰던 것입니다.

∾ 당대에 참 선지자는 미친자 또는 이단자로 여겨졌습니다.

그 당시 사람들에게 '성전 사상'은 하나님의 절대적인 진리요, 정통 그 자체였습니다. 누구를 막론하고 이 성전사상에 이의를 제기하면 그 자는 곧 이단자였습니다. 정죄 받아 마땅하고 죽임을 당해야 마땅한 자로 여겨졌습니다. 감히 그 누가 정통 신학과 정통 신앙에 반기를 들 수 있단 말입니까?

이러한 신학적 풍토하에서, 아마도 아나돗 사람들은 자기 고향 친척 출신 중 예레미야라는 이단아가 자기들의 가문과 고향의 명예를 실추시키고 있다고 여겼을 것입니다. 그래서 그들은 예레미야가 정통에 반하는 예언을 하는 것에 대해 부끄러움을 느꼈음에 틀림없습니다.

그 당시의 예레미야의 출현에 대한 세상의 반응을 성경은 잘 묘사해 주고 있습니다. 그 당시 영향력 있던 선지자 스마냐는 여러 제사장에게 편지를 보내어 왜 자칭 선지자인 미친 예레미야를 책망하지 않느냐고 다음과 같이 말하고 있습니다.

여호와께서 너로 제사장 여호야다를 대신하여 제사장을 삼아 여호와의 집 유사로 세우심은 무릇 미친 자와 자칭 선지자를 착고에 채우며 칼을 메우게 하심이어늘 이제 네가 어찌하여 너희 중에 자칭 선지자라 하는 아나돗 사람 예레미야를 책망하지 아니하느냐.(렘 29:26-27)

예레미야는 미친 자이니 그를 처단함이 마땅하다는 것입니다. 그 당시에 대부분 사람들은 스마냐와 같은 거짓 선지자를 참 선지자로 여겼습니다. 그리고 오히려 참 선지자인 예레미야 같은 선지자를 이단자로 보았습니다.(렘 29:31)

아나돗 사람들이 자기 고향 형제 중 하나인 선지자 예레미야를 처단하고자 나섰던 것은 이와 같은 시대상황과 시대정신의 반영이었던 것입니다. 당대에 하나님의 택한 백성들이 얼마나 거짓 선지자들의 가르침에 미혹되어 있었는지를 잘 보여주는 일례입니다.

성전 사상은 오늘날
구원의 확신 사상으로 대체되었습니다.

여기서 우리가 반드시 짚고 넘어가야 할 점이 있습니다. 그것은 그러한 성전 사상을 가르치고 전파한 그 당시 제사장들과 선지자들은 거짓 선지자라는 점입니다. 물론 대부분의 사람들이 그들을 참 선지자라고 믿고 따랐지만 말입니다. 오늘날도 절대 다수가 믿고 있으면 그것이 하나님의 뜻과 상반된다 할지라도 그것은 곧 정통으로 여겨지고 있습니다. 그것이 바로 '구원의 확신만 있으면 저들의 삶과는 상관없이 결국은 천국 간다' 라는 가르침입니다.

요즈음도 많은 교회에서 '행위로 구원 받는 것이 아니라 믿음으로 구원 받는 것이기 때문에 어떻게 살아도 구원을 잃지 않는다' 고 가르칩니다. 마치 예레미야 당시에 거짓 선지자들이 이스라엘 백성들에게 '누구든지 할례 받은 백성은 결코 지옥에 가지 않는다' 고 가르쳤던 것과 같습니다. 그리고 거짓 선지자들이 '우리 가운데 성전이 있는 한 결코 멸망치 않을 것이라' 고 가르쳤던 것과 전혀 다르지 않습니다.

저들은 백성들에게 우리는 '안전하다', '평안하다'고 가르쳤습니다. 이전에 구약의 거짓 선지자들이 말했던 '할례'를 오늘날은 '믿음'으로, '성전 사상'을 '구원의 확신 사상'으로 이름만 살짝 바꾸어 놓았을 뿐입니다. 내용은 완전히 같은 데 포장만 그럴듯하게 다시 한 것입니다.

예전에는 할례 받은 사람은 결코 지옥은 구경도 못한다고 가르쳤습니다.[11] 오늘날은 믿음이 있는 사람은 그 믿음이 행함이 수반되지 않은 믿음일지라도 (온갖 죄를 지으며 살지라도) 결코 지옥은 구경도 못하고 천국으로 직행한다 말합니다. 그리고 그것이 진리이며 정통이라고 가르치고 있습니다.

심지어 어떤 설교자들은 구약시대에는 율법 시대이므로 행위로 구원 받았지만, 신약시대는 은혜 시대이므로 은혜로 구원 받는다고 가르칩니다. 그래서 신약시대에는 행위가 필요 없다고 가르칩니다. 이것은 성경을 제대로 이해하지 못한 데서 비롯된 것입니다. 구약시대에도 행위로 구원 받지 않고 믿음으로 구원 받았습니다. 그들은 장차 오실 그리스도를 바라보고 믿음으로 구원 받은 것입니다.

결국 예수 그리스도의 은혜로 구원 받은 것이지요. 신약시대에도 여전히 믿음으로 구원 받습니다. 단지 다른 것이 있다면, 구약 백성들이 앞으로 오실 그리스도를 믿음으로 바라보고 구원 받은 반면, 신약 백성들은 이미 오신 메시야를 믿고 또 다시 오실 재림 주 그리스도를 믿음으로 바라보고 구원 받는다는 점입니다. 현대 교회의 너무나 많은 사람들이 구약시대에는 행위로 구원 받고 신약시대에는 믿음으로 구원 받는다고 오해하고 있습니다.

신학대학원 졸업 반 학생 중에 반 이상의 학생들이 제가 출제한 시험 답안에 그렇게 답을 썼습니다. 분명히 구약시대나 신약시대나 동일하게 그리스도의 은혜로 믿음을 통해서 구원 받는다고 가르쳤는데도 말입니다. 그만큼 잘못된 사상에 물들어 있었다는 증거입니다.

∽ 계명에 귀 기울이지 않고 제사만을 강조했던 거짓 선지자들

거짓 선지자들은 성전 제사를 강조했습니다. 그들에게 말씀에 순종하는 의로운 삶은 중요하지 않았습니다. 그래서 백성들은 불의를 행하며 우상을 숭배하면서도 그것이 잘못되었는지 알지도 못했습니다. 그러한 불의를 행하면서도 저들은 "우리가 구원을 얻었나이다"라고 신앙고백을 하고 있습니다 (렘 7:10). 저들이 스스로를 구원 얻어 '안전하다'고 여겼던 이유는 자신들의 성전 제사 때문이었습니다.[12]

오늘날로 말하면 구원의 확신을 굳게 가지고 있었던 것입니다. 저들에게는 하나님의 백성으로서 어떻게 살아가야 하는지 분명한 하나님의 말씀이 주어져 있었습니다. 그것은 신명기에 두드러지게 나타나 있었습니다. 그래서 하나님께서는 예레미야 선지자를 통해 소위 학자들의 말하는 바 '신명기 신학'의 핵심사상을 저들에게 다음과 같이 상기시키고 계십니다.

너희가 만일 길과 행위를 참으로 바르게 하여 이웃들 사이에 공의를 행하며 이방인과 고아와 과부를 압제하지 말며 무죄한 자의 피를 이곳에서 흘리지 아니하며 다른 신들을 좇아 스스로 해하지 아니하면 내가 너희를

이곳에 거하게 하리니 곧 너희 조상에게 영원 무궁히 준 이 땅에니라.(렘 7:5-7)

배정훈 교수는 신명기 신학에 나타난 하나님과 이스라엘 백성 사이에 나타난 언약에 대해 다음과 같이 설명하고 있습니다.

> 신명기 신학은 하나님께서 하늘에 계시고 백성들은 계명을 순종함으로 하나님을 만난다고 이해한다. 하나님께서는 백성을 선택하시고 땅을 주시며, 백성들이 계명을 지키기를 요구하시는데, 계명의 내용에는 우상숭배의 금지와 공의의 실천이 있다. 계명에 순종함으로 하나님의 주권을 받아들일 때 그들은 땅에 계속 거할 수 있다. 그러나 불순종하고 불순종의 죄를 적절한 시기 안에 회개하지 아니하면 땅에서 쫓겨난다. (cf.렘 7:7,15)[13]

택한 이스라엘 백성들에게 이와 같이 분명하고도 확실한 삶의 윤리가 주어져 있었습니다. 그런데도 거짓 선지자들과 제사장들은 그런 말씀을 철저히 외면하였습니다. 그 당시 대부분의 백성들은 이방신들을 섬기면서 동시에 야훼 하나님에 대한 제사를 드리는 혼합주의를 취하고 있었습니다.

그러나 거짓 선지자들과 제사장들은 그런 것을 문제 삼지 않았습니다. 그들은 단지 저들에게 '야훼 하나님의 성전에 열심히 나와서 제사만 잘 드리면 된다'고 가르쳤습니다.

뿐만 아니라 백성들 중 대다수가 공의를 저버리고 약자를 압박하고 손에 피 흘리는 죄를 예사로 여기며 살았습니다. 하지만 당대에 거짓 선지자들과 제사장들은 그러한 죄를 문제 삼지 않았습니다. 공의를 짓밟고 불의를 밥 먹듯 해도, 저들 가운데 성전이 있어서 문제 될 것이 없다고 가르쳤습니다.

저들에게 중요한 것은 오직 하나, 단지 성전에 나아와 하나님께 제사를 얼마나 열심히 드리느냐 하는 것이었습니다. '성전 제사' = '성전 사상' = '구원의 확신' = '천국'과 같은 등식이 저들에게 형성되어 있었던 것입니다.

당연히 저들의 신앙은 기복적으로 흘렀습니다. 모든 백성들이 하나님 중심과 이웃 사랑과 같은 것에는 관심이 없었습니다. 천국은 이미 보장되어 있는 것이고, 이 땅에서 복 받고 떵떵거리고 잘 살면 되는 것이었습니다. 그들에게 하나님의 계명을 지키고 공의를 행하며 이웃을 사랑하는 것은 구원과 상관없을 뿐 아니라 그다지 중요하지 않았기 때문입니다.

❧ 계명을 지킴으로 주님 사랑 안에 거하는 자만 천국에 갑니다.

예수님은 "나더러 주여 주여 하는 자마다 천국에 다 들어갈 것이 아니요 다만 하늘에 계신 내 아버지의 뜻대로 행하는 자라야 들어가리라"고 말씀하셨습니다 (마 7:21).

주여 주여 부른다고 해서, 즉, 예수님을 마음으로 믿는다고 해서 하나님의 뜻을 행치 않고 불순종하는 자들까지 모두 천국에 들어갈 수 있는 것은 아니라는 말씀입니다. 또한 예수님을 믿노라 하면서도 말씀에 불순종하여 지옥 판결을 받게 될 많은 사람들이 마지막 날에 다음과 같이 항변할 것이라고 주님께서 말씀하십니다. "그 날에 많은 사람이 나더러 이르되 주여 주여 우리가 주의 이름으로 선지자 노릇

하며 주의 이름으로 귀신을 쫓아 내며 주의 이름으로 많은 권능을 행하 아니하였나이까 하리라" (마 7:22).

저들은 자신들이 불법을 행한 것에 대해서는 할말이 없었나 봅니다. 대신 '주님을 열심히 믿었노라'고 항변합니다. 그 증거가 바로, 주의 이름으로 선지자 노릇한 것, 주의 이름으로 귀신 쫓아 낸 것, 그리고 주의 이름으로 많은 권능을 행한 것 등입니다. 이 모든 것들은 오늘날 사람들이 예수 잘 믿는 증표로 인정해 주는 싸인들이라고 말할 수 있습니다.

주의 이름으로 선지자 노릇하는 사람들의 경우 사람들은 믿음이 좋은 사람이라고 인정해 줍니다. 주의 이름으로 귀신을 쫓아내면 믿음이 아주 좋은 사람으로 자타가 공인하기에 이릅니다.

더더구나 주의 이름으로 많은 권능까지 행하는 사람들의 경우는 더더욱 그렇습니다. 아마 그런 사람 중에 '자기 자신이 천국에 가지 못하게 될 지도 모른다'는 생각을 하는 사람은 거의 없을 것입니다. 다른 사람은 혹시 몰라도 자기만큼은 틀림없을 거라고 확신할 것입니다.

그러나 주님은 그런 자들의 변명을 일언지하에 묵살합니다. 그런 것들은 예수 믿은 증표가 될 수 없다는 것입니다. 오직 예수 믿은 증표는 주님의 계명을 지킴으로 주님 사랑 안에 머물러 있는 것만이 유일하다는 것입니다. "내가 아버지의 계명을 지켜 그의 사랑 안에 거하는 것같이 너희도 내 계명을 지키면 내 사랑 안에 거하리라" (요 15:10).

예수님마저도 하나님 아버지의 계명을 지킴으로 하나님 안에 머물러 계십니다. 우리도 마찬가지입니다. 우리가 주 예수님의 계명 안에 머물러 있을 때 주님의 영원한 생명 안에 머물러 있을 수 있다는 것입니다. 또한 예수님은 "나의 계명을 가지고 지키는 자라야 나를 사랑하는 자니 나를 사랑하는 자는 내 아버지께 사랑을 받을 것이요"라고 말씀하고 계십니다 (요 14:21).

바울은 예수님의 이 말씀을 이렇게 표현하고 있습니다. "너희가 만일 하나님의 인자에 거하면 그 인자가 너희에게 있으리라 그렇지 않으면 너도 찍히는바 되리라" (롬 11:22). 예수님의 말씀이나 바울의 증거한 말씀이나 같은 내용입니다. 하나님의 사랑 안에 거하지 않는 자들은 찍히어 버리움을 당할 것이라는 것입니다.

그리고 주님의 인자와 사랑 안에 거하려면 주님의 계명을 지켜야 한다는 것입니다. 주님은 주님 사랑 안에 거하지 않은 자들을 향하여 불법을 행하는 자들이라며 저들을 내치십니다. "그 때에 내가 저희에게 밝히 말하되 내가 너희를 도무지 알지 못하니 불법을 행하는 자들아 내게서 떠나가라 하리라" (마 7:21-23). 저들은 입술로는 주님을 시인하나 행위로는 불순종함으로 주님을 부인한 자들이기 때문입니다 (딛 1:16).

∾ 죄를 버리지 못하면 지옥도 벗어나지 못합니다.

그뿐만이 아니라, 예수님은 다음과 같은 말씀도 하셨습니다. "만일 네 오른 눈이 너로 실족케 하거든 빼어 내버리라 네 백체 중 하나가 없어지고 온 몸이 지옥에 던지우지 않는 것이 유익하며 또한 만일 네 오른손이 너로 실족케 하거든 찍어 내버리라 네 백체 중 하나가 없어지고 온몸이 지옥에 던지우지 않는 것이 유익하니라"(마 5:29-30). 이 말씀을 예수님께서는 누구를 대상으로 하셨을까요? 불신자들을 대상으로 했을까요? 그럴 리는 만무합니다. 그렇다면, '우리의 구원 받는 것이 믿음이 아닌 행위를 통해 구원 얻게 된다'는 말씀이 되고 맙니다.

그러므로 당연히 예수님께서는 이 말씀을 이미 예수 믿은 제자들에게 하신 것입니다. 즉, 예수님께서는 이미 예수를 믿은 자들일지라도 죄를 버리지 않고 계속 죄에 머물러 있다면, 그는 "죄의 종"으로서 결코 구원을 받을 수 없다고 말씀하시는 것입니다 (요 8:34). 천국에 가기 위해서는 철저히 죄를 버려야 한다는 말씀입니다.

왜냐하면 믿음의 사람은 더 이상 죄를 사랑하지 않고 의의 열매를 맺게 되어 있기 때문입니다. 그래서 예수님께서는 항상 지옥을 말씀하실 때 죄를 언급하신 것입니다.

많은 설교자들이 '죄 때문에 지옥 가는 것이 아니라 죄를 회개하지 않아서 지옥 간다'고 말씀합니다. 백 번 옳은 말씀입니다. 그런데 이 말씀을 오해하여 "아, 죄를 지어도 회개만 하면 괜찮구나" 하면서 같은 죄를 반복하는 사람이 있습니다.

그러나 그것은 회개한 것이 아닙니다. 여전히 죄 가운데 머물러 있는 것입니다. 죄를 회개한다는 것은 단지 입술로만 죄를 고백하는 데 그치는 것이 아닙니다. 같은 죄를 반복하지 않고 철저히 버리는 것을 말하는 것입니다. 그래서 예수님께서는 간음하다 붙잡혀 죽임을 당할 뻔 했던 여인을 용서해 주시면서, "나도 너를 정죄하지 아니하노니 가서 다시는 죄를 범치 말라"고 하신 것입니다 (요 8:11).

∽ 구원의 확신을 가지고서도 철저히 비윤리적일 수 있습니다.

오늘날 구원의 확신을 가지고 예배에 열중하는 사람들 중에 변화가 없는 사람들이 적지 않습니다. 교회의 봉사나, 선교에 열심히 참여하는데도 자신의 삶에는 변화가 없습니다. 저들은 기독교라는 좋은 종교를 가진 자들입니다.

그러나 진정 그리스도를 아는 진정한 그리스도인은 아닙니다. 저들에게는 종교의식과 종교형식은 있습니다. 경건의 모양도 있습니다. 그러나 저들에게 정작 중요한 그리스도의 임재는 없습니다. 물론 경건의 능력은 더더욱 없는 자들입니다.

구약 시대의 백성들이 이와 같았습니다. 저들은 성전신앙을 바탕으로 한 성전 제사를 신실이 수행했습니다. 그렇지만 저들은 비 윤리적인 종교인들에 지나지 않았습니다. 그들은 육신의 할례는 받았습니다. 하지만 하나님의 말씀을 받을 수 있는 "마음의 할례"는 받지 못한 사람들이었습니다.

그래서 하나님은 "대저 열방은 할례를 받지 못하였고 이스라엘은 마음에 할례를 받지 못하였느니라"고 말씀 하셨습니다 (렘 9:26). 저들의 무수한 제사는 저들에게 어떠한 변화도 가져 다 주지 못했습니다.

왜 그랬을까요?

저들의 제사는 형식적인 것이었기 때문입니다. 저들의 형식적인 성전제사로는 살아계신 여호와 하나님의 임재를 체험할 수 없었습니다. 저들의 제사는 자신의 유익을 구하는 우상종교와 다를 바 없었습니다. 하나님의 임재가 없는 종교인들의 제사는 자신을 변화시키지 못합니다. 그러한 저들의 반복된 제사 행위는 저들을 겸손하게 변화시키기 보다는 오히려 교만한 마음을 가지게 할 뿐이었습니다.

하나님이 찾으시는 신령과 진정의 예배자

오늘날 교회에서 드려지는 예배는 어떻습니까? 예배를 통해 하나님과의 거룩한 교제가 이루어지고 있습니까? 통회하고 자복하는 회개가 있습니까? 예배자의 심령이 새로워지고 있습니까? 예배자의 심령에 하나님의 형상이 이루어지고 있습니까? 그래서 저들이 세상에서의 삶을 통하여 그리스도의 향취를 풍기고 있습니까? 저들이 세상에서 이웃에 사랑을 실천하고 있습니까? 착한 행실로 하나님께 영광을 돌리고 있습니까? 저들의 삶에 감사와 감격이 있습니까?

그렇다면 그 예배는 하나님께서 기뻐 받으시는 예배입니다. 그런 것들이 없다면, 그것은 예레미야 당시에 종교적이면서도 비윤리적이었던 제사와 다를 바 없는 형식적인 예배에 지나지 않습니다.

하나님께서 받지 않으시는 형식에 치우친 예배가 어떤 예배일까요? 삶 속에 순종이 없는 예배입니다. 성전 안에서 만의 예배입니다. 하나님께서 찾으시는 예배는 신령과 진정으로 드리는 예배입니다.

즉, 성령님의 인도함과 말씀에 순종하는 예배입니다.

이스라엘 백성들은 말씀에 순종하지 않으면서 무수한 제물을 가지고 성전에 나왔습니다. 그러나 하나님께서는 그러한 저들의 제사를 결코 받으신 적이 없으십니다. 저들은 공의를 버리고 행악을 일삼으며 하나님 앞에 제사 드리는 일에만 열심을 냈기 때문입니다 (사 1:11-17).

저들은 성령님의 인도함을 받지 않았습니다. "그들은, 어느새 주님이 하신 일들을 잊어버리고, 주의 가르침을 기다리지 않았습니다 (did not wait for his counsel)" (시 106:13, 새 번역). 제사에만 열심을 냈던 저들의 신앙은 초대교회의 사도들이 성령님의 인도하심을 기다리며 성령님과 동역하던 신앙과는 아주 대조적입니다 (행 8:29, 11:12, 13:2, 16:6).

∽ 신령과 진정이 빠진 형식에 치우친 성전 뜰만 밟는 헛된 예배

또한 이스라엘 백성들은 많은 기도로 하나님을 자기 뜻대로 움직이려고 했습니다 (사 1:15). 그러나 하나님은 그들이 많이 기도할지라도 듣지 않으시겠다고 했습니다. 하나님의 원하시는 제사는 그런 것이 아니었습니다.

저들은 하나님께 제사 드리기 위해 성전을 뻔질나게 드나들었지만, 그들은 마당만 밟고 가는 자들이었습니다.

또한 저들은 하나님이 원하시는 것에는 관심이 없었습니다. 저들은 자기 중심적인 신앙을 가지고 오로지 자기들이 복 받는 얼에만 관심이 있었습니다. 그래서 무수한 제물 (많은 헌금)을 드리는 것을 아까워하지 않았습니다. 하나님께서 더 큰 축복을 주신다고 믿었기 때문입니다. 각종 성회와 주일 예배로 모이는 일에 결코 빠지는 일이 없습니다. 열심히 있습니다.

그러나 세상에 나가서는 이웃과 약자들을 압제하고 핍박합니다. 자신들의 유익을 위해서는 죄를 두려워하지 않습니다. 이러한 제사가 바로 형식적인 제사입니다.

말씀에 대한 순종이 없고 성령님의 인도함이 빠진 예배, 그리고 삶과 연결되지 않는 성전 안에서 만의 예배, 이것이 곧 형식적인 예배입니다. 그러한 예배는 많이 드리면 드릴수록 관록은 쌓이지만 변화는 나타나지 않습니다. 자기 중심적이고 이기적인 기복 신앙인들의 모습입니다.

그러므로 변화는 당연히 나타나지 않습니다. 세상의 종교인들의 모습과 전혀 다를 바가 없습니다. 현대 교회에 이러한 예배자가 아주 많습니다. 하나님께서 받지 않으시는 예배자가 천국을 갈 수 있으리라는 기대는 헛된 것입니다. 그것은 지나친 꿈이요, 결코 이루어질 수 없는 망상일 뿐입니다.

∽ 성도가 죄 짓는 것은 남편을 두고 바람 피우는 아내와 같습니다.

그리스도인들의 죄관(罪觀)을 아주 잘 대변하는 것 같아 찰스 피니의 설교 중 일부를 재구성하여 소개합니다. 피니는 세상적인 행복과 만족을 위해 죄를 단호히 버리지 못하고 마음 속에 언제든지 필요하면 죄를 짓겠다는 그리스도인들의 심중을 다음과 같은 식으로 이야기 합니다.

남편의 사랑에 만족하지 않고 끊임없이 다른 남자들과 놀아난다면 남편의 마음이 어떻겠습니까? 남편된 그리스도의 사랑에 만족하지 못하고 주님보다 부와 쾌락과 세상의 명예를 더 사랑하여 그것을 얻기 위해서 갖가지 죄를 용납하는 교인들을 우리는 어찌 생각해야 합니까? 더욱더 끔찍한 것은 남편의 적들 가운데서 연인들을 선택하여 그들을 집으로 데리고 와 즐기는 아내의 행위입니다.

결혼한 여자가 바로 그 시간부터 남편에 대해서 싫증을 느끼고는 바람피울 생각을 한다면 그 여인이 온전한 아내입니까? 믿는 자라 하면서 신앙고백을 하는 그 순간부터 죄짓지 않고 살아갈 생각이라고는 꿈에도 해 본 적이 없는 자들이 얼마나 많습니까? 결혼한 바로 그 순간에 남편의 모든 명령과 애원에도 불구하고 살아 있는 날 동안 계속해서 간음을 하겠다고 생각하는 여인과 다를 바 없는 교인을 우리는 어떻게 생각해야 하겠습니까?[14]

찰스 피니가 보여준 그리스도인들의 죄에 대한 태도가 그리스도의 신부로서 합당합니까? 과연 피니가 보여준 바람 피우는 아내와 같은 성도라면 그런 자를 주께서 장차 당신의 영원한 신부로 맞아 주시겠습니까? 결코 그렇지 않을 것입니다. 우리 주님께서는 사랑이 많으셔서 오래 참으시지만 죄에서 끝까지 돌아서지 않는 음란한 신부는 영원히 버리십니다.

⁕ 구원의 확신이 구원을 보장한다는 말은 거짓 진리입니다.

오늘날 세례 받은 사람도 많고 성령 세례 받았다고 하는 사람도 많습니다. 예수를 믿는다고 하는 사람은 날로 많아진다고 하는데 정작 사회는 더욱 더 어두워지고 있습니다. 세상의 빛과 소금은 찾아보기 쉽지 않습니다. 왜 그럴까요? 오늘날도 예레미야 선지자 시대와 다를 바 없습니다.

구원의 확신이 있는 저들에게, '돌이켜 회개하지 않으면 너희를 실로를 멸망시켰듯이 멸망시키리라'고 하나님께서는 말씀하십니다(렘 7:14, 26:6). 이러한 말씀을 대언하는 선지자 예레미야를 저들은 당장에 잡아 죽이려고 했습니다. '다른 제사장들과 선지자들은 우리에게 평강을 예언하는데 왜 너는 자꾸 불안하게 멸망을 예언하느냐'는 것입니다.

저는 확신합니다. 오늘날 예레미야가 이 땅에 다시 온다면 그는 동일한 말씀으로 교회를 향하여 '회개하라'고 외칠 것입니다. 그는 구원의 확신을 가지고 있으면서 말씀에 순종하지 않고 살아가는 자들을 향하여 이렇게 외칠 것이 분명합니다. "여러분이 돌이켜 말씀에 순종하지 않으면 여러분은 그 구원의 확신을 가지고 지옥에 떨어질 것이오. 그러니 돌이켜 입술로 주님을 시인하나 행위로 주님을 부인하는 자가 결코 되어서는 안됩니다!" (참조, 딛 1:16).

그리고 선택된 민족이라는 '선민사상'도 저들에게 죄 짓는 일을 부추기는데 일조했습니다. "유대인들은 자신들이 구원을 받도록 신에 의하여 예정되었고 그 어떤 것도 이 사실을 바꿀 수 없다고 믿었습니다.

그들은 하나님께서 어떠한 유대인이라도 거절하신다면 불공평하다고 말했습니다".[15]

그리고 저들은 성전에 와서 "우리를 구원해 주셔서 감사하나이다" 하고 말했습니다 (렘 7:8). 그리고 또 나가서 죄 짓기를 반복했습니다. 그래서 하나님은 저들을 향하여 이렇게 꾸짖고 있습니다.

> 너희가 도적질하며 살인하며 간음하며 거짓맹세하며 바알에게 분향하며 너희의 알지 못하는 다른 신들을 좇으면서 내 이름으로 일컬음을 받는 이 집에 들어와서 내 앞에 서서 말하기를 우리가 구원을 얻었나이다 하느냐. (렘 7:8)

자기는 하나님의 구원 받을 자로 예정되었다고 믿고 있는 신자들이 많습니다. 거기까진 좋은데 그 다음이 문제입니다. '결국은 천국에 갈 텐데, 죄 좀 지은 들 크게 달라질 게 있겠는가? 이미 나는 구원 받았는데, 뭐' 라고 하면서 세상에서 담대히 죄를 짓습니다.

뿐만 아니라 예정되었다고 믿는 사람들에겐 천국 문이 너무 넓어 보입니다. 천국 가는 길도 매우 넓고 화려한 아스팔트 길로 보입니다. 구원 받기로 예정되었는데 굳이 좁은 문으로 들어가려고 애쓸 필요가 뭐가 있겠습니까? 주님의 말씀과는 정반대입니다.

그러면서 속으로 이렇게 생각합니다. "구원의 문이 이렇게 크고 그 길은 이렇게 넓은데 왜 예수님은 좁은 문으로 들어가라고 하셨을까?"라며 의아해 합니다. 세상 사람들과 조금도 다르지 않아도 되고, 그저 믿기만 하면 되는데 왜 성도(聖徒)라 부르는지 그것도 또한 의

아스러울 뿐입니다. 성도란 거룩하게 세상과 구별된 무리라는 뜻입니다.

～ 구약 시대의 성전과 신약 시대의 성전은 다르지 않습니다.

예수님은 "너희가 이 성전을 헐라 내가 사흘 동안에 일으키리라"고 하셨습니다 (요 2:19). 예수님은 "성전 된 자기 육체를 가리켜 말씀하신 것"이었습니다 (요 2:21).

즉, 예수님을 육체적으로 죽일지라도 사흘 만에 다시 부활하실 것을 말씀하신 것입니다. 예수님 이후로 하나님의 성령께서는 사람의 손으로 지은 성전에 계시지 않으십니다.

대신 하나님을 믿는 사람들 마음의 성전에 내주하십니다. 성경은 "너희 몸은 너희가 하나님께로부터 받은바 너희 가운데 계신 성령의 전인 줄을 알지 못하느냐"고 반문하고 있습니다 (고전 6:19).

성령을 모신 예수님의 육체가 하나님의 거룩한 성전이었듯이, 이제는 믿는 자의 몸이 바로 성령을 모시는 하나님의 거룩한 성전입니다.

구약의 선지자들이 하나님은 성전에서 떠나지 않을 것이라고 가르쳤듯이, 이와 다르지 않게 오늘날도 많은 설교자들이 우리 안에 내주하신 성령은 결코 영원토록 떠나시는 법이 없다고 가르칩니다.

마치 구약 시대에 여호와께서는 결코 성전에서 떠나시는 일이 없으므로 성전이 있는 한 결코 멸망 당하지 않을 것이라고 가르친 것과 전혀 다르지 않습니다.

성전 사상을 굳게 믿고 있었던 이스라엘 백성들은 "하나님께서 예루살렘을 멸망시키고 그 백성을 하나님의 면전에서 쫓아 내리라"고

한 예레미야 선지자의 경고를 비웃었습니다.

저들은 "하나님께서 어떻게 성전을 멸하실 수가 있단 말인가? 하나님이 스스로를 멸망시키시다니, 하나님이 스스로 자살이라도 하시겠단 말인가?"하고 비아냥거렸습니다.

하나님은 이러한 저들의 오해를 불식시키기 위해 에스겔 선지자를 불렀습니다. 그리고 그에게 바퀴 달린 보좌 이상을 보게 하셨습니다(겔10장 참조). 그리고 이상 중에 여호와의 바퀴달린 보좌가 지상의 예루살렘 성전에서 분리되어 떠나시는 장면을 보여주셨습니다 (겔 9:3-4; 10:4,9-13,18,19; 11:23).

백성들은 에스겔 선지자의 하나님이 성전에서 떠나시고 심판하신다는 말씀을 듣고도 돌이켜 회개하지 않았습니다. 끝까지 저들은 선지자들을 통한 하나님의 경고를 무시하고 죄에서 돌이키지 않았습니다. 그들의 결국은 멸망이었습니다.

하나님의 법궤(언약궤)를
의뢰하는 신앙을 가졌으나
멸망 당한 '실로'

　하나님께서는 예레미야를 통하여 "너희는 내가 처음으로 내 이름을 둔 처소 실로에 가서 내 백성 이스라엘의 악을 인하여 내가 어떻게 행한 것을 보라"고 말씀하셨습니다(렘 7:12). 이스라엘 백성들의 불순종에 대한 하나님의 심판은 실로에 행한 그것과 동일하게 하시겠다는 말씀입니다. 여호와 하나님께서 엘리 제사장 때 실로에서 어떻게 행하셨습니까? 그 당시 이스라엘 백성들은 여호와의 법궤(언약궤)를 철저히 믿고 있었습니다.

　왜냐하면 법궤(언약궤)는 여호와 하나님의 현존(現存) 즉, 하나님이 그들과 함께 거하시는 것을 의미했습니다. 그래서 그들은 법궤(언약궤)를 의뢰했던 것이었습니다. 하나님의 현존을 의미하는 법궤(언약궤)가 그들 가운데 있는 한 그들은 결코 망할 수 없다고 믿었습니다. 그들 가운데 법궤(언약궤)가 있는데 그들이 망한다는 것은 곧 전능하신 하나님이 망하는 것으로 그들은 받아들였습니다.

그러한 사상은 저들의 잘못된 믿음을 나타내고 있는 것입니다. 저들은 법궤(언약궤) 그 자체가 저들을 안전하게 지켜 주리라고 확신하고 있었습니다. 그러나 하나님은 그 백성이 하나님 말씀대로 살지 않고 불순종하자 그들을 심판하기로 작정하셨습니다.

엘리 제사장 당시 여호와의 법궤(언약궤)는 실로에 안치되어 있었습니다. 그리고 실로는 이스라엘 민족의 제사의 중심지였습니다 (삼상 1-3장). 엘리 제사장의 뒤를 이어 그의 두 아들 홉니와 비느하스가 제사장으로 있을 때였습니다.

그들은 하나님께서 미워하시는 온갖 악을 행하면서도 여호와의 법궤(언약궤)를 의뢰하는 굳건한 신앙을 가지고 있었습니다. 하나님께서 저들의 죄악을 심판하시고자 블레셋을 일으키셨을 때, 저들은 법궤(언약궤)를 앞세워 전쟁에 나갔습니다.

하지만 저들은 전쟁에서 블레셋에 참담하게 패하여 죽고 말았습니다. 저들이 그토록 의뢰하던 법궤(언약궤)가 저들을 구원하지 못한 것입니다. 그리고 저들을 지켜주리라 철석같이 믿었던 하나님의 법궤(언약궤)는 이방나라 블레셋에게 빼앗기고 맙니다.

그리고 하나님께서는 실로를 버리셨습니다 (cf. 삼상 4장). 역사적으로 실로는 그 이후 다시금 번영하지 못했습니다. 이에 대하여 시편 기자는 "하나님이 들으시고 분내어 이스라엘을 크게 미워하사 실로의 성막 곧 인간에 세우신 장막을 떠나셨다"고 증거하고 있습니다 (시 78:60). 하나님께서는 하나님의 임재를 상징하는 성전이라 할지라도 백성들이 범죄하면 이처럼 떠나십니다. 이와 같이 오늘날도 우리 믿는 자의 육체가 하나님의 성령께서 거하시는 거룩한 성전이 되었을지라도 우리가 중대한 범죄를 계속하면 하나님의 영은 떠나십니다.

엘리 제사장 때에도, 에스겔 선지자 때에도, 하나님의 영은 백성들이 계속해서 범죄하고 죄에서 돌이키지 않자 성전을 떠나셨습니다. 오늘날도 마찬가지입니다. 이것이 곧 하나님께서 에스겔 선지자를 통해서 택한 이스라엘 백성들에게 가르쳐주시고 싶었던 진리입니다.

∽ 시대는 변했지만 변하지 않는 사람들의 영적 수준이 주는 교훈

하나님께서는 실로의 역사적 교훈을 상기시키셨습니다. 예레미야 선지자 당시에 이스라엘의 시대상황과 영적인 수준이 엘리 제사장 당시의 백성들과 대체로 같았습니다. 엘리 제사장 때의 법궤(언약궤) 신앙이 예레미야 선지자 때는 성전 신앙으로 바뀌었을 뿐입니다. 저들은 과거에 실로의 사람들이 법궤(언약궤)를 굳게 믿었던 것처럼 여호와의 성전을 굳게 믿다가 실로가 망함 같이 망하고 말았습니다.

오늘날 이러한 말씀들이 우리와 무슨 상관이 있는 것일까요? 우리는 이러한 말씀들로부터 어떠한 영적 교훈을 얻어야 할까요? 놀랍게도 실로 장구한 세월 동안 거짓 진리들이 택한 하나님의 백성들을 그릇된 길로 인도하였습니다. 그러한 거짓 사상들은 택한 백성들로 하여금 생명 길로 가지 못하게 하고 사망 길로 인도하였습니다.

∽ 구원의 확신은 있는데, 믿음의 열매인 공의는 없는 백성들

성전신앙을 가진 이스라엘 백성들은 죄와 더불어 살면서도 무수한 제물을 하나님께 드리고 기도도 열심히 했습니다. 그러한 성전예배와 기도에는 열성이면서 공의를 버리고 이웃을 압제하던 택한 이스라엘의 신앙 모습이 어떤 모습과 같습니까?

마치 예수님께서 지적하신 것처럼, 불법을 행하며 살면서, 믿노라며 '주여 주여' 하다가 결국 어두운 곳에 쫓겨난 자들의 모습과 같습니다(마 7:21-23). 달리 보면, 마치 예수님께서 양과 염소를 가를 때 왼편의 염소들의 모습과 흡사합니다. 주님을 위해서는 무엇이든 다 했다고 강변하던 저 염소의 무리들과 말입니다.

그러나 주님은 "지극히 작은 자에게 하지 않은 것이 곧 내게 하지 않은 것"이라고 저들의 믿음의 외적 표현이자 열매인 사랑 없는 삶을 지적하시며 저들을 바깥 어두운 곳으로 내치셨습니다(마 25:45).

주님께서 양과 염소를 가리는 마지막 심판의 모습에서 염소들의 모습은 마치 야고보 사도가 언급한 행함이 없는 죽은 믿음을 가진 자들의 모습과 다르지 않습니다. 야고보 사도는 사랑의 행위가 따르지 않는 믿음을 아무 쓸 데 없는 죽은 믿음이라고 증거 했습니다.

> 내 형제들아 만일 사람이 믿음이 있노라 하고 행함이 없으면 무슨 이익이 있으리요 그 믿음이 능히 자기를 구원하겠느냐 만일 형제나 자매가 헐벗고 일용할 양식이 없는데 너희 중에 누구든지 그에게 이르되 평안히 가라, 더웁게 하라, 배부르게 하라 하며 그 몸에 쓸 것을 주지 아니하면 무슨 이익이 있으리요 이와 같이 행함이 없는 믿음은 그 자체가 죽은 것이라. (약 2:14-17)

야고보 사도가 여기서 말하고자 하는 행함이란 곧 사랑의 실천을 두고 한 말입니다. 요한 사도의 말처럼, 이웃을 사랑하지 않는 자가 하나님을 사랑한다고 하는 것은 거짓말이라는 것이지요(요일 4: 20-21). 바울은 "그리스도 예수 안에서는 할례나 무 할례가 효력이 없으되 사랑으로써 역사하는 믿음뿐이니라"고 했습니다(갈 5:6).

영어성경 NIV는 '사랑을 통해서 그 자체를 표현하는 믿음'(faith expressing itself through love)이라고 번역해 놓고 있습니다. 즉, '믿음은 사랑을 통해서만 표현된다'는 말씀입니다.

그러므로 사랑으로 표출되지 않는 믿음은 거짓 믿음이요, 아무짝에도 쓸 데 없는 죽은 믿음입니다. 그러므로 예수님의 양과 염소의 비유나, 야고보 사도의 행함이 없는 믿음이나, 바울 사도의 사랑을 통해서 표출되는 믿음은 다 같은 맥락의 이야기입니다.

믿음은 마음의 생각과 입술의 말의 문제가 아니라, 행함과 삶의 문제라는 것입니다. 진정한 살아 있는 믿음은 겉으로 믿음의 모습을 드러낸다는 것입니다. 믿음 그 자체는 볼 수 없으나 믿음의 행위는 우리 눈에 띄게 마련입니다. 마치 바람 그 자체는 보이지 않으나 바람이 지나가면 나뭇잎이 흔들리는 것과 같은 이치입니다.

진정 천국에 이르기를 원하십니까? 그렇다면, 공의를 버리고 이웃을 압제하는 죄 된 삶에서 돌아서야 합니다. 하나님께 무수한 제물을 드리고 열심히 기도하던 구약시대의 이스라엘 백성들과 같은 사랑의 실천이 없는 그릇된 신앙, 즉, 죽은 믿음에서 돌아서야 합니다.

신구약 시대의 정통이라 불리는 신학의 한계

　하나님의 택한 백성들의 그릇된 신앙의 모습은 과연 구약 시대에 한하는 것일까요? 그렇다면 얼마나 좋겠습니까만, 현실은 그렇지 못합니다. 오늘날 너무나 많은 사람들이 마음 속에 구원의 확신만 있으면 삶이야 어떻든 천국 가는데 문제 없다고 100% 확신하고 있습니다.
　그것은 이 시대의 많은 교회에서 정통 교리라고 가르쳤기 때문입니다. 많은 설교자들이 그것을 참된 진리라고 힘주어 말하고 있습니다. 이러한 사상은 어거스틴 때로부터 시작하여 종교개혁의 아버지라고 할 수 있는 루터에 이르러 확증적인 교리로 자리 매김을 하게 되었습니다.

　어거스틴 때부터 비롯된 "구원의 확신만 있으면 천국에 간다"는 신학과 "한 번 구원은 영원한 구원"이라는 사상은 오늘에까지 이르고 있습니다. 루터의 종교개혁 이후 정통 신학이라는 타이틀을 가진 채 말입니다. 구약시대의 정통 신학이었던 '성전 사상'이 수 많은 택한 이스라엘 백성들을 바깥 어두운 데로 쫓겨나게 했습니다. 마찬가지입니다. 오늘날은 "구원의 확신만으로 천국에 간다"는 신학과 "한 번 구원은 영원한 구원"이라는 사상이 그러합니다.

그러한 사상은 사실 구약 시대에 성전 신앙을 근거로 결코 멸망하지 않으리라는 사상과 맥을 같이 하고 있습니다. 뿐만 아니라 할례 받은 백성은 결코 지옥에 가지 않는다는 사상은 오늘날 믿음으로 구원 받은 사람은 무슨 죄를 짓고 살아도 결국은 구원 받는다는 구원의 확신사상과 일치합니다.

구약 시대의 할례가 이 시대엔 마음 속의 믿음으로 대체되었을 뿐입니다. 참으로 놀라운 것은 성경적인 근거가 없는데도 불구하고 정통이라는 이름 때문에 대부분의 사람들은 그것이 참으로 진리인가를 알아보려고 조차도 하지 않는다는 점입니다.

구약시대에 정통으로 여겨졌던 성전 신앙 사상은 그 당시의 제사장들과 선지자들이 확산시킨 것이었습니다. 그러나 하나님은 저들을 거짓된 자들이요(렘7:4), 어리석은 자들이라고 판정을 내리십니다. "너희가 어찌 우리는 지혜가 있고 우리에게는 여호와의 율법이 있다 말하겠느뇨 참으로 서기관의 거짓 붓이 거짓되게 하였나니 지혜롭다 하는 자들은 수욕을 받으며 경황 중에 잡히리라 보라 그들이 나 여호와의 말을 버렸으니 그들에게 무슨 지혜가 있으랴"(렘 8:8-9).

～ 구원 받으려면 죄를 버리고 하나님께 돌아와야

정통 신학이라고 굳게 믿던 성전 사상을 통해 구원받은 사람은 없었습니다. 사무엘은 백성들에게 구원을 얻으려면 우상을 버리고 하나님만을 섬기라고 회개를 촉구했습니다 (삼상 7:3).

하나님의 구원역사는 우상숭배를 철저히 금하고 하나님만을 섬길 때만 가능합니다. 하나님의 현존을 의미하는 법궤(언약궤) 일지라도 불의와 우상숭배를 버리지 않으면 멸망했습니다.

마찬가지로 하나님의 현존을 상징하는 성전이 있다 할지라도 그들이 불의와 우상 숭배를 회개하지 않는다면 멸망할 수 밖에 없습니다.

오늘날도 마찬가지 입니다. 시대가 인정하는 정통신앙을 통해 구원 얻을 자가 없습니다. 우리 몸이 거룩한 하나님이 거하시는 성전이고 한 번 우리 안에 오신 성령은 결코 떠나지 않으신다는 것이 이 시대의 정통신학으로 자리매김이 되었습니다.

결코 성령이 떠나는 일이 있을 수 없기에 구원 역시 결코 놓칠 수가 없다는 것입니다. 그래서 사람들은 자신의 영혼구원을 위해 자기 자신을 돌아볼 필요성을 느끼지 못합니다.

정통신학과 정통신앙이 자기영혼을 마지막 날에 구원할 것이라고 굳게 믿고 있기 때문입니다. 그래서 오늘날 이러한 정통신학과 정통 교리는 강단에서 회개의 설교를 몰아내었고 성도들의 삶 속에서 순종을 앗아갔습니다. 정통신학과 교리가 나를 구원해줄 줄 알고 자신의 삶을 돌아보지 않고 "믿습니다!"를 외치며 불순종하며 살다 죽어 보니 결국은 지옥이라면 그 때 가서 천만 번 후회한들 무슨 소용이 있겠습니까? 구약시대에 하나님은 결코 성전을 떠나지 않는다는 성전 신앙을 가지고 불순종하며 하나님을 거역하며 살던 사람들은 구원받지 못한 사실을 기억하십시오!

이 시대에도 마찬가지입니다.

예수 믿어 하나님의 성전 된 우리 몸에 내주하시는 성령은 영원히 떠나지 아니하신다는 신앙을 가지고 불순종하며 살아가는 사람들은 결코 구원받지 못합니다.

왜냐하면 예수 그리스도는 어제나 오늘이나 영원토록 동일하시"기 때문입니다 (히 13:8). 하나님의 말씀은 변치 않습니다. 그 말씀의 원리와 적용도 변치 않습니다.

바울은 구약시대의 신령한 세례를 받고 구원 받아 그리스도의 몸에 참예했던 이스라엘 백성들이 가나안에 이르지 못하고 광야에서 멸망 받은 사건을 신약시대에 적용시키고 있습니다. 그리스도의 몸에 참예했다는 것이 곧 신령한 교회의 일원이 되었다는 의미입니다. 이것은 곧 그들이 이미 구원 받은 진정한 하나님의 백성들이었다는 것을 의미합니다.

그러나 저들은 광야에서 우상숭배로, 간음으로, 주를 시험하다가, 또는 원망하다가 도중에 멸망 당하였습니다. 바울은 이 사건을 상기시키며 고린도 교인들에게 죄를 멀리 할 것을 다음과 같이 경계하고 있습니다.

형제들아 너희가 알지 못하기를 내가 원치 아니하노니 우리 조상들이

다 구름 아래 있고 바다 가운데로 지나며 모세에게 속하여 다 구름과 바다에서 세례를 받고 다 같은 신령한 식물을 먹으며 다 같은 신령한 음료를 마셨으니 이는 저희를 따르는 신령한 반석으로부터 마셨으매 그 반석은 곧 그리스도시라. 그러나 저희의 다수를 하나님이 기뻐하지 아니하신고로 저희가 광야에서 멸망을 받았느니라. 그런 일은 우리의 거울이 되어 우리로 하여금 저희가 악을 즐겨 한 것같이 즐겨 하는 자가 되지 않게 하려 함이니.

저희 중에 어떤 이들과 같이 너희는 우상 숭배하는 자가 되지 말라 기록된바 백성이 앉아서 먹고 마시며 일어나서 뛰논다 함과 같으니라 저희 중에 어떤 이들이 간음하다가 하루에 이만 삼천 명이 죽었나니 우리는 저희와 같이 간음하지 말자. 저희 중에 어떤 이들이 주를 시험하다가 뱀에게 멸망하였나니 우리는 저희와 같이 시험하지 말자. 저희 중에 어떤 이들이 원망하다가 멸망시키는 자에게 멸망하였나니 너희는 저희와 같이 원망하지 말라. 저희에게 당한 이런 일이 거울이 되고 또한 말세를 만난 우리의 경계로 기록하였느니라. ……

우리가 축복하는바 축복의 잔은 그리스도의 피에 참예함이 아니며 우리가 떼는 떡은 그리스도의 몸에 참예함이 아니냐? (고전 10:1-11, 16)

박영선 목사께서는 구약성경과 신약성경의 불가분의 관계를 다음과 같이 설명하고 계십니다.

구약성경은 마치 화면과 같고 신약성경은 마치 그 화면에 있는 자막과 같습니다. 자막 없는 화면만 보면 무슨 소리를 하는지 알아듣지 못하고 화면 없이 자막만 읽으면 또 그 자막의 갖는 의미가 얼마나 거대하고 깊은지 상상을 제대로 할 수 없는 우리의 약점을 이해하신다면 성경이 구약과 신약으로 화면을 만들기도 하고 자막을 만들어 주기도 한다는 것은 우리를 위한 참으로 세심한 배려라는 것을 아시게 될 것입니다.[16]

그렇습니다. 구약 성경이 그림과 같다면 신약성경은 그 그림의 해석과도 같습니다. 바울은 이스라엘 백성들의 출애굽 사건 중 홍해를 건너는 그림을 신약시대의 세례로 해석하고 있습니다.

그리고 홍해에서 세례를 받은 이스라엘 백성들이 신령한 식물을 먹고 신령한 음료를 반석으로부터 마셨는데 그 반석은 바로 그리스도라고 해석하고 있습니다.

예수님께서는 "내가 진실로 진실로 너희에게 이르노니 인자의 살을 먹지 아니하고 인자의 피를 마시지 아니하면 너희 속에 생명이 없느니라"(요 6:53)고 말씀 하심으로써 예수님의 신령한 식물을 먹고 신령한 음료를 마신 자는 그 속에 생명이 있다고 말씀하십니다.

즉, 다시 말하면 저희들은 이미 예수를 믿어 구원 얻은 자들이었다는 점입니다. 그런데 문제는 '하나님께서 그 들 중 다수를 기뻐하지 아니하신 고로 저희가 광야에서 멸망을 받았다' 고 하는 점에 있습니다.

구약시대에 구름과 바다에서 신령한 세례를 받은 이스라엘 백성들 중 많은 수가 약속의 땅 가나안에 들어가지 못하고 광야에서 멸망을 받았다는 것입니다. 이 사건을 구약성경에 기록해 놓은 이유는 저희에게 당한 이런 일이 거울이 되어 악을 행치 않도록 말세를 만난 우리를 경계하기 위해서 라고 합니다.

이 말씀은 신약시대에 예수를 믿어 신령한 말씀을 받아 먹고 예수님의 피 뿌림을 받아 신령한 세례를 받고 구원 받은 자라도 이스라엘 백성들처럼 악을 행하면 멸망을 받을 수 있다는 말씀입니다.

구약시대에 이스라엘 백성들이 그러했던 것처럼 오늘날 이 시대에도 구원 얻는 믿음에 대한 대 혼란이 있습니다. 많은 사람들이 구원 받는 믿음에 대해 크게 오해하고 있습니다. 이러한 오해는 엄청난 비극을 초래할 수 있습니다.
다름 아닌 영혼의 구원의 문제가 달려있기 때문입니다. 다른 것은 몰라도 구원 문제만큼은 결코 오해하는 일이 없어야 합니다. 이제 다음 장에서는 이 시대의 구원 얻는 믿음에 대해 혼란이 무엇이며 어떤 믿음이 진정 구원 얻는 믿음인지 함께 상고해 보도록 하겠습니다.

주(註)

1) Pawson, 2000, p. 150
2) 황영식, 2005, p. 123
3) 제리 브릿지즈, 거룩한 삶의 추구, 1988, p. 42
4) 권성수, 로마서 강해 I, 1994, p. 143
5) 권성수, 로마서 강해 I, 1994, p. 144
6) 존 라일, 거룩, 2009, pp. 115
7) 박윤선, 성경주석, 1981, p. 461
8) 강병도, 호크마 주석, 1991, p. 486
9) 강병도, 1991, p. 486
10) 존 라일, 거룩, 2009, p. 633
11) 찰스 하지, 2004; 권성수, 1994
12) 배정훈, 대선지서 개론, 2007
13) 배정훈, 대 선지서 개론, 2007, p. 148
14) 재구성, 찰스퍼니, 1987, pp. 171-172
15) Wynkoop, 1987, pp. 45-46
16) 박영선, 구원: 그 즉각 성과 점진 성, 1985, p. 14

chapter 2

구원받은 믿음에 대한 혼란

제2장

이 시대의 구원 받는 믿음에 대한 큰 혼란

어떤 사람들이 은혜로 구원 얻는 것이기 때문에 우리의 삶(행함)은 구원과 상관 없는 것이라고 주장합니다. 그런가 하면 또 어떤 사람들은 행함이 없는 믿음은 그 자체가 죽은 믿음인데 어찌 행함으로 입증되지 않은 믿음으로 구원 받을 수 있겠느냐고 반문합니다.

많은 설교자들이 은혜로 구원 받는다고 설교했다가 또 행함이 없는 믿음은 죽은 믿음이기 때문에 아무리 믿음이 있어도 행함이 없으면 구원 받지 못한다고 설교합니다. 한 입으로 두 말을 하는 것입니다.

성도들은 참으로 혼란스러워 합니다. 혼란스러워 하는 신자들은 그래도 의식이 좀 있는 분들입니다. 대부분은 "그저 믿으면 구원 받는다는데 뭘 골치 아프게 그런 것을 따지느냐"고 합니다.

무엇이 믿음인지도 모르고 그저 "믿습니다"만을 외칩니다. 그러면 구원 받는 줄로 착각하고 있습니다.

하나님은 "내 백성이 지식이 없어서 망한다"고 했습니다(호 4: 6a). 이어지는 말씀은 더 무섭습니다. "네가 지식을 버렸으니 나도 너를 버려 내 제사장이 되지 못하게 할 것이요" (호 4:6b).

 하나님을 아는 지식, 하나님의 말씀을 등한시하여 하나님을 잘 모르는 자들은 하나님께서 버리시겠다는 말씀입니다. 그래서 저들은 망하게 될 거라는 것입니다. 이 말씀은 하나님의 이름을 모르는 이방 족속들에게 하신 말씀이 아닙니다. 하나님을 아는 백성, 하나님의 택하신 이스라엘 백성들에게 하신 말씀입니다.

 하나님과 하나님 말씀을 아는 지식은 참으로 중요합니다. 그런데 그 중에서도 더욱 더 중요한 것은 구원 얻는 도리에 대한 진리입니다. 구원의 도리를 정확하게 바로 이해하지 못한다는 것은 보통 심각한 문제가 아닐 수 없습니다. 이것은 영혼의 구원에 직접적으로 관계가 되기 때문입니다.

 예수님은 믿는 유대인들에게 "진리를 알지니 진리가 너희를 자유케 하리라" (요8:32)고 말씀하셨습니다. 진리 되신 하나님과 하나님의 말씀을 제대로 알지 못하고선 참된 구원은 없습니다.
 자기는 구원 받았다고 생각하는데 하나님이 볼 땐 아니라면 이처럼 비참한 일이 또 어디에 있겠습니까? 너무나도 슬픈 일은 이 세대가 바로 진리를 모르고서도 진리를 아는 것처럼 스스로 속고 있는 자들이 넘쳐 난다는 사실입니다.

ಌ 구원 얻는 믿음의 혼돈

 어떤 사람은 성경말씀을 진리로 받아들이는 동의적 (同意, Agreement) 믿음만 있으면 구원 받는다고 믿고 있습니다. 반면에 어떤 사람은 행위가 따르지 않는 믿음만으로는 구원받은 수 없다고 믿고 있습니다. 또 어떤 사람은 이 둘 사이에서 애매모호한 입장을 취하기도 합니다.

어느 한 목사님은 이 두 가지 구원 얻는 믿음 사이에서의 혼동을 다음과 같이 토로하고 있습니다. 좀 길긴 하지만 그 분의 글을 이곳에 인용해 보도록 하겠습니다.

우리는 가끔 구원 받는 믿음에 대해 혼란을 일으키는 경우가 있습니다. 어떤 지도자는 "믿기만 하면 됩니다. 다른 것은 필요 없습니다. 오직 믿기만 하십시오"하고 가르칩니다. 반면에 어떤 지도자는 "단순히 믿는 것만으로는 안 됩니다. 입으로만 고백하면 무슨 소용이 있습니까? 삶에 변화가 있어야 합니다. 예수 믿는 사람답게 반드시 순종이 따라야 합니다" 하고 가르치는 것을 볼 수 있습니다. 우리는 이런 이야기를 들을 때마다 마음이 우왕좌왕하기 쉽습니다. 어떤 때는 믿기만 하면 된다는 말에 마음이 쏠리다가도 또 어떤 때는 순종하고 헌신해야 한다는 말이 더 가슴에 와 닿을 때가 있습니다. 이것은 우리가 분명히 짚고 넘어가야 할 중요한 문제임에 틀림없습니다.

최근 2, 3년 동안 이 문제를 놓고 복음주의 진영의 성경 학자들 사이에 열띤 논쟁이 계속되고 있습니다. 그 대표적인 예로 제인 핫지스(Zane C. Hadges)라는 달라스 신학교 교수를 들 수 있습니다. 그는 요한복음 6장 47절 말씀을 인용하면서 단순한 믿음을 강조합니다. "진실로 진실로 너희에게 이르노니 믿는 자는 영생을 가졌나니." 이 말씀 중에 나오는 '믿는다' 는 말은 남녀노소, 빈부귀천, 식자, 무식자를 막론하고 누구나 이해할 수 있는 '단순한 믿음'을 도리어 복잡하게 설명하는 것은 '오직 믿음으로 구원 얻는 진리'를 혼탁하게 만들 위험이 있다고 경고합니다. 이 주장에 대해 존 맥아더 (John F. MacArthur) 목사는 마태복음 7장 21절 말씀을 인용하면서 반박합니다. "나더러 주여 주여 하는 자마다 천국에 다 들어갈 것이 아니요 다만 하늘에 계신 내 아버지의 뜻대로 행하는 자라야 들어가리라"

그는 이 말씀이 의미하는 바와 같이 구원 받는 참 믿음에는 반드시 회개와 순종이 따라야 한다고 주장합니다. 입으로 믿음을 고백한 사람에게는 반드시 주님께 전적으로 위탁하는 삶이 따라와야 하는데 그렇지 못하면 그의 믿음은 거짓된 것일 수밖에 없다는 것입니다.

그렇다면 누구의 말이 옳다고 할 수 있습니까? 저의 생각에는 어느 편이 옳다, 틀렸다고 단정 지을 문제가 아니라고 봅니다. 성경을 주의해서 읽어보면 우리가 이 두 가지 견해에 똑같이 관심을 기울여야 한다는 것을 발견할 수 있기 때문입니다. 이해하기 쉽도록 간단한 예를 들어 보겠습니다. 예수님께서 골고다 언덕에서 십자가에 못 박히실 때 주님의 오른 편에 강도가 있었습니다. 그 행악 자가 죽음을 목전에 두고 "예수여 당신의 나라에 임하실 때에 나를 생각 하소서"(눅 23:42)라고 말하자 예수님이 그 믿음을 보시고 "내가 진실로 네게 이르노니 오늘 네가 낙원에 있으리라"(눅 23:43)고 약속하셨습니다. 결국 그 강도는 구원을 받은 것입니다.

그러나 그가 예수 믿은 것은 극히 짧은 시간이었습니다. 강도는 해가 질 무렵까지 살아 있었으나 안식일이 시작되는 시간을 넘길 수 없어 로마 군병이 그의 다리를 꺾어 죽였습니다. 그러므로 그의 믿음은 고작해야 반나절의 역사를 가질 뿐이었습니다. 이것은 정말 단순한 믿음이었습니다.

그 믿음이 진짜인지를 확인할 수 있는 열매를 기다릴 여유가 전혀 없었습니다. 그럼에도 불구하고 그는 구원 받았습니다. 이 같은 강도의 예를 보면 단순히 믿고 구원 받는다는 말이 틀린 말이 아닙니다.

그러나 데마 라는 사람을 보면 또 생각이 달라질 수 있습니다. 데마는 십자가상의 강도와는 너무 대조가 되는 인물이라 할 수 있습니다. 그는 예수 믿고 은혜 받아서 사도 바울을 따라다니며 섬겼습니다. 나중에는 감옥에까지 따라가서 노사도(老使徒)를 시중들던 뜨거운 믿음의 소유자였습니다. 그가 시종일관 믿음을 지켰다면 얼마나 좋겠습니까? 불행히도 그는 중도에 탈락하고 말았습니다. 바울은 이 사실을 이렇게 기록하고 있습니다.

"데마는 이 세상을 사랑하여 나를 버리고 데살로니가로 갔고"

(딤후 4:10).

데마와 같은 사람은 구원 받을 수 없습니다. 예수 믿는다고 입으로 고백만 한다고 무슨 의미가 있습니까? 진정한 회개와 순종이 없는 믿음은 거짓 믿음입니다. 주님께 전적으로 위탁하는 제자의 삶이 따라와야 그 믿음은 구원 받을 수 있는 것입니다. ……

이런 의미에서 구원은 '단순한 믿음'으로 족합니다. 그러나 이 단순함의 중요성을 강조하려다가 참 믿음에 따라오는 자연스러운 열매를 필요 없다고 부인하면 절대로 안 될 것입니다.[1]

윗글을 쓰신 목사님은 '단순한 믿음으로 구원 얻는다' 는 주장과 '회개와 순종이 뒤따르는 믿음이라야 구원 얻는다' 는 상반된 두 주장을 모두 수용하고 있는 것처럼 보입니다.

그러나 실상은 두 주장은 서로 배타적인 것입니다. 서로 양립할 수 없는 주장이란 말입니다. 마치 '예수를 믿지 않고서는 구원 받을 수 없다' 는 주장과 '어떤 종교를 믿어도 구원 받을 수 있다' 는 주장을 동시에 수용하는 것과 다를 바 없습니다.

여기서 '단순히 믿음으로만 구원 얻는다' 라는 주장은 제인 핫지스(Zane C. Hadges) 교수의 논리와 오른 편 강도의 단순한 믿음이 뒷받침 되었습니다.

그리고 '진정한 회개와 순종이 따르는 믿음으로 구원 얻는다' 라는 주장은 맥아더 교수의 논리와 데마의 배교의 예를 통해서 뒷받침 되었습니다.

각각 저명한 성경학자들의 논리와 그에 걸 맞는 성경적인 예를 하나씩 든 것입니다. 그런데 핫지스의 논리와 오른 편 강도의 예는 둘 다 '단순함 믿음을 통한 구원' 을 위한 예증이라기 보다는 오히려 '진정한 회개와 순종이 따르는 믿음을 통한 구원' 을 위한 예증입니다.

먼저 핫지스(Hodges)교수가 '단순한 믿음을 통한 구원' 을 위한 예증으로 제시한 요한복음 6장 47절을 살펴보도록 하겠습니다. "진실로 진실로 너희에게 이르노니 믿는 자는 영생을 가졌나니." 우리말 개역성경 번역을 보면, 한 번 믿은 사람은 과거에 이미 영생을 가진 것으로 오해할 수밖에 없습니다. 그래서 그 영생을 잃어버릴 가능성이 없는 것처럼 생각하기 쉽습니다.

그러나 '가졌나니' 는 원어에서 과거 동사가 아닙니다. 현재 시제입니다. 헬라어 문법에서 현재시제는 진행의 의미를 담고 있습니다. 우리 한글 문법과 다릅니다. 영어의 현재 동사는 한글 현재 동사와 비슷합니다. 그래서 다음과 같은 데이빗 포슨(David, Pawson)이 지적한 헬라어 현재동사 용법과 영어 현재 동사 용법의 차이점을 소개하고자 합니다.

헬라어의 현재형은 계속되는 하나의 행동의 일부로써 지금 진행되고 있는 무언가를 지시하기 때문에 종종 '현재 진행형'으로 불린다. 이러한 잠재적인 요소를 영어로 옮기기 위해서는 몇 단어를 추가해야 한다. 적어도 동사에 'ing'를 더하든지, 더 적절한 번역을 위해서 'ing'와 함께 'goes on'을 더해야 한다. 따라서 '그가 숨 쉰다'는 헬라어는 '그가 숨 쉬고 있다' 혹은 '그는 계속해서 숨을 쉬고 있다'는 의미가 된다. 영어에서 현재 시제는 지속성을 반영하지 못할 수 있다. '그가 웃는다'라는 말은 한 번 크게 웃고 마는 웃음인지, 혹은 멈추지 못할 정도로 배꼽을 잡고 웃는 웃음인지 전혀 암시를 받을 수 없다.[2]

헬라어 현재 명령형은 부정관사와 함께 쓰이면 현재 하고 있는 그 어떤 행동을 중지하거나 그 일이 지속되지 않도록 하는 명령입니다. 일례를 들자면, "나를 만지지 말라"(요 20:17)는 부활하신 주님의 명령은 '주님의 몸을 만져서는 안 된다'는 뜻이 아닙니다.

이것은 헬라어 현재이기 때문에 계속하고 있는 행동을 부정관사를 써서 중시시키는 의미가 되는 것입니다.

그러므로 '나를 만지고 있는 행동을 중지하라'라는 의미가 됩니다. 의역한다면 '내게 더 이상 매달리지 말라' 또는 '나를 계속해서 붙잡고 있지 말라' 정도로 번역 되어야 합니다. 이것은 바로 한글이나 영어와 다른 헬라어 현재동사의 진행의 의미를 표현하는 용법 때문입니다.

그러므로 '영생을 가졌나니'가 아니라, '영생을 계속해서 가지고 있나니'가 돼야 합니다. 누가 영생을 가지고 있습니까? '믿는 자' 입니다. 여기서 '믿는 자'는 '지금 믿고 있는 자'를 의미합니다. 요한복음 3장 1절도 현재동사를 사용하고 있습니다.

그러므로 "하나님이 세상을 이처럼 사랑하사 독생자를 주셨으니 이는 저를 (계속해서) 믿는 자마다 멸망치 않고 영생을 얻게(계속해 간직하게) 하려 하심이니라"와 같이 괄호 안의 말을 넣어 번역했어야 원래적인 의미에 충실한 번역이라 할 수 있습니다.

∞ 요한복음 5장 24절 말씀을 보면 더욱 뚜렷해집니다.

"내가 진실로 진실로 너희에게 이르노니 내 말을 듣고 또 나 보내신 이를 믿는(believes) 자는 영생을 얻었고(has) 심판에 이르지 아니하나니 사망에서 생명으로 옮겼느니라(has crossed over)."

우리말 개역성경은 믿은 자는 이미 영생을 소유한 것처럼 번역되어 있습니다. 그리고 이미 사망에서 생명으로 옮겨진 상태로 이미 상황이 완료되어 버린 것처럼 되어 있습니다.

그러나 여기서 영어성경은 현재 완료 시제를 쓰고 있습니다. 독자 여러분께서 잘 아시다시피, 영어의 현재 완료 시제는 과거의 어느 시점부터 시작된 일이 지금 막 마친 경우에 씁니다.

그리고 그 일이 중단되지 않고 앞으로도 계속될 것을 암시할 때 사용하는 시제 아닙니까? 이미 종료되어 더 이상 계속되지 않을 경우에는 단순 과거를 쓰지, 현재 완료시제를 쓰지는 않습니다.

그러므로 '현재 계속해서 예수를 믿고 있는 자들은 지금 사망에서 생명으로 옮겨가는 과정 중에 있음'을 암시하고 있는 말씀입니다. 뿐만 아니라, '영생을 얻었고'라는 말은 '영생을 계속 간직하고 있는 중'이라는 의미입니다. 이 표현은 영생을 놓칠 수도 있다는 것을 암시하고 있습니다.

그러므로 "진실로 진실로 너희에게 이르노니 믿는(believes) 자는 영생을 가졌나니(has)"(요 6:47)라는 말씀은 결코 '단순한 믿음을 통한 구원'을 입증하기 위한 말씀이 될 수 없습니다. 오히려 요한복음 6장 47절 말씀에 나타난 믿음이란 계속적인 말씀에의 순종을 내포하고 있습니다.

그러므로 본 절이 나타내고자 하는 바는 '영생을 얻기 위해서 말씀에 순종하는 지속적인 믿음을 계속 가지고 있으면 결국 구원을 얻는다'는 의미입니다. 이것이 사실임을 증명하는 것은 이어지는 예수님의 말씀입니다. "내 살을 먹고(eats) 내 피를 마시는(drinks) 자는 내 안에 거하고(remains) 나도 그 안에 거하나니 …… 나를 먹는 그 사람도 나로 인하여 살리라(will live)"(요 6:56-57). 여기서 예수님께서 사용하신 '거하고'라는 단어는 '믿음'이라는 단어와 대치 될 수 있는 단어입니다.

예수님은 계속해서 진행을 의미하는 현재동사를 쓰시다가 끝에 가서는 미래시제(will live)를 쓰고 있습니다. 그것은 영원한 생명으로의 부활은 믿음의 결국이라는 것을 말씀하고 계시는 것입니다. 즉, 영생은 믿음의 결국이지, 믿음의 어느 한 순간에 주어지는 것이 결코 아니라는 말씀입니다. 요한복음 6장 46-47절 말씀은 핫지스 교수가 단순한 믿음을 통한 구원을 입증하기 위해 제시한 요한복음 6장 47절 예수님 말씀의 결론 부분입니다. 그러므로 구원은 말씀에 순종하며 지속적인 믿음을 소유하고 사는 자가 얻을 믿음의 결국입니다. 그것은 곧 장차 누리게 될 영생입니다.

베드로 사도는 믿음의 결국 곧 영혼의 구원을 받음이라 (for you are receiving the goal of your faith, the salvation of your souls)"고 증거하고 있습니다 (벧전1:9, NIV). 영어 성경에서는 '믿음의 결국인 영혼의 구원을 너희가 지금 받고 있는 중이라' 고 현재 진행형으로 써서 그 의미를 분명히 하고 있습니다.

구원이란 믿는 어느 한 순간에 이루어지는 것이 아니라 계속적인 경주와 같은 것이기 때문입니다.

이제 '단순한 믿음을 통한 구원' 의 예로 성경이 제시한 오른편 강도의 믿음에 대해 살펴보도록 하겠습니다. 윗글을 쓰신 목사님의 논지는 이렇습니다. 죽음을 목전에 둔 오른 편 강도(편의상)가 결국 구원을 받았습니다. 그러나 그 강도는 너무 짧은 시간 동안(고작해야 반나절) 예수를 믿었기 때문에 믿음이 진짜인지 확인 할 수 있는 열매를 기다릴 여유가 전혀 없었기에, 그의 믿음은 단순한 믿음이었다는 것입니다. 그러므로 (회개나 순종이 없는) '단순한 믿음'을 통해 구원 받는다는 말이 틀린 말이 아니라는 것입니다.

이 분의 예증은 일견 설득력이 있어 보입니다. 그러나 이 예증은 몇 가지 중요한 사실을 간과하고 있습니다. 첫째는 '성경을 한 부분만 보았다' 는 점입니다. 많은 사람들이 이 예증에서와 같이 "오른 편에 달린 강도는 삶에 언제 변화가 나타날 기회가 있었느냐, 그런 것이 없었어도 구원 받아 천국에 가지 않았느냐"고 반문합니다. 그러나 성경을 자세히 보십시오. 두 강도는 처음에는 다 같이 예수님을 비방하고 욕했습니다. 그러나 나중에 오른 편 강도는 회심을 하였습니다. 마태복음 27장, 마가복음 15장, 그리고 누가복음 24장 39절 이하의 기록을 대조해 보면 나타납니다.

누가와 달리 마태와 마가는 두 강도들이 예수님을 조롱하고 욕하는 모습을 기록해 놓고 있습니다. 얼핏 보면 성경이 상반된 내용을 기록해 놓은 것처럼 보입니다.

그러나 결코 그렇지 않습니다. 마태와 마가는 십자가에 달린지 얼마 안 된 후의 상황을 묘사해 놓고 있습니다. 반면에 누가는 십자가에 달린 지 어느 정도의 시간이 흐른 후 이제 운명을 많이 남겨 놓지 않은 어느 시점의 정황을 기록해 놓고 있습니다. '고작해야 반나절' 밖에 남지 않은 시점의 상황을 보여주는 것입니다.

마태와 마가에 증언에 의하면, 처음에는 두 강도 모두 다 예수님을 저주하고 비방하며 욕을 했습니다. "저가 하나님을 신뢰하니 하나님이 저를 기뻐하시면 이제 구원 하실지라 제 말이 나는 하나님의 아들이라 하였도다 하며 함께 십자가에 못 박힌 강도들도 이와 같이 욕하더라"(마 27:43-44). "이스라엘의 왕 그리스도가 지금 십자가에서 내려와 우리로 보고 믿게 할 지어다 하며 함께 십자가에 못 박힌 자들도 예수를 욕 하더라"(막 15:32).

그러나 누가의 증언에 의하면, 오른쪽 강도는 어느 순간부터는 왼편 강도와 더 이상 행동을 같이 하지 않은 것을 볼 수 있습니다. 그도 처음에는 왼편 강도와 똑 같았습니다. 같이 욕하고 같이 조롱하고 같이 저주했습니다.

그런데 언제 어떻데 된 일인지는 정확히 알 수 없지만, 분명한 것은 오른 편 강도는 달라졌다는 것입니다. 그에게 변화가 나타났다는 것입니다. 누가는 바로 그 오른 편 강도의 변화된 모습에 초점을 맞추어 증언하고 있습니다.

오른 쪽 강도는 자신이 죄인임을 깨달았습니다. 그리고 예수님께서 의인되심을 알게 되었습니다. 아마 십자가에 달린 예수님에 대해 그는 이미 들어서 어느 정도 알고 있었을 것입니다.

그러나 그 분을 가까이서 겪어보지는 못했던 것 같습니다. 그래서 처음엔 예수님을 욕하고 조롱하고 저주했지만, 그가 어느 정도의 시간을 십자가에 달린 예수님과 함께 하고 난 다음에는 달라졌습니다. 당신을 십자가에 못 박은 자들을 용서해 달라는 예수님의 기도는 아마도 그의 마음을 결정적으로 움직이는 계기가 되었을지도 모릅니다.

또는 당신을 조롱하는 수많은 무리들을 향하여 대항하거나 남을 욕하거나 원망하지 않는 고결한 모습은 그의 마음을 움직이는 또 다른 계기가 되었을지도 모릅니다. 크나큰 고통 중에서도 감사하며 평안을 잃지 않는 주님의 모습에 오른 편 강도는 큰 감명을 받았음에 틀림없습니다.

그리고는 그를 바라보면 볼수록 그는 심경에 변화가 생겼을 것입니다. '과연 듣던 대로 이분은 죄 없는 하나님의 아들이시구나'. 그는 자신이 죄인임을 깨달았습니다. 하나님을 만난 사람들, 회심한 사람들의 특징은 바로 자신이 죄인임을 깨달은 것입니다.

성전에서 여호와 하나님의 영광을 체험한 이사야는 자신이 죄인임을 깨달았습니다. 이해되지 않은 말씀에 순종했더니 그물이 찢어질 듯이 고기를 잡은 베드로도 자신이 죄인임을 깨달았습니다. 그래서 그는 주님 앞에 엎드려, "주여 나를 떠나소서 나는 죄인이로소이다"라고 고백했습니다 (눅 5:8).

마찬가지로 오른 편 강도도 십자가에 달린 예수님을 바라보고 자신이 죄인임을 깨달았습니다. 그래서 그는 자기가 십자가에 달려 죽어가는 것은 마땅한 것이라고 생각하게 되었습니다. "우리는 우리의 행한 일에 상당한 보응을 받는 것이니 이에 당연하거니와"(눅 23:41). 자신이 죄인임을 철저히 깨달은 사람의 고백입니다.

그리고 그는 하나님을 두려워하는 자가 되었습니다. 믿음을 소유하게 된 것입니다. "하나는(오른 편 강도) 그 사람을 꾸짖어 가로되 네가 동일한 정죄를 받고서도 하나님을 두려워 아니하느냐"(눅 23:40). 그리고 악한 자를 꾸짖고 대적했습니다.

그리고 예수님을 변호했습니다. 그는 하늘나라가 있음을 알았습니다. 그리고 그 하늘나라의 주인이 예수님인 것도 알았습니다. "가로되 예수여 당신의 나라에 임하실 때에 나를 생각하소서 하니"(눅 23:42). 그는 하늘나라를 소망했습니다. 도저히 바랄 수 없을 것 같은 사람이 하늘나라를 바라봅니다. 이것이 바로 믿음의 조상 아브라함이 간직했던 "바랄 수 없는 중에 바라고 믿었던 그 믿음입니다" (롬 4:18).

그에게는 참으로 놀라운 변화들이 많이 일어났습니다. 마음이 새로워 졌습니다. 그는 비록 늦었지만 이제 더 이상 왼 쪽 강도와 같지 않았습니다. 그는 달라졌습니다. 더 이상 옛날의 그가 아니었습니다. 이제는 왼 쪽 강도의 잘못을 꾸짖는 자가 되었습니다.

원래 이 오른편 강도도 십자가에 처음 달렸을 땐 왼편 강도와 같이 예수님을 비방하고 욕을 했던 사람이었습니다. 아마도 왼 쪽 강도가 황당했을 것입니다. "뭐 이런 녀석이 다 있어? 너 갑자기 왜 이래?" 뭐 이런 저런 대화가 오고 갔을 것입니다.

그러나 성경은 그러한 것까지 다 기록해 놓지 않았을 뿐입니다. 마음이 새로워지면 행동에 변화가 나타나게 되어 있습니다. 즉, 믿음은 행동의 변화를 동반한다는 것입니다. 그래서 예수님께서도 마지막 날에, 양과 염소를 가르실 때 그들의 세상에서의 행위를 심판의 기준으로 삼으시는 것입니다 (마 25:31-45).

믿음을 오해한 사람들은 예수님께서 '믿음으로 천국 간다'고 말씀하시고서 왜 우리의 삶의 행위를 근거로 하여 심판하신다고 하시는지 잘 이해하지 못합니다. 그러나 믿음은 오로지 그의 삶의 행위로서만 나타나고 증거 되며 입증될 수 있기 때문입니다 (약 2:18). 오른편 강도는 회심하여 아주 뚜렷한 행동의 변화를 보여 주고 있습니다. 오른 편 강도는 비록 믿음의 연조(?)는 짧지만 그는 온전히 회심한 사람입니다. 그리고 온전한 회개의 열매도 맺은 사람입니다. 그는 예수님을 욕하던 자리에서 예수님을 변호하는 자로 바뀌었습니다. 오늘날 예수 믿는다고 하는 사람들 중에 이와 같이 예수님을 적극적으로 변호하고 나설만한 사람이 얼마나 될까요?

지금 죽어가는 사람이 확실히 회개하지 않았다면, 예수님을 확실히 믿지 않았다면, 누가가 기록한 이러한 이상한 일들은 결코 일어나지 않았을 것입니다. 오른 편 강도는 예수님을 사랑하는 사람으로 변화되었습니다. 그것이 행동으로 나타났습니다.

그는 더 이상 죄악의 편에 서지 않았습니다. 그는 더 이상 예수님을 비방하는 자가 아니었습니다. 오히려 마귀를 대적하는 자의 자리에 든 것입니다. 그는 인격적인 예수님을 인격 대 인격으로 만났습니다. 그리고 예수님을 아는 자가 되었습니다.

그래서 그는 "이 분에게는 옳지 않은 것이 없다"고 담대히 말할 수 있었습니다 (눅 23:41). 그리고 그는 예수님은 아무리 흉악한 죄인이라도 참되게 회개하면 과거의 모든 죄를 용서해주시고 받아주시는 분이라는 것을 알았습니다. 그리고 소망 중에 예수님을 믿었습니다 (눅 23:42).

예수님께서는 이러한 오른 편 강도의 회개와 믿음을 보셨습니다. 그리고는 다음 말씀처럼 예수님은 그 오른 편 강도를 받아 주셨습니다. "내가 진실로 네게 이르노니 오늘 네가 나와 함께 낙원에 있으리라 하시니라" (눅 24:43). 얼마나 마음이 새롭게 되어 그 생각이 변하고 삶에 변화가 나타나느냐가 중요한 것입니다 (롬 12:2). 오른 편 강도는 비록 짧은 시간 밖에 믿음을 가질 수 있는 기회가 없었습니다.

그렇지만 그에게는 자신의 회개의 열매와 믿음을 입증할 만한 확실하고도 많은 증거들이 있었습니다. 이와 같은데도 '오른 편 강도는 자신의 믿음이 참인지 증명할 만한 열매를 맺기에 충분한 시간적 여유가 없었다'고 할 수 있을까요?

교회를 어둠으로 몰아넣은 구원론의 혼란

 오늘날 교회는 세상 사람들에게 싸움터로 인식될 정도입니다. 그래서 생겨난 조크가 있습니다. "여기가 교회인줄 아느냐? 싸우게! 싸우려거든 교회나 가서 싸워라!" 한다는 겁니다. 국회는 싸울 명분이라도 있지만, 교회는 싸울 명분도 없습니다. 명분치고는 너무 쩨쩨한 것들입니다. 거의 대부분이 이권(利權) 때문에 싸웁니다.

 이곳 LA에도 어떤 교회의 싸움 소식은 그치지를 않습니다. 하나님의 영광보다 개인의 이권이 우선시 되는 곳이 교회가 되고 말았습니다. 그래서 온갖 편법이 난무하고 불의가 판을 칩니다. 의(義)를 위해서 목숨을 거는 것이 아니라 이(利)를 위해서 목숨을 거는 것이 오늘날 많은 교회의 현 주소입니다.

 적지 않은 사람들이 하나님을 섬기기 위해서가 아닌 그 무엇인가를 얻기 위해 교회에 나가는 실정입니다. 그리스도의 십자가보다는 그리스도의 대속의 은총만을 더욱 사랑하는 무리들로 교회는 넘쳐나고 있습니다. 대의는 뒷전이고 당장 눈앞에 보이는 이익을 위해 아무렇지도 않게 의로움을 팽개쳐버리는 사람들로 교회는 북적대고 있습니다.

장자의 명분을 얻기 위해 희생을 치렀던 야곱 같은 믿음의 사람들은 교회에서 점점 찾아보기 힘들어지고 있습니다. 대신 팥죽 한 그릇을 얻기 위해 명분을 팔아버리는 에서 같은 부류의 사람들이 교회에 넘쳐나고 있습니다.

과연 누가 진정한 믿음을 소유한 예수님의 제자들일까요?

의를 버리고 당장의 눈앞의 이익을 쫓아가는 자들을 주님께서 당신의 제자로 인정하실까요?

왜 이렇게까지 되었을까요?

거듭 말하지만 그 문제의 가장 근저(根低)에 '구원 얻는 믿음에 대한 오해'가 자리하고 있다고 저는 믿고 있습니다. '마음 속의 사변적인 믿음을 가지고 입술로 예수를 주(主)로 한 번 고백하면 영원히 구원이 보장된다'고 하는 가르침이 문제입니다.

더 나아가 '한 번 예수 믿은 사람은 어떠한 죄를 짓고 살아도 결국은 구원 받는다'는 가르침이 문제입니다. 그러한 가르침은 아무것도 두려울 것이 없는 안하무인의 이기적인 사람들을 무더기로 양산(量産)해 내고 있습니다.

그래서 하나님도 두렵지 않고 하나님의 세우신 권위도 전혀 두렵지 않습니다. 죄 짓는 것은 더더욱 두렵지 않습니다. '어떤 죄를 지어도 다 용서 받기에 지옥은 가지 않는다'는 그릇된 구원론 때문입니다.

그래서 많은 범죄 사건에 목사, 장로, 권사, 집사가 연루되어 있는 것입니다.

∽ 과연 한 번의 입술의 신앙고백으로 구원이 보장되는 것일까요?

오직 믿음으로 구원 받는다고 주장하는 사람들은 그 성경적 근거를 다음의 로마서 말씀에서 찾고 있습니다. "네가 만일 네 입으로 예수를 주로 시인하며 또 하나님께서 그를 죽은 자 가운데서 살리신 것을 네 마음에 믿으면 구원을 얻으리니 사람이 마음으로 믿어 의에 이르고 입으로 시인하여 구원에 이르느니라" (롬 10:9-10).

로마서 10장의 "구원을 얻으리니" 라는 말씀은 미래시제 입니다. 장차 구원을 얻을 것이라는 것입니다. 10절 말씀은 현재 시제입니다. 전술한 바와 같이 헬라어 현재시제는 진행의 의미를 나타내고 있습니다. 이 말은 입술의 시인으로 구원의 과정에 들어온 것을 의미합니다. 구원이 완성된 것이 아니라, '지금 구원이 이루어지는 중에 있다' 는 말씀입니다.

바울 당시 "예수는 주(主)다"라고 시인하는 것은 목숨을 건 신앙 행위였습니다. 바울이 지금 말하고 있는 믿음은 행함이 따르는 믿음입니다. 그것은 바울이 "네가 만일 네 입으로 예수를 주로 시인하며"라고 말을 시작하는 데서 잘 알 수 있습니다.

여기서 바울이 말한 '주' 란 바로 '주(主/Lord)'를 가리킵니다. 그 당시 로마 교회는 이미 핍박을 받고 있었습니다. 로마 황제였던 클라우디오 황제는 이미 유대인 그리스도인들을 로마에서 추방한 적이 있었습니다 (행 18:2). 그 당시 로마 교회는 오순절 사건 이래로 유대인 그리스도인이 대부분을 차지하고 있었던 때입니다.

교회를 핍박하는 수단으로 유대인들을 로마에서 추방했던 것입니다. 바울이 이 글을 쓴 때도 네로가 황제가 된 후라 추방당했던 유대인 그리스도인들이 로마로 많이 되돌아 와 있던 상태였습니다.

하지만 핍박이 사라진 것은 아니었습니다. 그 당시 주(Lord)는 곧 로마 황제를 지칭하는 말이었습니다. 그래서 로마황제 이외의 다른 사람을 주(Lord)라고 부르는 것은 로마 황제를 인정하지 않는다는 의미로 받아들여졌습니다.

그럼에도 불구하고 그리스도인들은 죽음을 무릅쓰고 예수를 주(Lord)라고 불렀던 것입니다. 그 당시 상황에서 예수를 주라고 부르는 것은 신앙을 행위로 입증할만한 아주 간단하면서도 확실한 증표가 되었던 것입니다. 그래서 바울은 입술로 하는 믿음의 고백을 마음으로 예수의 부활을 믿는 것보다 더 우선시 했던 것입니다.

그래서 바울은 이어지는 13절 말씀에서 "누구든지 주의 이름을 부르는 자는 구원을 얻으리라"고 선언하고 있는 것입니다.

예수를 주라 시인하면 핍박이 따르는데 진짜로 예수 믿지 않는 자 중에 어느 누가 예수님을 주여 주여 하고 부르겠습니까?

바울이 생각할 때, 그 당시 주여 주여 하고 부르는 자는 목숨을 건 행함이 따르는 신앙의 소유자 들이었습니다. 그래서 누구든지 주의 이름을 부르는 자는 구원을 얻을 것이라고 선언하기에 이른 것입니다. 그러한 사실을 뒷받침 해주는 것이 바로 바울이 제자 디모데에게 보낸 편지 내용입니다. 바울은 디모데에게 "주의 이름을 부르는 자마다 불의에서 떠날 지어다 하였느니라"고 증거하고 있습니다 (딤후 2:19). 뿐만 아니라 바울은 로마 교회 성도들에게 "너희는 불의를 행하고 속이는 구나 저는 너희 형제로다. 불의한 자가 하나님의 나라를 유업으로 받지 못할 줄을 알지 못하느냐" 라고 말하고 있습니다 (고전 6:8-9).

이처럼 바울은 주여 주여 하면서 주의 이름을 부르며 믿는다고 하는 자들이라 할지라도 불의한 자들은 결국은 구원 받지 못할 것이라고 말하고 있습니다. 바울의 이러한 견해는 예수님의 말씀과 전혀 다르지 않습니다.

예수님은 "나더러 주여 주여 하는 자마다 천국에 다 들어갈 것이 아니요 다만 하늘에 계신 내 아버지의 뜻대로 행하는 자라야 들어가리라"고 말씀하셨습니다 (마 7:21). 입술로 만의 믿음, 생각으로 만의 믿음으로는 안 된다는 것입니다. 행함이 따르는 믿음이라야 구원 얻어 천국 갈 수 있다는 것입니다.

이처럼 위에서 언급한, "누구든지 주의 이름을 부르는 자는 구원을 얻으리라"는 바울의 선언 속에는 그 당시의 시대배경을 담고 있습니다.

핍박이 아직 없었던 예수님 때와는 다르게, 바울 당시에 예수를 주로 시인하며 부르는 것은 곧 목숨을 걸고 아버지의 뜻을 행하는 것이었습니다. 그러므로 바울 당시에 예수를 주로 시인한다는 것은 행함으로 저들의 믿음을 증명한 것이 되었습니다.

그 당시 로마의 기독교 핍박 전개상황은 다음과 같습니다. 먼저 네로 황제 이전에 클라우디오 황제는 유대인들이 예수를 주로 시인한다 하여, 누가 예수를 믿는 유대인 인줄 구별할 수 없자, 유대인 전체를 로마에서 추방해 버렸습니다 (행 18:2).

그리고 주후 54년에 네로가 즉위하고, 58년에는 바울이 체포되고, 61년에는 바울이 로마에 투옥됩니다. 62년에는 야고보가 순교하고, 64년에는 로마 대 화재사건으로 기독교인이 화재의 누명을 뒤집어 쓰고 대거 희생제물이 되기에 이릅니다.

이 때쯤 기독교는 핍박이 너무 거세어 유대인 그리스도인들이 유대교로 개종을 하는 사례가 많이 나타납니다. 이 때 유대인이었던 히브리서 기자는 로마교회에 있는 유대인 그리스도인들을 대상으로 히브리서를 기록합니다. 핍박을 이겨내지 못하는 유대인 그리스도인들의 배교를 막기 위해서 였습니다. 그리고 67년에는 바울이 순교하고 70년엔 예루살렘성이 함락되기에 이릅니다.

따라서 바울이 말한 믿음은 행함이 내포되어 있음을 우리는 알 수 있습니다. 바울은 행함이 없는 믿음의 소유자들을 다음과 같이 질타합니다. "저희가 하나님을 시인하나 행위로는 부인하니 가증한 자요 복종치 아니하는 자요 모든 선한 일을 버리는 자니라" (딛 1:16).

바울에 의하면, 저희가 아무리 하나님을 믿는다고 입술로 시인한다 할지라고 하나님의 말씀에 순종하지 않는 자는 진정한 믿음의 사람일 수 없다는 것입니다.

이로써 "마음으로 믿고 입술로 시인하는 것으로 구원 받는다"는 말이 "믿는 자는 하나님 말씀을 거스르고 불순종하고 살아도 구원 받는다"는 뜻이 아님을 입증하고 있습니다.

 바울의 말은 로마서 전후 문맥을(8장&11장) 통하여 의미가 분명해집니다. 바울이 쓴 로마서는 그 독자들이 로마 교인들이었습니다. 따라서 바울이 지칭하는 '너희'는 바로 다름 아닌 믿는 성도들입니다. 그런데 바울이 그 믿는 성도들에게 "너희가 육신대로 살면 반드시 죽을 것이로되 영으로써 몸의 행실을 죽이면 살리니" (롬 8:13)라고 말씀하고 있습니다.

 바울이 여기서 말하는 '살고 죽는다'는 말은 육신의 살고 죽는 것을 말하는 것이 아닙니다. 영적인 것을 말하고 있습니다. 영적으로 죽는다는 것은 구원 받지 못하고 그 영혼이 지옥에 간다는 의미합니다.
 즉, 바울은 예수를 믿고 있는 성도들에게 육신의 정욕을 좇아 죄를 짓고 살면, 그 사람은 결국 구원을 놓치게 될 것이라는 경고를 하고 있는 것입니다. 그래서 바울은 성도들에게 구원의 은총을 놓치지 않기 위해서는 육신의 욕구대로 죄를 지으며 살지 말라는 것입니다.

 뿐만 아니라 이어지는 말씀에서, 바울은 로마교회 성도들에게 택함 받았던 유대인들이 믿음을 저버리고 하나님께 버림받아 구원을 상실한 것을 상기시킵니다 (롬 11:20.a). 그러면서 바울은 로마교회 성도들에게 "높은 마음을 품지 말고 도리어 두려워하라"고 경고 합니다 (롬 11: 20.b).
 이어서 바울은 더 구체적으로 말합니다. "하나님이 원 가지들도 아끼지 아니하셨은즉 너도 아끼지 아니하시리라 그러므로 하나님의 인

자와 엄위를 보라 넘어지는 자들에게는 엄위가 있으니 너희가 만일 하나님의 인자에 거하면 그 인자가 너희에게 있으리라 그렇지 않으면 너희도 찍히는바 되리라"고 경고합니다 (롬 11:21-22).

무슨 말입니까?

'원 가지인 유대인들도 저들이 말씀에 순종하지 않고 믿음을 저버리자 하나님께서 저들을 버리셨다', '그러니 접붙임을 당한 너희에겐 두말하면 잔소리가 아니냐'라는 이야기입니다.

"만약 너희도 유대인들처럼 말씀에 순종하지 않고 죄를 짓고 마음대로 살다가는 결국 믿음에서 떨어져 버림 받게 될 것이니 조심하라"는 것입니다.

그러므로 "마음으로 믿어 의에 이르고 입으로 시인하여 구원에 이른다"는 로마서 10장의 바울의 말은 "단지 사변적이고 동의적인 믿음만 있으면 무슨 죄를 짓고 살아도 결국 구원 받는다"는 그런 의미가 결코 아닙니다.

༺ 결코 폐하여지지 않은 하나님의 도덕법

예수님은 산상수훈에서 제자들에게 너희는 "세상의 빛이라"고 말씀하셨습니다 (마 5:14). 이어지는 예수님의 말씀은 그러므로 "너희 빛을 사람 앞에 비취게 하여 저희로 너희 착한 행실을 보고 하늘에 계신 너희 아버지께 영광을 돌리게 하라"고 하십니다 (마 5:16).

즉, 제자들에게는 세상사람 앞에서 착한 행실로 빛을 비춤으로서 하나님께 영광 돌릴 사명이 있다는 것입니다. 이와 비슷하게 바울은 "너희가 그 은혜로 구원을 얻었다" (엡 2:8)고 말한 다음, 이어서 너희는 "그리스도 예수 안에서 선한 일을 위하여 지으심을 받은 자"로 (엡 2:10) 선한 일을 행하며 살게 하려고 우리를 구원하셨다고 증거합니다.

대부분의 설교자들은 "은혜로 구원 받았다"는(8절) 것은 설교하지만 "선한 일을 하면서 살아가라고 구원했다"는(10절) 구원의 목적은 거의 설교하지 않습니다. 제자들에게 착한 행실로 하나님께 영광을 돌리라고 말씀하신 후에, 예수님께서 들고 나오신 말씀이 율법이야기 입니다.

왜 갑자기 예수님께서 율법이야기를 하실까 의아하게 생각하는 분들이 있습니다. 이렇게 생각하시는 분들은 대개 율법과 삶의 문제를 별개로 생각하기 때문입니다.

예수님은 사람들이 사는 세상에서의 도덕 문제, 즉 윤리문제를 거론하시는 것입니다. 예수님께서 말씀하시는 율법이란 도덕법을 의미합니다. 즉, 사람들이 사는 사회의 삶의 문제를 다루는 것입니다.

예수님은 "내가 율법이나 선지자나 폐하러 온 줄로 생각지 말라 폐하러 온 것이 아니요 완전케 하려 함이로라 진실로 너희에게 이르노니 천지가 없어지기 전에는 율법의 일점일획이라도 반드시 없어지지 아니하고 다 이루리라"고 말씀하십니다.(마 5:17-18)

그렇다면 율법을 지키기 위해 성경에 나오는 제사법들과 제사장, 절기들, 월삭, 그리고 안식일의 규례들을 지금도 지켜야 된다는 말일까요? 그렇지 않습니다. 그러한 규례들은 장차 나타나실 실체 되신 그리스도의 그림자들이었습니다. 본체가 왔으므로 그림자는 더 이상

의미가 없습니다. 그와 같은 율법들은 그리스도 예수께서 이 땅에 오심으로 완성이 되신 것입니다.

그러므로 "먹고 마시는 것과 절기나 월삭이나 안식일을 인하여 누구든지 너희를 폄론하지 못하게 하라 이것들은 장래 일의 그림자이나 몸은(실체는) 그리스도의 것이니라"고 성경은 선언하고 있습니다(골 2:16-17).

따라서 예수님은 이러한 제사와 의식에 관한 율법을 말씀하고 계신 것이 아닙니다. 예수님께서는 도덕법에 관해 말씀하고 계시는 것입니다. 그러면서 예수님은 윤리에 관계되는 율법 중에 그 어느 작은 것 하나라도 그같이 가르치는 천국에서 작은 자가 될 것이라고 말씀하십니다.

이와 반대로 도덕법을 준행하며 그것을 중요하게 다루며 가르치는 자는 천국에서 지극히 큰 자가 된다고 다음과 같이 말씀하십니다. "그러므로 누구든지 이 계명 중에 지극히 작은 것 하나라도 버리고 또 그같이 사람을 가르치는 자는 천국에서 지극히 작다 일컬음을 받을 것이요 누구든지 이를 행하며 가르치는 자는 천국에서 크다 일컬음을 받으리라" (마 5:19).

∽ 바리새인 보다 못한 의로는 결코 천국에 들어가지 못합니다.

예수님은 여기서 그치지 않습니다. 같은 주제를 계속 다루고 계십니다. 이제는 제자들의 도덕적인 삶의 가장 낮은 수준으로 바리새인들의 도덕적인 삶을 제시합니다. 아무리 못해도 바리새인들의 도덕 수준은 넘어서는 삶을 살아야 천국에 들어간다고 다음과 같이 말씀하십니다. "내가 너희에게 이르노니 너희 의가 서기관과 바리새인보다 더 낫지 못하면 결단코 천국에 들어가지 못하리라"(마 5:20).

제가 신학교 학생들에게, "예수를 믿는 자라 할지라도 그의 삶이 바리새인보다 더 낫지 못하면 결단코 천국에 갈 수 없다"고 가르쳤습니다. 그랬더니 학생들이 강력히 반발을 하였습니다. "그렇다면 오늘날 예수 믿는 자 중에 구원 얻을 자가 몇 명이나 되겠느냐"는 것이 논지였습니다.

다음의 영국 성공회의 위대한 존 라일 주교의 말은 저들의 질문에 대한 적절한 대답이 되리라 생각합니다.

> 구원 받기를 바라는 모든 이에게 경고합니다. 세상의 신앙기준으로 만족하지 마십시오. 글을 읽을 줄 아는 사람이라면, 신약성경에서 말하는 기독교 신앙이 지금 신앙을 고백하는 대부분의 사람이 가진 신앙보다 훨씬 깊고 높다는 사실을 잘 알 것입니다[3]

하나님은 구원 받을 사람의 수가 적다 하여 당신의 구원의 기준을 낮추시지 않습니다. 노아 때에는 단지 여덟 명만 구원 받았습니다. 소돔과 고모라를 멸하실 때는 롯과 두 딸만이 구원 받았습니다.

엘리야 시대에는 바알에게 무릎 꿇지 않고 남겨진 자 오직 칠천 명만이 구원 받았습니다(롬 11:3-4). 그 당시 이스라엘 인구를 칠백만 명으로만 어림잡아도 천 명 중 한 사람 꼴로 구원 받은 것입니다. 구원의 문이 결코 넓지 않았다는 이야기입니다.

존 라일 주교의 말대로 '세상의 신앙기준이 결코 구원의 기준이 되지 않는다'는 것을 명심하시기 바랍니다. 예수님과 제자들 사이에도 비슷한 질문과 대답이 오갔습니다. "혹이 여짜오되 주여 구원을 얻는 자가 적으니이까 저희에게 이르시되 좁은 문으로 들어가기를 힘쓰라 내가 너희에게 이르노니 들어가기를 구하여도 못하는 자가 많으리라"(눅13:23-24).

존 라일 주교가 언급하고 있는 세상의 신앙기준이 아닌 성경이 말하는 구원 받을 사람에 대한 신앙기준은 어느 수준일까요?

이러한 질문에 대해 미국의 유명한 조직신학자 찰스 하지도 다음과 같이 대답합니다. 그는 그의 책 '조직신학 개요'에서 믿음으로 구원 받은 하나님의 자녀들이 어떠한 사람들인지를 다음과 같이 자세하게 묘사하고 있습니다.

> 그리스도인들은 육체를 정과 욕심과 함께 십자가에 못 박은 자들이요, 몸을 쳐서 복종시키도록 만드는 것이다. …… 참된 그리스도인은 하나님의 형상을 따라 새로움을 입어서 거룩해진다. 그들은 하나님을 사랑하며, 하나님의 뜻에 복종하고, 하나님의 피조물로서 또한 그의 자녀로서 그와 관계를 가지며 그 속에서 즐거워한다. …… 이들은 순종하는 자녀들로서 과거의 육욕에 따라서 살지 않고, 그들을 부르신 이가 거룩하시듯 그들도 모든 대화에서 거룩한 모습이 드러난다. 정의로우시고 긍휼이 많으신 하나님의 형상을 입고 있기 때문에, 이들은 이웃을 향하여 정직하며 자비를 베풀며 자기 자신의 유익이 아니라 다른 사람의 유익을 구한다. …… 어떤 사람은 이것이 신앙이라면 어느 누구도 신앙이 있다고 말할 수 없다고

말할지도 모른다. "청함을 받은 자는 많으나 택함을 받은 자는 적으니라" 혹은 "생명으로 인도하는 문은 좁고 길이 협착하여 찾는 이가 적음이니라"(마7:14) 는 말씀이 사실이라는 것이 여기서 드러난다. 신앙에 관한 관념을 성경에서 찾아야지, 신앙이 있다고 이야기 하는 사람들의 삶에서 찾아서는 안 되는 것이다. 성경이 '신앙은 하나님을 사랑하고 이웃을 사랑하는데 있다고 말씀한다' 는 것은 사실이다.

그리고 하나님의 사랑이 경외와 헌신과 순종, 그리고 사람에게 자비와 공의를 행하며 그들을 사랑하는 데서 나타난다는 것도 의심의 여지가 없는 사실이다. 그리고 하나님을 향하여 그렇게 경건하고 순종하며 또한 형제들을 향하여 그렇게 정의롭고 자비하며 또한 우리 자신을 향해서는 그렇게 순전하고 자기를 부인하는 모습이 없다면, 아무리 겉으로 모양을 갖추었다 해도, 아무리 입으로 고백한다 해도, 아무리 종교적인 봉사에 열심을 낸다 해도 우리가 그리스도인임을 주장할 수 없다는 사실을 우리의 양심이 증거 해 준다".[4]

여러분은 위의 구원 받기에 합당한 신앙기준에 비추어보아 어떻습니까? 찰스 하지가 제시한 성경이 말하는 신앙기준이 너무 높다고 말하지 마십시오. 예수님은 "너희 의가 바리새인보다 더 낫지 못하면 결단코 천국에 갈 수 없다"고 말씀하셨습니다.(마 5:20)

예수님의 이러한 말씀을 흘려 듣는 사람들은 결코 천국에 들어가지 못할 것입니다.

좁은 문으로 들어가기를 힘써도 들어가지 못할 사람이 많다고 말씀하셨는데, 좁은 문으로 들어가려고 힘쓰지도 않는 사람이 어떻게 들어갈 수 가 있겠습니까?

과연 저의 학생들의 질문처럼 이 시대의 그리스도인들이라고 자처하는 사람들 중에 찰스 하지가 서술한 신앙의 기준에 합당한 자가 얼마나 될지는 잘 모르겠습니다. 이 시대를 살아가는 사람들 중에 구원받을 사람들의 수가 적다는 이유로 오늘날 하나님께서 말씀을 변경시켜야 하실 처지에 놓이게 됐습니다.

만약 말씀을 변경시킬 수 있다면야 오늘날 '예수를 믿노라' 하면서 아무렇지도 않게 죄를 짓고 사는 사람들에게 문제 될게 무엇이 있겠습니까?

그런데 하나님의 속성상 그럴 수 없으시니 어찌하면 좋을까요?
다른 방도는 전혀 없습니다. 속히 깨닫고 회개하십시오. 더 이상 주님보다 세상을 더 사랑하지 마십시오. 더 이상 죄와 짝하며 살지 마십시오. 롯과 같이 빨리 죄악의 도성에서 도망치십시오. 롯의 처처럼 죄를 그리워하며 미련을 버리지 못하여 죄악 된 세상을 뒤 돌아 보지 마십시오. 그것이 구원 얻는 참된 믿음을 갖는 유일한 길입니다.

위클리프 성경 번역 선교회 부 대표이신 정민영 선교사는 바리새인들이 어떤 사람들이었는가에 대해 다음과 같이 기록하고 있습니다.

우리는 예수님을 메시야로 인정하지 않았을 뿐 아니라 그 분을 핍박하고 십자가에 못 박는데 앞장선 바리새인을 매우 사악한 자들로 인식하는 경향이 있지만, 당시의 역사를 살펴보면 그들은 오늘의 기준으로도 상당히 인정 받는 집단이었다. 바리새인은 진리의 수호를 위해 엄청난 대가를 지불한 집단이었다. 사실 예수님만 십자가에 달려 돌아가신 게 아니었다.

주님이 오시기 전, 즉 중간 기에 바리새인은 믿음의 정절과 가치를 수호하고 하나님을 부인하지 않기 위해 수 백 명씩 십자가에 달려 순교했다.

　에베소 교회도 비슷한 평가를 받았다. 환란과 핍박을 꿋꿋이 견뎌내고 진리가 아닌 것과 타협하지 않은 채 예수님보다 앞서 장렬히 십자가에 달려 순교한 수많은 바리새인들을 생각하면서, "우리 의가 바리새인보다 더 나아야 한다"(마5:20)는 예수님의 질책을 떠 올린다면, 과연 현대 교회의 영성이 그들보다 낫다고 주장할 수 있을 지 의문이다. 오히려 예수님의 이런 바리새인을 향해 '회 칠한 무덤'(마23:27참조) 이라고 혹평하셨던 것을 보면 현대 그리스도인들은 어떤 평가를 받게 될 지 의문이 든다.[5]

정 선교사의 위 글은 마음대로 죄 지으면서도 예수 믿고 천국 갈 수 있다고 믿고 있는 사람들을, 그들의 양심이 만약 살아 있다면, 더욱 당혹하게 만들 것입니다.

◎ 마음 속의 믿음이 아닌 행위를 심판하시는 하나님

많은 사람들이 겉으로 드러난 행위를 가볍게 생각합니다. 그러나 성경은 우리 마음속의 믿음을 심판 하는 것이 아니라 우리의 행위를 심판 하실 것이라고 명백히 증거 합니다. 그 이유는 진정한 믿음은 행함이라는 열매로 반드시 드러나도록 되어 있기 때문입니다.

　요한 사도는 "오직 하나님의 뜻을 행하는 이는 영원히 거하느니라"고 증거 합니다 (요일2:17). 예수님은 양과 염소의 비유에서 저들의 세상에서 살아온 행위를 근거로 심판하셨습니다. 오른 편 양들은 세상에 사는 날 동안 지극히 작은 자들을 사랑으로 돌아보았습니다. 그러나 왼 편 염소들은 주님을 섬긴다고 열심히 섬겼지만 저들은 정작 자기들의 도움이 필요한 지극히 작은 자들을 외면하며 살았습니다 (마25장 참조). 부자와 나사로의 비유에서도 마찬가지입니다.

  또한 부활하신 주님께서는 사데 교회의 교인들에게, "내가 네 행위를 아노니 네가 살았다 하는 이름은 가졌으나 죽은 자로다"고 말씀하셨습니다.(계3:1) 주님께서 주목하여 보신 것은 저들의 신앙고백이 아니었습니다. 저들의 행위를 보셨습니다. 물론 저들은 믿는 자였고 신앙고백을 하는 자들이었습니다.
  주님께서 보실 때 저들의 행위가 저들이 죽은 자임을 나타내 보이고 있었습니다. 그러나 정작 저들은 자기들이 가진 믿음을 근거로 스스로를 '산 자'라고 여기고 있었습니다.

  스테반 차녹은 "당신의 거듭남, 확실 합니까"라는 책에서, 하나님의 백성의 기준에 대해서 다음과 같이 기록하고 있습니다.

>   주님께서 자신의 백성들을 가려내시는 기준은 그리스도의 이름을 부르는 것이 아니라 죄악에서 떠나는 것입니다. 우리의 행동에서뿐만 아니라 우리의 본성에서 죄악을 떠나는 것입니다. 신앙고백을 하는 것은 형식과 그림자, 경건의 모양에 불과합니다. 그것은 정교하게 만들어진 그림자입니다. 하지만 그것은 생명이나 능력을 활발히 활동하게 하는 기능을 가지고 있지 않습니다. …… 기껏해야 그것은 명목상 살아있는 것일 뿐이지 실제적으로는 죽은 상태에 불과 합니다.[6]

스테반 차녹의 주장은 주여 주여 하며 입술로만 예수 믿는 자들이 하나님 백성이 아니라는 것입니다. 진정으로 살아있는 참된 하나님의 백성은 오직 행함으로 저들의 믿음이 참인 것을 입증한 자들이라는 이야기 입니다.

∞ 천국에 이르지 못하는 행함이 없는 쭉정이 믿음

풀러 신학교 김세윤 박사는 믿음이 있노라 하면서 행함이 없는 한국 크리스찬의 모순을 이렇게 질타하고 있습니다. 다음의 김세윤 박사의 글 중에 윤리란 다름 아닌 도덕법을 의미하고 있습니다.

> 믿음에 윤리를 내포하지 않는 이것이 한국교회의 문제가 아닌가 합니다. 믿음은 있다고 하나 윤리가 없습니다. 윤리를 내포하지 않는 믿음은 구조상 헛것입니다. 그리스도인이 되었다는 것은 믿음으로 의인이 되고 하나님께 의존하고 순종하는 올바른 관계에 들어가서 하나님의 능력과 자원으로 살게 되었다는 실재를 말하는 것입니다. 그런데 이 때 하나님에 대한 순종 없이 하나님을 의존하는 것이 가능합니까? 하나님께 의존한다고 주장하면서 하나님께 순종하지 않는다면 그것이 하나님께 대한 의존입니까? 단지 자기 꾀에 대한 의존입니다.
>
> 자기 스스로 상상해 낸 것을 자기가 믿기 때문에 결국 자기를 믿는 것입니다. 전지하시고 사랑이 완전하신 하나님은 이 길로 가는 것이 생명의 길이라고 하시는데, 나는 자꾸 저 길로 가야 내게 좋을 것이라 생각합니다. 그리고 나에게 축복해 달라고 하나님께 새벽기도 드리고 철야기도도 열심히 합니다. '하나님도 내가 이용할 수 있다. 내가 열심히 기도하면 하나님도 꼼짝 못하게 할 수 있다' 는 식의 생각, 바로 이것이 내 꾀의 결정입니다.

이것이 가장 큰 교만이요 하나님과 가장 크게 분리된 상태입니다.

하나님께 대한 의존은 순종으로 표현됩니다. 동전의 양면과 같습니다. 이것이 진정한 믿음의 상태입니다. 그런데 순종 없는 믿음, 새로운 하나님으로서 하나님 뜻대로 사는 그런 윤리가 없는 믿음은 곧 거짓 의존이며 믿음입니다. 바로 미신입니다. 결국 순종이 없는 믿음, 윤리가 포함되지 않은 믿음, 이것이 곧 미신입니다.

한국에 그리스도인이 천만 명이나 된다고 자랑하고 다니는 사람이 많은데, 그리스도인이 천만 명인 한국이 왜 이 모양입니까? 암담하기가 날이 갈수록 더합니다. 천만 명의 그리스도인들이 자기 분야에서 하나님의 시민으로서 순종으로 표현되는 믿음을 지녔으면 이 나라가 이처럼 암담하겠습니까?[7]

존 라일 영국 성공회 주교는 입술로만 예수 믿는 행함이 없는 믿음을 가지고는 구원 받지 못한다고 다음과 같이 말합니다. "신앙을 고백하는 많은 그리스도인을 바라보면 제 마음이 참 두렵습니다. 그들은 도무지 죄와 싸우지도 않고 이기지도 못합니다. 그리스도의 편에 서서 공격하기는 커녕 그리스도의 원수와 타협합니다. 경고하건대, 이렇게 하는 것은 기독교 신앙이 아니고 천국에 이르는 길도 아닙니다."[8]

그는 또한 신앙은 행함으로 나타나는 것임을 다음과 같이 설명하고 있습니다.

율법의 행위가 아닌 믿음으로만 의롭게 되는 교리를 위해 기꺼이 죽을 수도 있습니다. 하지만 분명한 것은 행위는 신앙의 증거라는 사실입니다. 여러분이 스스로를 그리스도인이라 부른다면, 일상의 삶의 방식과 행실에서 그 사실이 드러나야 합니다. 아브라함과 라합의 믿음은 행위로 입증되었습니다 (약 2:21-25). 행실로는 하나님을 부인하고 있으면서 말로만 하나님을 안다고 고백하는 것은 아무 소용이 없습니다 (딛 1:16). 예수님의 말씀을 기억하십시오. "나무는 그 각각 그 열매로 아나니". (눅 6:44)[9]

❧ 말씀에 순종하는 자라야 진정으로 주님을 믿는 자

예수님께서는 예수를 믿는 유대인들에게 "하나님이 너희 아버지였으면 너희가 나를 사랑하였으리라"고 말씀하셨습니다 (요 8:42). 이 말씀은 하나님을 아버지로 모신 구원 받는 자들은 주님을 사랑하게 되어있다는 의미를 지닙니다.

그러므로 구원 받은 증표는 바로 예수님을 사랑하는 것입니다. 그렇다면 주님을 사랑하는 여부는 어떻게 알 수 있을까요? 그것은 감정이 아닙니다. 그것은 우리의 마음이 뜨거워지는 것을 가리키지도 않습니다. 그것은 우리의 행위로 드러납니다.

예수님은 "나의 계명을 가지고 지키는 자라야 나를 사랑하는 자니, …… 너희가 나를 사랑하면 나의 계명을 지키리라" 고 말씀하셨습니다 (요 14:15, 21). 그러므로 예수님의 이 말씀은 주님의 계명을 무시하고 지키지 않는 사람은 기독교라는 종교는 가지고 있을지 모르지만 그 사람은 진정 예수를 믿는 사람이 아니라는 것입니다. 예수님의 이러한 말씀의 취지를 찰스 하지는 그의 책 '조직신학 개요' 에서 다음과 같이 잘 표현하고 있습니다.

유대인은 믿음과 순종 없이 할례와 희생제사만 있어도 구원의 효과를 얻을 수 있다고 생각했는데, 그것은 정말 치명적인 왜곡이 아닐 수 없었다. …… 하나님을 향한 사랑은 또한 반드시 순종을 낳는다. …… 사랑이 행동으로 나타나는 것이 바로 순종이다. 순종은 사랑이 필연적으로 취할 수밖에 없는 목소리요 외모요 겉껍데기인 것이다"라고 말했습니다.[10]

주님을 모른다고 세 번이나 부인한 베드로에게 부활하신 주님은 해변에서 세 번이나 동일하게 물으셨습니다. "요한의 아들 시몬아 네가 나를 사랑하느냐?" 주님은 "시몬아 이제 네가 회개하였느냐?"라고 묻지 않으셨습니다. 주님은 "시몬아 네가 이제는 나를 믿느냐?"라고 묻지 않으셨습니다. 주님은 "시몬아 이제는 나의 말에 순종하겠느냐?"라고도 묻지도 않으셨습니다.

왜 주님은 이와 같이 물으실 질문이 많은데도 모두 다 제쳐 놓고, "네가 나를 사랑하느냐"고 물으셨을까요?
주님 사랑 속에는 회개도, 믿음도, 순종도 다 들어 있기 때문입니다. 주님을 사랑하는 사람은 세상 사랑을 버리고 회개합니다.
주님을 사랑하는 사람은 세상을 더 이상 신뢰하지 않고 주님을 의뢰하고 믿습니다. 진정 주님을 사랑하는 사람은 죄를 버리고 말씀에 순종합니다. 따라서 주님을 진정으로 믿는 자들은 주님의 말씀에 기꺼이 순종하고 죄에서 떠난 삶을 살아갑니다.

～ 행함의 열매가 나타나는 구원 얻는 믿음

믿음의 사람들은 하나님 나라 백성으로서 살아가야 합니다. 하늘나라엔 하늘나라의 법이 있습니다. 하늘나라 시민으로 살고자 하는 자는 자기 주장대로 살려는 의지를 버려야 합니다.

김세윤 박사는 하나님의 시민으로 살려면, "이 세상의 도(道), 곧 '자기주장'을 하려는 의지를 버리고 하나님을 의존하고 순종하며 사는 – 온 정성을 다해 하나님을 사랑하고 내 몸처럼 사랑하는 – 삶을 살아야 한다"고 말합니다.[11]

믿음의 진위는 입술의 시인뿐만 아니라 그의 행함으로도 드러나게 되어 있습니다. C.S 루이스(Lewis)는 "그리스도를 믿어야만 절망에서 구원 받을 수 있고 바로 그 믿음으로부터 반드시 선한 행동이 나오게 되어 있습니다"라고 말했습니다.[12] 사실 루이스의 이 말은 하나님께서 우리를 예수 안에서 선한 일을 하게 하려고 지으셨다는 바울의 증언과 일맥상통한 말입니다 (엡 2:10).

그러므로 선한 행위가 드러나지 않는 믿음은 의미가 없는 것입니다. 그것은 하나님께서 우리를 지으신(구원하신) 목적과 부합되지 않기 때문입니다. 유대인들은 아브라함의 후손인 것을 자랑스럽게 여기고, 그런 혈통을 가진 사람 누구에게든 천국의 문은 결코 닫힐 수 없다고 생각했습니다.

이전에 세례요한은 유대인들의 그러한 사고방식을 문제로 지적한 바 있습니다".[13] "속으로 아브라함이 우리 조상이라고 생각지 말라 내가 너희에게 이르노니 하나님이 능히 이 돌들로도 아브라함의 자손이 되게 하시리라" (마 3:9).

이스라엘 백성들이 그랬던 것처럼 오늘날 예수를 믿는 사람들 중에 많은 분들이 자기는 하나님의 선택 받은 사람이라는 자만심을 가지고 있습니다. 즉, 자기는 하나님에 의해서 창세전에 구원 받아 하나님의 자녀가 되기로 예정을 입은 존재라는 믿음을 가지고 있습니다. 자기는 예정을 입은 존재이기 때문에 어떻게 살아도 구원 받는 일에는 전혀 지장이 없다고 생각합니다.

과연 하나님께서는 한 개인을 구원하기로 또 어떤 사람은 버리시기로 미리 예정을 하셨을까요? 다음 장에서 이 문제를 함께 상고하도록 하겠습니다.

주(註)

1) 옥한흠, 내가 얻은 황홀한 구원, 1999, pp. 217-219
2) 데이빗 포슨, 한번 구원은 영원한 구원인가? 2000, p. 47
3) 라일, 거룩, 2009, p. 478
4) 찰스 하지, 조직신학 개요, 2004, pp. 232-233
5) 정민영, 파워기독교와 십자가의 도, 2009, pp. 62-63
6) 스테반 차녹, 당신의 거듭남 확실합니까? 2000, pp. 189-190
7) 김세윤, 구원이란 무엇인가? 2001, pp. 92-94
8) 존 라일, 2009, p. 475
9) 존 라일, 거룩, 2009, p. 466
10) 찰스 하지, 조직신학 개요, 2004, p. 205, p. 228
11) 김세윤, 구원이란 무엇인가? 2001, p. 98
12) C.S. Lewis, 2001, p. 232
13) 스테반 차녹, 당신의 거듭남 확실합니까? 2000, p. 21

chapter 3

개인이 아닌 공동체를 위한 하나님의 택하심

제3장

하나님의 선택과 예정

　행함이 뒷받침 되지 않는 믿음으로도 구원 받을 수 있다고 생각하는 데에는 예정 교리가 한 몫을 하고 있습니다. 구원 받을 자와 구원 받지 못하고 버림받을 유기자들이 미리 예정되어 있다는 교리는 사람들로 하여금 거룩한 삶을 살 필요성을 앗아 갑니다.
　예정 교리에 의하면, 구원에 관한 한 내가 어떻게 사느냐 하는 것은 별로 중요하지 않은 주제입니다. 아니, 전혀 중요하지 않은 것이 되는 것입니다.

　우리의 구원이 하나님의 작정과 예정에 따른 것이지, 우리가 이 땅에서 어떻게 사느냐는 것과는 전혀 상관이 없기 때문입니다. 분명히 성경에는 하나님의 예정이 나타나 있습니다.
　그런데 그 예정이 무엇을 위한 예정인지 바로 이해하는 것은 우리의 구원의 문제와 아주 밀접한 관련성이 있습니다.

∽ 하나님의 선택을 증거하는 성경의 용례

성경에 하나님의 선택 (택하심)을 나타내는 헬라어 원어는 에클로게(ekloge) 입니다. 영어로는 pick out 또는 choose입니다. 이 단어는 '예수님의 12사도'를 개인적으로 택하실 때 사용하였습니다. 이 때는 사명자를 개별적으로 선택하실 때 이 단어를 사용하고 있습니다.

그리고 이 '에클로게(ekloge)'라는 단어는 그리스도의 지체인 '교회 공동체'를 택하실 때 사용했습니다. 한 개인이 아닌 그리스도 안에 머무는 공동체를 택하신 것입니다. 이 '에클로게'라는 단어의 성경의 용례는 의미하는 바가 매우 큽니다.

사명자를 택하실 때는 하나님께서 개인적으로 예정 하신 것을 성경은 분명히 드러내고 있습니다. 반면에 구원 받을 자에 관해서는 성경은 언제나 개인적인 예정이 아닌, 이스라엘 공동체나 교회 공동체의 예정을 말씀하고 있다는 점입니다.

성경에 한 개인의 구원에 관한 예정은 단 한 군데도 나타나 있지 않다는 점입니다. 야곱과 에서의 운명이 구원 받은 자와 버림받을 자로 예정된 것이 아니냐고 반문할 사람이 있을 것입니다.

그러나 그것 역시 개인 예정이 아닌, 이스라엘 공동체의 미래에 대한 예언입니다. 이 문제는 이 번 장에서 뒤에 자세히 다루게 됩니다.

그러므로 개개인의 선택 여부의 운명이 예정된 것이 아니라 그리스도 안에 머무는 자들, 즉 그리스도 공동체를 선택하기로 예정하신 것입니다.

〰️ 사역자를 부르실 때엔 개별적으로 선택

예수님은 열 두 사도를 택하실 때에, 많은 제자들 중에서 한 사람 한 사람 개인적으로 사도들을 택하셨습니다 (눅 6:13). 바울을 사도로 택하실 때도 개별적으로 부르셨습니다. 주님께서는 바울을 부르실 때 "네가 해야 할 일"이 있다고 말씀해 주셨습니다 (행9: 6, 새 번역).

또한 주님께서는 바울을 두고 "이 사람은 내 이름을 이방인과 임금들과 이스라엘 자손들 앞에 전하기 위하여 택한 나의 그릇이라"고 말씀하셨습니다 (행9:15). 하나님께서는 바울을 당신의 사역자로 부르실 때에 개별적으로 부르신 것입니다.

즉, 사역자는 개인적으로 부르심을 입습니다. 예레미야는 자신이 하나님께로부터 열방의 선지자로 예정을 입은 자였음을 다음과 같이 증거하고 있습니다. "내가 너를 복중에 짓기 전에 너를 알았고 네가 태에서 나오기 전에 너를 구별하였고 너를 열방의 선지자로 세웠노라" (렘1:5).

유다의 요시야 왕은 그가 태어나기 오래 전 하나님의 사람에 의해 유다의 부패한 신앙을 개혁할 자로 예언된 자였습니다. 다음의 말씀은 그에 대한 예언의 말씀입니다. "하나님의 사람이 단을 향하여 여호와의 말씀으로 외쳐 가로되 단아 단아 여호와께서 말씀하시기를 다윗의 집에 요시야라 이름하는 아들을 낳으리니 저가 네 위에 분향하는 산당 제사장을 네 위에 제사할 것이요 또 사람의 뼈를 네 위에 사르리라 하셨느니라" (왕상 13:2).

요시야의 사역에 대한 예언의 말씀은 다음과 같이 성취되었습니다.

"전에 이스라엘 열왕이 사마리아 각 성읍에 지어서 여호와의 노를 격발한 산당을 요시야가 다 제하되 벧엘에서 행한 모든 일대로 행하고 또 거기 있는 산당의 제사장들을 다 단 위에서 죽이고 사람의 해골을 단 위에 불사르고 예루살렘으로 돌아왔더라"(왕하 23:19-20).

이것은 곧 '하나님에 의해서 하나님의 사역자로 쓰임 받을 사람은 개인적으로 예정을 입는 자가 있을 수 있다'는 말씀입니다.

그러나 하나님께서 쓰시는 모든 사역자가 다 예정을 입는지에 관해서는 저는 아직 확실히 모르겠습니다.

❧ 사명자로 선택 된 자일지라도 보장되지 않는 개인 구원

예수님은 열 두 사도를 택하실 때에, 많은 제자들 중에서 한 사람 한 사람 개인적으로 사도들을 택하셨습니다 (눅 6:13). 예수님께서 유다를 열 두 제자 중 한 사람으로 선택하셨지만 그는 예수님을 배반하고 구원의 반열에서 탈락했습니다.

이것은 곧 택하심이 곧 구원을 의미하지만은 않는다는 것을 암시하고 있습니다. 구약시대에도 많은 사명 자들이 택함을 받았지만 그들이 모두 다 구원을 받지는 못했습니다. 이스라엘의 족장시대에는 고라와 다단과 아비람이 그러한 자들이었습니다 (민 16:1-32).

사사 시대에는 엘리 제사장이 그러했습니다. 왕정시대에는 초대 왕 사울부터 수많은 왕이 악한 자로 정죄 받았습니다. 이방인 중에 선지자로 택함 받은 자 중에 발람이란 자가 있었습니다. 그는 물욕에 눈이 어두워져 어그러진 길을 갔다가 결국 멸망을 당하고 맙니다. 신약시대에도 사명자로 택함을 받았지만 끝까지 경주를 하지 못하고 중도에 탈락한 자들이 있습니다. 대표적인 자가 가룟 유다 외에 데마입니다. 데마와 같은 사람은 구원 받을 수 없습니다.

심지어는 공동체가 사라져버린 예도 있습니다. 바로 이스라엘의 단 지파입니다. 구약시대에 12지파를 하나님께서 이스라엘 공동체의 부족으로 택하셨습니다. 그 중 단 지파는 종적을 감추고 사라지고 말았습니다. 12사도 중 가룟유다가 떨어져 나간 것처럼 말입니다.

∽ 구원 받을 자의 선택은 개인이 아닌 공동체 선택

바울은 서신서에서 '선택(ekloge)'이라는 단어를 구약의 택한 백성 이스라엘의 선택에 사용하고 있습니다. 그리고 이어서 신약의 믿음공동체 교회의 선택과 연결짓습니다.

로마서 9장 11-13절에서, 바울은 '선택(ekloge)'을 이스라엘 민족 태동의 역사에서 하나님의 선택에 대해 사용합니다.

> 그 자식들이 아직 나지도 아니하고 무슨 선이나 악을 행하지 아니한 때에 택하심을 따라 되는 하나님의 뜻이 행위로 말미암지 않고 오직 부르시는 이에게로 말미암아 서게 하려 하사 리브가에게 이르시되 큰 자가 어린 자를 섬기리라 하셨나니 기록된바 내가 야곱은 사랑하고 에서는 미워하였다 하심과 같으니라. (롬 9:11-13)

많은 사람들이 바울이 말한 이 구절을 하나님께서 개개인의 운명을 선택 받을 자와 버림받을 자로 예정하신 것으로 이해하고 있습니다. 그래서 그들은 "보라! 저들이 아직 태어 나기 전, 무슨 선이나 악을 행하기도 전에 하나님께서는 야곱은 사랑하고 에서는 미워하셨다고 성경이 말하고 있지 않은가?" 라고 주장합니다.

그러나 이러한 주장은 성경이 말하는 바를 제대로 파악하지 못해 오해한 데서 비롯된 것입니다. 바울은 지금 이스라엘 민족의 선택에 대해 설명하고자 구약성경의 두 부분을 인용하고 있습니다.

하나는 다음의 창세기 25장 23절 후반부 말씀입니다. "큰 자는 어린 자를 섬기리라 하셨더라"

또 하나는 다음의 말라기 1장 2-3절 말씀입니다. "나 여호와가 말하노라 에서는 야곱의 형이 아니냐 그러나 내가 야곱을 사랑하였고 에서는 미워하였으며 그의 산들을 황무케 하였고 그의 산업을 광야의 시랑에게 붙였느니라."

여기서 우리가 주목할 것은 이것입니다. 여호와께서 말라기 선지자에게 이러한 말씀을 해 주신 것은 이미 에서와 야곱이 저들의 생애를 마친 다음입니다. 그것도 대략 1500여 년이 지나서 말입니다.

그러므로 하나님께서 야곱은 사랑하시고 에서는 미워하신 것은 저들의 삶을 지켜보시고 난 다음 이야기입니다. 결코 저들이 태어나기도 전에 하신 말씀이 아닙니다.

바울이 말한 "그 자식들이 아직 나지도 아니하고 무슨 선이나 악을 행하지 아니한 때에"라는 말은 "리브가에게 이르시되 큰 자가 어린 자를 섬기리라"는 창세기 25장 23절 말씀에만 적용됩니다.

즉 하나님의 예정은 "큰 자가 어린자를 섬기리라"는 것이었습니다. 그런데 여기서 우리가 주의해야 할 것은 하나님은 개인 에서와 개인 야곱의 운명에 대해 예언하고 있지 않다는 사실입니다. 그것은 바울이 인용한 다음의 창세기 25장 23절 말씀 바로 앞 부분에 잘 나타나 있습니다. "여호와께서 그에게 이르시되 두 국민이 네 태중에 있구나 두 민족이 네 복중에서부터 나누이리라 이 족속이 저 족속보다 강하겠고"(창25:23a).

바울이 로마서에서 인용한 말씀은 바로 이 말씀에 이어진 다음의 말씀입니다. "큰 자가 어린자를 섬기리라"(창25:23b). 즉, 큰 자와 어린 자에 대한 예언은 저들 개개인의 운명에 대한 예언이 아니라, 장차 저들 후손을 통해 형성될 두 민족 공동체에 대한 것입니다.

영어성경(NLT)은 이것을 다음과 같이 아주 적절하게 번역해 놓고 있습니다. "너의 큰 아들의 후손들은 너의 작은 아들의 후손들을 섬기게 될 것이다"(창 25:23, NLT).

바울이 로마서에서 말하고자 한 말씀의 요지는 이런 것입니다. 하나님의 선택은 에서와 야곱 개개인의 운명에 대한 것이 아닌, 택한 이스라엘 민족 공동체에 대한 예정이라는 것입니다.

물론 이와 같은 의견에 이의를 제기하는 사람들이 있습니다. 대표적으로 헨드릭슨(Hendrickson) 같은 분입니다. 그는 "창세기의 본문이 민족과 국가에 대한 예언으로 전개되고 있음에도 그 출발은 분명히 개인에 대한 섬김"이라고 주장합니다.[1]

그도 이 예언이 민족과 국가에 대한 예언인 것은 인정합니다.

그는 "예언의 출발은 개인의 섬김에 있지 않았느냐?" 이렇게 반문하고 있습니다. 그러나 그의 주장은 성경을 조금만 주의해서 보면 옳지 않음을 단 번에 알 수가 있습니다. 성경은 그 어디에도, 그의 주장처럼, 형 에서가 동생 야곱을 섬긴 예가 나타나 있지 않습니다.

　오히려 그 반대 상황을 성경은 자세히 기술하고 있습니다. 동생 야곱은 형을 속이고 장자의 축복을 가로챘다는 이유로 형 에서의 보복을 두려워하여 목숨을 부지하기 위해 망명길에 올라야만 했습니다.

　고향으로 돌아오는 길에 그는 형 에서가 군사를 이끌고 온다는 소식에 두려워 밤이 맞도록 기도해야 했습니다. 그는 형 에서를 맞을 때 형의 마음을 누그러뜨려 화친할 요량으로 과분할 정도의 예물을 바칩니다. 이 모습은 마치 약소국의 왕이 강한 침략군의 왕에게 화친할 목적으로 예물을 바치며 섬기는 모습과 아주 흡사합니다.

　다음의 성경 말씀이 그 모습을 잘 묘사해 주고 있습니다.

> 야곱이 거기서 경야하고 그 소유 중에서 형 에서를 위하여 예물을 택하니 암염소가 이백이요 숫염소가 이십이요 암양이 이백이요 수양이 이십이요 젖 나는 약대 삼십과 그 새끼요 암소가 사십이요 황소가 열이요 암 나귀가 이십이요 그 새끼나귀가 열이라(창 32:13-15) ……
>
> 또 너희는 말하기를 주의 종 야곱이 우리 뒤에 있다 하라 하니 이는 야곱의 생각에 내가 내 앞에 보내는 예물로 형의 감정을 푼 후에 대면하면 형이 혹시 나를 받으리라 함이었더라(창 32:20) ……
>
> "야곱이 가로되 그렇지 아니하니이다 형님께 은혜를 얻었사오면 청컨대 내 손에서 이 예물을 받으소서 내가 형님의 얼굴을 뵈온즉 하나님의 얼굴을 본 것 같사오며 형님도 나를 기뻐하심이니이다. (창 33:10)

개인으로서 야곱은 이와 같이 형 에서를 섬기는 자였지 섬김을 받은 예가 없다는 것입니다. 그러나 개인으로서의 야곱이 아닌, 민족으로서의 야곱의 후손들은 형 에서의 후손들인 에돔 족속으로부터 섬김을 받았습니다. 그것도 아주 오랫동안 말입니다.

성경은 다윗 이후로 에서의 후손인 에돔 족속이 야곱의 후손인 유다 족속을 섬긴 예를 다음과 같이 기록하고 있습니다.
"다윗이 에돔에 수비대를 두되 온 에돔에 수비대를 두니 에돔 사람이 다 다윗의 종이 되니라"(삼하 8:14). "그 때에 에돔에는 왕이 없었고, 유다의 왕이 임명한 대리자가 다스리고 있었다"(왕상 22:47, 새 번역).
이로 보건대 하나님의 선택은 어느 개개인에 대한 것이 아니라 공동체에 대한 것이라는 것이 확실합니다.

∽ 택한 백성일지라도 믿음의 족속만이 참 이스라엘 공동체

바울은 로마서에서 하나님의 약속이 이루어지지 않은 채 남아 있지 않는가 하고 질문합니다. 그리고는 하나님의 약속은 약속의 자녀들에게 이루어지는 것이라고 답변합니다.

그러면서 그는 아브라함의 자손이 다 그의 자녀가 아니라, 약속을 받은 이삭만이 오직 택한 아브라함의 자손이라는 것입니다 (롬 9:7-9; 참조: 창 21장).

그리고 하나님의 택하심을 따라 에서 족속이 아닌 야곱 족속이 약속의 자녀라고 증거합니다 (롬 9:10-13; 참조: 창 25:23; 말 1:2 이하).

즉, 장자 권을 가진 믿음의 백성을 택하였음을 말하고 있는 것입니다. 이스라엘 백성 전체를 약속의 자녀로 택했음을 설명해 주고 있는 것입니다.

이스라엘 백성의 부르심과 택하심에 관해 말하고 있는 것입니다. 이스라엘 백성의 택하심에 있어서 하나님의 뜻(롬 9:11)이 이삭의 아들들의 출생 전에 이미 정해져 있었습니다.

하나님께서 믿음의 계보 속에 들어간 자들만 택하신 무리 중에 들어가도록 한 것입니다. 즉, 그리스도 안에 있는 자들만 택하신 무리에 들어가도록 하나님께서 섭리하신 것입니다.

이것은 야곱 개인의 구원에 대해 말하고 있는 것이 아닙니다. 하나님께서는 야곱 족속을 택하신 것입니다.

그런데 그 야곱 족속이 어떤 족속인가요? 장자 권을 사모하는 무리들입니다. 성경은 세상 것을 사모하는 에서와 장자 권을 사모하는 야곱의 팥죽 한 그릇과 장자 권의 교환에 대해 다음과 같이 증거합니다.

> 야곱이 가로되 형의 장자의 명분을 오늘날 내게 팔라 에서가 가로되 내가 죽게 되었으니 이 장자의 명분이 내게 무엇이 유익하리요 야곱이 가로되 오늘 내게 맹세하라 에서가 맹세하고 장자의 명분을 야곱에게 판지라 야곱이 떡과 팥죽을 에서에게 주매 에서가 먹으며 마시고 일어나서 갔으니 에서가 장자의 명분을 경홀히 여김이었더라. (창 25:31-34)

이것은 단지 개인 야곱과 개인 에서의 장자 권 교환보다 더 큰 의미를 함유하고 있습니다. 즉, 장자 권을 사모하는 주님의 택하신 믿음의 족속과 장자 권을 경홀히 여기는 그리스도 밖에 있는 족속을 묘사하고 있는 것입니다.

성경을 자세히 보면, "큰 자가 어린 자를 섬기리라"고만 했지, '어린 자를 택하고 큰 자를 버리겠다'는 예언은 나타나 있지 않습니다.

예수님께서는 이 땅에 섬기는 자로 오셨습니다. 또한 예수님은 누구든지 큰 자가 되려거든 남을 섬기는 자가 되라고 말씀하셨습니다. 이로 보건대 섬기는 자가 곧 버림 받은 자라는 해석은 너무 급진적일 뿐더러 터무니 없습니다.

하나님의 예정은 믿음의 무리를 택하시기로 한 것입니다. 그런데 창세기 25장에 보니 야곱은 장자 권을 사모하여 그것을 취하므로 믿음의 무리에 들어가게 됩니다.

반대로 에서는 장자 권을 경홀히 여겨 그것을 상실함으로 믿음의 무리에서 탈락합니다. 이처럼 하나님은 그들이 태어나기 전에 그들이 선이나 악을 행하기 전에 장자 권(믿음)을 소유한 백성이 당신의 택한 백성이 되도록 예정하신 것입니다.

∽ 구약 공동체와 신약 공동체에 공히 적용되는 택하심의 원리

이 선택의 원리는 신약 시대에도 그대로 적용됩니다. 누구든지 예수그리스도를 믿는 자는 그리스도 예수 안에 있는 택한 백성으로 삼기로 하나님께서 예정하신 것입니다.

하나님은 믿음의 무리를 구원하여 당신의 영원한 자녀로 삼기로 작정하신 것입니다. 누구든지 그리스도 안에 있는 자는 예정된 자입니다. 그러나 누구든지 그리스도 밖으로 나가면 그 자는 하나님의 예정과 상관 없는 자가 되고 맙니다. 하나님께서는 그리스도 안에 머물러 있는 자를 구원하시기로 예정 하셨기 때문입니다.

그래서 예수님은 포도나무의 비유의 말씀, 요한 복음 15장 4절에서 10절까지 "머물러 있으라"는 단어를 무려 11번을 사용하셨습니다. 머물러 있는 자를 구원하시기로 예정되었기 때문입니다.

머물러 있지 못하고 그리스도 밖으로 나가는 자는 하나님의 진노의 심판이 예비 되어 있습니다. 예수님은 그것을 "가지처럼 버리워 불살라진다"고 말씀하셨습니다.

바울은 그 택하심의 영적인 원리를 신약의 교회 공동체로 연결시킵니다. 하나님께서 에서와 야곱의 행위와 무관하게 그들이 이미 태어나기 전에, 그들의 믿음에 따라서 하나는 택함 받은 그리스도 안에 있는 무리로, 또 하나는 그리스도 밖에 있는 무리의 대표주자로 선정하십니다.

야곱이 장자 권(천국)을 사모하고 그 것 때문에 형 에서에게 핍박을 받고 고난을 받은 것은 믿음 때문에 고난 받는 그리스도인을 예표합니다. '야곱'은 그리스도 안에 있었기 때문에 세상을 대표하는 자 '에서'는 그를 죽이고자 했던 것입니다.

마찬가지입니다. 오늘날도 세상은 그리스도 예수 안에 있는 자들을 죽이려 듭니다. 그래서 성경은 "무릇 경건하게 살고자 하는 자는 핍박을 받으리라"고 증거합니다. 당신에게 그리스도 때문에, 믿음때문에 당하는 핍박이 있습니까? 그렇다면 당신은 확실히 지금 그리스도 안에 있는 자입니다.

하나님께서는 긍휼히 여길 자를 긍휼히 여기시고 불쌍히 여길 자를 불쌍히 여기실 수 있습니다. 그러한 하나님의 선택의 자유는 유대인과 이방인들로 구성된 구원의 새로운 공동체의 부르심 에서도 잘 드러납니다 (롬 9:14-29).

바울은 로마서 11:5에서도 '선택(ekloge)'을 사용합니다. "그런즉 이와 같이 이제도 은혜로 택하심을 따라 남은 자가 있느니라" (롬 11:5). 여기에 영적인 깊은 의미가 담겨 있습니다. 하나님은 약속의 자녀인 이삭의 자녀 중에서 장자 권 보다 세상을(팥죽 한 그릇) 더 사랑한 에서를 걸러냅니다. 저들이 그리스도 안에 있느냐 밖에 있느냐에 따라서 저들의 운명이 달라진 것입니다. 그리고 물질적인 복보다 영적인 복을 더 사모한 야곱으로 하나님의 약속의 계보가 이어지게 합니다.

그런데 성경에 보면 야곱의 열 두 자녀부터는 그러한 선택이 특별히 눈에 띄지 않습니다. 그런데 자세히 보면 있습니다. 그것은 '믿음으로 사느냐'의 여부로 나뉘어 지는 것입니다. 그리스도 안에 거하느냐, 그리스도 밖에 거하느냐는 것입니다. 믿음으로 사는 자는 그리스도 안에 머무르는 자입니다. 하나님 말씀에 순종하는 자는 그리스도 안에 있는 자입니다.

그러나 하나님의 계명을 지키지 않는 자는 그리스도 밖에 있는 자입니다. 하나님께서는 모든 자가 다 그리스도 안에 머물기를 원하십니다. 그래서 하나님께서는 당신의 종들을 부지런히 보내셨습니다.

> 나도 내 종 모든 선지자를 너희에게 보내고 부지런히 보내며 이르기를

> 너희는 이제 각기 악한 길에서 돌이켜 행위를 고치고 다른 신을 좇아 그를 섬기지 말라 그리하면 너희가 나의 너희와 너희 선조에게 준 이 땅에 거하리라 하여도 너희가 귀를 기울이지 아니하며 나를 듣지 아니하였느니라. (렘 35:15)

이처럼 하나님께서는 저들에게 은혜를 베푸셨으나 모든 자가 다 그 은혜를 믿음으로 받아들이지는 않았습니다. 즉, 모든 자가 다 그리스도 안에 머물지는 않았다는 이야기 입니다.

∾ 개인이 아닌 교회공동체의 선택에 대한 베드로의 증언

베드로 사도는 베드로 후서 1:10에서 '선택(*ekloge*)'을 사용합니다. "그러므로 형제들아 더욱 힘써 너희 부르심과 택하심을 굳게 하라 너희가 이것을 행한즉 언제든지 실족지 아니하리라"(벧후 1:10). 여기에서 베드로 사도는 그리스도 안에 있는 믿음의 공동체의 선택과 부름을 언급하고 있습니다.

베드로는 "부르심과 택하심"을 입은 자들이 그것을 확고하게 하기 위해 기울여야 할 노력은 앞서 4절에 나타난 윤리적인 것들입니다. 즉 "믿음, 덕, 지식, 절제, 인내, 경건, 형제 우애, 그리고 사랑"과 같은 것들입니다 (벧후 1:5-7).

더욱 우리가 주목해야 할 것은 베드로는 택함 받은 자들일지라도 실족할 수 있음을 경계하고 있다는 점입니다. 즉, 택한 그리스도의 공동체에서 떨어져 나갈 수 있음을 경고한 것입니다. 그리고 이 선택 (*ekloge*)은 택하신 백성 즉, 교회 공동체를 지칭하는데 사용되고 있습니다. "만일 주께서 그날들을 감하지 아니하셨더면 모든 육체가 구원을 얻지 못할 것이어늘 자기의 택하신 백성을 위하여 그날들을 감하셨느니라" (막 13:20).

이와 같이 성경에 나타난 '선택(ekeloge)'이라는 용어는 계속적으로 그리스도 예수 안에 머무는(remaining) 자들을 선택한 것이라는 사실을 보여주고 있습니다. 하나님께서는 공동체를 그리스도 예수 안에서 선택하신 것입니다. 하나님께서는 예수 그리스도를 선택하셨습니다.

그리고 누구든지 그리스도 안에 있으면 하나님의 선택에 포함되도록 하신 것입니다. 그러나 누구든지 그리스도 밖에 있으면, 그는 하나님의 선택에서 제외되는 것입니다. 쉽게 이야기하면 그리스도 예수 안에 머무르는 자들을 택하시기로 예정하신 것입니다.

다시 말하면, 하나님께서는 누구는 영생 얻도록 예정하시고 누구는 지옥 가도록 개개인의 운명을 예정하신 것이 아니라는 것입니다. 하나님께서는 그리스도를 통한 구원계획을 예정하신 것입니다.

그리고 누구든지 그리스도 안에 있으면 그리스도의 지체로, 하나님의 자녀로, 하늘나라 백성으로 받아들이기로 하나님께서 창세 전에 예정하신 것입니다. 하나님은 그리스도 예수 안에 있는 자들을 구원하시기로 예정하신 것입니다.

하나님의 은혜와 예정

　현대 교회의 신자들은 "은혜로 구원 받는다" (엡 2:8)는 말씀을 내가 가만히 있어도 은혜로 믿음이 주어지는 것으로 생각하는 것 같습니다. 여기서 말한 은혜란 그런 것이 아닙니다. 그리스도를 통해서 우리에게 주신 은혜입니다.

　우리는 죄악으로 인하여 죽을 수 밖에 없었습니다.
　아니, 이미 죽은 자였습니다.
　그런데 그리스도께서 우리를 대신하여 십자가에 죽으심으로 우리의 모든 과거에 지은 죄 값을 청산하셨습니다. 죄의 값은 사망인바 우리 죄 때문에 우리는 영원한 심판을 받아야만 했습니다.

　그러나 더 이상 우리가 우리 죄 때문에 죽지 않아도 되는 길이 열리게 된 것입니다. 이것은 예수님께서 십자가에서 우리를 대신하시어 우리 죄를 갚아 주셨기 때문입니다. 우리는 더 이상 우리의 죄 값을 치르지 않아도 되는 새로운 생명의 길이 열리게 된 것입니다.

이것이 바로 우리 주 예수님께서 우리에게 베푸신 '은혜'라는 것입니다. 이 '은혜'는 모든 사람에게 베푸신 것입니다. 누구든지 이 은혜를 받아들이기만 하면 구원을 받습니다.

그러나 이 은혜를 거절하는 사람은 심판을 받습니다. 그런 사람은 여전히 자기 죄를 자기 자신이 갚아야 할 책임을 가진 자입니다.

그러나 그리스도의 베푸신 은혜를 받아들이는 사람은 더 이상 자기 죄를 자기 스스로 갚을 이유가 없어진 것입니다.

그렇다면 우리는 그리스도께서 우리에게 베푸신 은혜를 어떻게 받아들일 수 있을까요?

그 수단은 바로 '믿음' 입니다.

'믿음' 을 통해서 그리스도의 은혜를 나의 것으로 받아들이는 것입니다. 그래서 영어성경은 '수단' 과 '통로'를 의미하는 전치사 '~을 통해서(through)' 라는 단어를 썼습니다. 그 은혜를 받아들이는 것이 바로 '믿음'이라는 것입니다. 은혜는 모든 사람에게 값없이 선물로 주셨습니다.

그러나 하나님은 그 선물을 우리에게 억지로 받으라고 강요하지는 않으십니다. 강권하시기는 하지만 강제로 하지 않으십니다. 하나님께서 이스라엘 백성들에게 돌아오라고 끊임없이 선지자를 보내신 것은 강권하신 것이지 강요하신 것은 아닙니다.

오늘날도 마찬가지 입니다. 예수님께서는 우리를 부르시고 계십니다. 돌아오라고 강권하고 계십니다. "예루살렘아 예루살렘아 선지자들을 죽이고 네게 파송된 자들을 돌로 치는 자여 암탉이 그 새끼를 날개 아래 모음 같이 내가 네 자녀를 모으려 한 일이 몇 번이냐 그러나 너희가 원치 아니하였도다"(마 23:37).

하나님께서 은혜를 베푸시기를 원하시지만 그 은혜 받기를 원치 않는 자들은 어쩔 수 없습니다. 그런 자들까지 하나님은 품지 않으십니다.

❧ 하나님의 베푸시는 은혜를 받아들이는 것은 우리의 책임

그리스도께서 십자가 위에서 세우신 공로(Works)로 인하여 우리에게 구원 받는 길이 열리게 되었습니다. 예수님께서 홀로 십자가 위에서 구원의 길을 여신 것입니다.

그리고 외치셨습니다.

"테텔레스타이(*tetelestai*)" "내가 다 이루었다!"

아무도 주님의 공로에 참여한 자가 없습니다. 구원에 관한 한 아무도, 아무 일도 한 일이 없습니다. 오로지 주님 한 분께서 홀로 그 일을 해 내셨습니다.

그리고 당신께서 이루신 공로를 은혜로 우리에게 돌리셨습니다. 그래서 그 누구도 자신의 행위(works)로 구원을 받는 것이 아니기 때문에 자랑할 수 없습니다.

따라서 구원 받는 일에 있어서 자신의 공로를 조금이라도 내세울 수 있는 사람이 아무도 없는 것입니다. 혹여 그런 사람이 있다면 그는 이미 그리스도의 은혜를 거절한 사람이 되고 맙니다. 우리는 다만 그리스도의 베푸신 은혜 때문에 구원 받는 것입니다.

우리에게 은혜를 베푸시는 것은 하나님의 일이십니다. 그러나 하나님의 베푸신 은혜를 믿음으로 받아들이는 것은 우리의 책임입니다. 하나님의 은혜는 우리에게 그리스도를 주신 것이요, 그리스도께서는 우리에게 은혜로 당신의 생명을 내어 놓으시고 우리의 죄 값을 치루신 것입니다.

우리에게 죄에 대하여, 의에 대하여, 심판에 대하여 깨달음을 주시는 분은 성령님입니다. "그가 와서 죄에 대하여, 의에 대하여, 심판에 대하여 세상을 책망하시리라" (요 16:8).
우리가 그 누구에게 전도할 때 성령님은 그 마음 속에서 역사하십니다. 죄인의 구원 사역에 성령님도 동참하시는 것입니다.
그러나 그 성령님의 깨닫게 하시는 은혜도 사람들은 받아들일 수도 있고 무시하고 거절할 수도 있습니다.

우리 개개인의 운명을 하나님께서 누구는 천국 갈 사람, 누구는 지옥 갈 사람으로 예정하시지 않으셨습니다. 그 누구라도 예수님의 십자가 공로를 인정하고, 그 베푸신 은혜를 믿음으로 받아들이면 구원을 받도록 예정해 놓으신 것입니다.
구약 시대나 신약 시대나 동일하게 예수 그리스도의 은혜를 우리가 믿음으로 구원 받는 것입니다. 구약 시대의 사람들은 장차 오셔서 은혜 베푸실 예수 그리스도를 믿음으로 바라보고 구원을 받았습니다. 그래서 예수님은 "너희 조상 아브라함은 나의 때 볼 것을 즐거워하다가 보고 기뻐하였느니라" (요 8:56)고 말씀하신 것입니다. 구약시대에 사람들은 그리스도께서 장차 오셔서 은혜 베푸실 것에 대해 증거를 받았습니다.

그러나 아직 그 일이 완성된 일은 아니었기에 약속을 받은 것은 아니라고 히브리서 기자는 증거합니다. "이 사람들이 다 믿음으로 말미암아 증거를 받았으나 약속을 받지 못하였으니" (히 11:39).

그러나 구약시대 사람들은 장차 그리스도께서 오셔서 십자가 위에서 은혜 베푸실 거라는 증거 하나만 가지고도 다음과 같은 위대한 믿음의 행진을 했습니다.

> 저희가 믿음으로 나라들을 이기기도 하며 의를 행하기도 하며 약속을 받기도 하며 사자들의 입을 막기도 하며 불의 세력을 멸하기도 하며 칼날을 피하기도 하며 연약한 가운데서 강하게 되기도 하며 전쟁에 용맹 되어 이방 사람들의 진을 물리치기도 하며 여자들은 자기의 죽은 자를 부활로 받기도 하며 또 어떤 이들은 더 좋은 부활을 얻고자 하여 악형을 받되 구차히 면하지 아니하였으며 또 어떤 이들은 희롱과 채찍질 뿐 아니라 결박과 옥에 갇히는 시험도 받았으며 돌로 치는 것과 톱으로 켜는 것과 시험과 칼에 죽는 것을 당하고 양과 염소의 가죽을 입고 유리하여 궁핍과 환난과 학대를 받았으니 (이런 사람은 세상이 감당치 못하도다) 저희가 광야와 산중과 암혈과 토굴에 유리하였느니라. (히 11:33-38)

이처럼 구약시대에도 그리스도의 은혜 베푸실 것을 바라보고 믿음으로 산 사람들이 있었습니다. 그런가 하면 하나님의 은혜를 멸시하고 악을 행하며 산 자들도 있습니다. 그래서 성경은 믿음으로 자기의 죄를 가리움을 받고 구원 받은 무리들과 자기의 죄악으로 멸망 받은 무리들을 구분하고 있습니다. 애굽에서 구원 받은 이스라엘 백성들이 홍해에서 신령한 세례를 받고 신령한 반석(그리스도)으로부터 먹고 마셨습니다. "그러나 저희의 다수를 하나님이 기뻐하지 아니하신 고로 저희가 광야에서 멸망을 받았느니라"(고전 10:5).

멸망 받은 저희들은 하나님의 베푸신 은혜에 믿음으로 반응하지 않았기 때문입니다. 즉, 그들은 하나님의 은혜를 믿음으로 받아들이지 않았기 때문에 구원 받지 못한 것입니다.

성경은 하나님의 은혜를 믿음으로 받아들이고 순종하며 산 사람들과 은혜를 거부하고 악을 행하며 산 사람들을 구분하고 있습니다. 엘리 제사장과 사무엘 선지자가 갈라집니다. 사울 왕과 다윗 왕이 갈라집니다. 그리고 이스라엘 열왕이 선한 왕과 악한 왕으로 나뉘어집니다.

이스라엘 백성들은 선민의식으로 충만한 자들입니다. 저들은 할례만 있으면 무슨 죄를 짓고 살아도 결국 천국 간다는 대단한 확신이 있었습니다.

> 유대인들은 자기들의 몸에 천국 행 패스포트를 가지고 있다고 생각하였습니다. 아브라함이 지옥의 입구에 서서 할례를 받았는지 받지 않았는지를 조사 한다고 합니다. 할례를 받은 사람은 아브라함이 지옥에 못 들어가게 한다고 유대인들은 믿고 있었습니다. 할례 받은 사람치고 지옥을 볼 사람이 없다는 것입니다. 할례가 지옥으로부터 구원해 준다는 것입니다.[2]

그런데 성경은 할례는 마음에 하라고 했습니다. "유다인과 예루살렘 거민들아 너희는 스스로 할례를 행하여 너희 마음 가죽을 베고 나 여호와께 속하라 그렇지 아니하면 너희 행악을 인하여 나의 분노가 불 같이 발하여 사르리니 그것을 끌 자가 없으리라"(렘 4:4). "대저 열방은 할례를 받지 못하였고 이스라엘은 마음에 할례를 받지 못하였느니라 하셨느니라"(렘 9:26). '마음에 할례를 받으라'는 말씀은 택한 백성 이스라엘에게 주신 것입니다.

왜 마음의 할례가 저들에게 필요했습니까?
행악을 그치고 하나님께 속하기 위해서였습니다.
행악을 그치지 않고 불법을 행하면서도 천국이 마치 언제든 들어갈 수 있는 곳쯤으로 생각하는 분들을 보면 가슴이 아픕니다. 예수님이 바로 "불법을 행하는 자들아 내게서 떠나가라"(마 7:23)고 하신 말씀은 결코 예수 믿지 않은 사람들을 두고 한 말이 아님을 명심해야 할 것입니다.

이스라엘 공동체 중 신실한 남은 자만 택하시는 하나님

여호와 하나님께서는 이스라엘 전체에서 신실한 남은 자를 택하십니다. 바울이 로마서를 기록한 목적은 대체신학을 가르치던 로마 교회의 이방인 지도자들에게 배척당하던 유대인 성도들을 받아들이라고 권고하기 위해서였습니다.

잘 아시다시피 대체신학이란 하나님이 이스라엘은 버리셨고 대신 이방인을 택하셨다는 사상입니다. 참고로 로마 교회는 처음엔 유대인 성도들의 수가 이방인 숫자보다 더 많았습니다. 그러던 것이 클라우디오 황제가 유대인들을 로마에서 추방해버리자 (행 18:2), 상황이 바뀌게 되었습니다. 나중에 네로 황제 때 돌아온 유대인 성도들은 교회에서 환영 받지 못하게 됩니다. 하나님께서 그들을 버리셨다는 대체신학 때문이었습니다. 바로 이러한 잘못된 사상과 상황을 바로잡고자 바울은 로마교회에 장문의 편지를 쓰게 된 것입니다.

그래서 바울은 이스라엘이 불신앙으로 지은 죄에도 불구하고(롬 9:30-10:21) 하나님께서는 "그 미리 아신 자기 백성", 즉 선택하신 백성(롬 11:2)을 버리지 아니하셨다"고 증거합니다. 이 구절이 바울이 로마교회에 보낸 편지를 쓴 목적을 나타내는 가장 핵심적인 구절이요, 절정입니다. 물론 대부분의 학자들은 9장에서 11장까지를 삽입 절 정도로 취급하고 있지만 말입니다.

바울의 이어지는 말이 아주 중요합니다. "주여 저희가 주의 선지자들을 죽였으며 주의 제단들을 헐어버렸고 나만 남았는데 내 목숨도 찾나이다 하니 저에게 하신 대답이 무엇이뇨 내가 나를 위하여 바알에게 무릎을 꿇지 아니한 사람 칠천을 남겨 두었다 하셨으니 그런즉 이와 같이 이제도 은혜로 택하심을 따라 남은 자가 있느니라"(롬 11:3-5).

바울의 결론적인 주장이 무엇입니까?
이방인 지도자들은 하나님께서 '유대인들을 완전히 버렸다'고 믿고 있었습니다. 그러나 바울은 '그렇지 않다'고 주장합니다. 바울은 엘리야의 기도를 끌어들입니다. 그리고 하나님의 응답을 통해 바울은 '하나님이 저들을 완전히 버린 것이 아니다'라고 말합니다.
즉, 바울이 무엇을 말하고자 한 것입니까?
엘리야 시대에 바알에게 무릎 꿇지 않은 사람을 하나님께서 남겨 두신 것처럼, 지금도 하나님은 유대인 중에 교회에 속하는 택하신 무리가 있다고 주장합니다. 그러니 유대인이라고 무조건 배척하지 말라는 것입니다. 저들을 받아들이라는 것입니다.

그 당시에는 바울의 이러한 증거가 쉽게 받아들여질 수 없는 상황이었습니다. 그러나 이제 와서 보면 바울의 주장은 너무나도 당연한 것이었습니다.

지금 전 세계 기독교는 '백 투 더 이스라엘 (back to the Israel)'을 선교의 기치로 내걸고 있습니다. 바울 당시에 이방인 교회에서 정통으로 인정 받던 (하나님께서 이스라엘은 버리셨고 이방인이 그 자리를 대신하게 되었다는) 대체 신학은 지금은 더 이상 환영 받지 못하고 있습니다.

지금 이스라엘에서 놀라운 회개의 역사가 일어나고 있습니다. 저는 얼마 전 장규대 선교사의 이스라엘 사역 보고를 듣고 깜짝 놀라지 않을 수 없었습니다. 우리의 상상을 초월하는 놀라울 정도의 대규모 회개의 역사가 일어나고 있는 동영상을 보고 내 눈을 의심하지 않을 수 없을 정도였습니다.

많은 내 주변의 선교사들이 이스라엘을 마지막 선교 타킷으로 놓고 준비하고 있는 것을 봅니다. 이미 이스라엘에는 성령님의 강한 역사가 나타나고 있습니다. 부분적이긴 하지만 그 곳엔 이미 초대 교회의 역사가 재현되기 시작했습니다.

∽ 영혼의 구원보다 더 강조되는 세상에서의 번영

청교도 이후 19세기 찰스피니가 활동할 때까지만 해도 자기 성찰과 회개가 강조되었습니다. 그러나 지금은 교회에서 회개와 자기부인, 자기성찰, 십자가, 고난, 지옥의 심판과 같은 단어는 거의 자취를 감추고 있습니다.

대신 강단을 점령한 주요 단어들은 주로 '사랑', '은혜', '축복', '형통', '성공', '물질축복', '잘 되는 나', '긍정의 힘', '적극적 사고', 그리고 '자기관리'와 같은 것들입니다.

오해하지 마시기 바랍니다.

이런 것들이 나쁘다는 것이 아닙니다. 이 모든 것들이 성경에 다 있는 것들이고 우리가 받아 누려야 할 것들입니다. 그러나 이런 것들이 영적인 가치들보다 우선시 돼서는 안 된다는 것입니다. 이런 것들은 대부분 물질적이고 현세적인 가치들입니다.

아직 회개도 이루어지지 않았는데 그 사람에게 세상의 모든 것이 무슨 의미가 있겠습니까?

또한 영적인 문제가 제대로 해결 되지 않았는데, 이 땅의 형통이 무슨 큰 의미를 지닐 수 있단 말입니까?

세상에 심취하여 탐욕과 음란과 불의한 삶을 살고 있는 자들이 세상 것을 다 가진들 그 영혼이 지옥가면 무슨 소용이 있겠습니까?

그래서 예수님은 "사람이 만일 온 천하를 얻고도 제 목숨을 잃으면 무엇이 유익하리요 사람이 무엇을 주고 제 목숨을 바꾸겠느냐"고 말씀하신 것입니다 (마 16:26).

여기서 예수님께서 사용하신 '목숨'이라는 말은 '푸쉬케'입니다. 이 말을 많은 사람들이 단지 '육신의 생명'을 가리킨다고 큰 오해를 하고 있습니다. 즉, "세상에 모든 것을 다 쌓아놓고 목숨이 끊어지면 (죽어버리면) 그 것들과 자기가 무슨 상관이 있겠느냐"는 뜻으로 이해합니다.

그러나 예수님께서 하시고자 한 말씀의 진의는 그것이 아닙니다. 오히려 예수님께서 사용하신 '목숨'이라는 단어는 '영원한 생명을 얻도록 계획된 도덕적 존재로서 간주되는 영혼 (요삼 1:2)', '육체와는 다르며 죽음에 의해서도 해체되지 않는 본질로서의 영혼 (마 10:28)'을 의미하는 단어입니다.[3]

즉, 예수님의 말씀은 "온천하를 얻고도 그 영혼이 죽어서 지옥에 간다면 그 모든 것과 지옥에서 빠져 나오는 것과 바꿀 수 있겠느냐"고 묻고 계시는 것입니다.

교회 다니며 세상에서 형통하는 원리를 아주 잘 배워서 억만장자가 됐다고 칩시다. 그런데 그가 자기 영혼은 잘 관리하지 못하고 죄를 이기지 못하고 계속 죄 짓는 삶을 살다가 마침내 지옥에 떨어졌다면, 그의 이 땅에서의 모든 형통이 무슨 소용이 있겠습니까?

∽ 파수꾼에게 경고 나팔을 불지 못하게 하는 개인 예정 사상

세상의 그 어떤 가치보다도 우선시 돼야 할 영혼의 가치를 무시한 채 세상적인 가치만을 설교했다가 그 설교를 듣고서 영혼이 경성치 못하다가 결국 지옥에 간다면 그 영혼은 그 누가 책임을 져야 한단 말입니까?

에스겔의 증거에 따르면, 그 책임은 파숫군의 사명을 잘 감당치 못한 설교자에게 있습니다. "또 의인이 그 의에서 돌이켜 악을 행할 때에는 이미 행한 그 의는 기억할 바 아니라 내가 그 앞에 거치는 것을 두면 그가 죽을지니 이는 네가 그를 깨우치지 않음이라 그가 그 죄 중에서 죽으려니와 그 피 값은 내가 네 손에서 찾으리라" (겔 3:20).

에스겔의 증언을 보십시오. 의인이 돌이켜 악을 행하다가 결국 그 영혼이 멸망 당하는 경우를 예로 상정하고 있습니다. 하나님은 의인이 돌이켜 악을 행하는 잘못된 길로 가는데도 깨우치지 않은 파수군(목자)에게 그 피 값을 묻겠다고 하십니다.

그런데 현대 교회의 너무 많은 설교자들이 한 번 예수 믿고 주로 시인하면 어떻게 살아도 결국은 천국 간다고 왜곡된 진리를 가르치고 있습니다. 누구는 구원 받기로, 누구는 버림 받기로 개인의 운명이 영원 전에 이미 예정되었다고 하는 그릇된 사상에서 비롯된 것입니다.

강단에서 믿음으로 의인 된 성도들에게 악을 멀리하고 거룩한 삶을 살도록 깨우치지 아니한 설교자들에게 그 책임을 묻겠다는 것입니다.

성도들이 땅에서 잘되는 것에만 정신이 팔려 악을 행하며 살아간다면 설교자는 마땅히 깨우쳐야 할 사명이 있습니다. 그런데 적지 않은 설교자들이 "평안하다, 범사가 잘 되고 있다"며 그 영혼이 죄에 치우쳐 죽어 가고 있는데도 깨우칠 생각을 안합니다.

구원 받을 사람이 이미 정해져 있다고 믿기 때문에 굳이 그럴 필요를 못 느끼는 것입니다. 따라서 죄를 지어도 좋으니 돈 많이 벌어서 십일조, 건축헌금 많이 하면 된다는 것입니다.

그래서 사기 치고 남을 어렵게 하여 번 돈으로 십일조, 건축헌금 하는 것을 알면서도 묵인하고 있습니다. 이것은 파수꾼의 사명을 망각한 것입니다.

일본의 어느 지역의 한인 교회에서는 교회에 나오면서 몸을 판 돈으로 십일조 하는 일이 예사로운 일이라고 들은 적이 있습니다. 물론 몸 파는 여인도 회개하고 예수 믿고 구원 받을 수 있습니다. 그러나 예수를 믿기로 작정했으면 더 이상 몸을 팔아서는 안 됩니다.

예수 믿는 일과 몸 파는 일은 결코 병행할 수 있는 일이 아닙니다. 아직 믿음이 적어서라고 변명하고 싶겠지요. 차차 믿음이 좋아지면 몸 파는 일을 그만둘 거라고 말하고 싶겠지요. 그런데 십일조 할 믿음은 생겼는데 몸 파는 일을 멈추는 믿음은 생기지 않았다는 것은 실로 이상하기 짝이 없는 것입니다.

에스겔 선지자는 '의인이 악을 행하는 것'을 보고도, 파수꾼이 경고의 나팔을 불지 않은 파수꾼의 책임을 다음과 같이 증거합니다.

> 그러나 파숫군이 칼이 임함을 보고도 나팔을 불지 아니하여 백성에게 경고치 아니하므로 그 중에 한 사람이 그 임하는 칼에 제함을 당하면 그는 자기 죄악 중에서 제한바 되려니와 그 죄를 내가 파숫군의 손에서 찾으리라. (겔33:6)

이처럼 성경은 파수꾼에게 경고의 나팔을 불어서 죽어가는 의인들을 구하라고 말씀합니다. 그러나 개인 예정 이론은 파수꾼으로 하여금 경고의 나팔을 불어야 할 필요성을 아예 없애버립니다.

그래서 결국은 믿어 의인 된 자들이 악행으로 치달아 죽어가는 데도 저들의 멸망을 수수방관하게 만듭니다. 이러한 파수꾼은 마지막 날 결국 저들의 피 값을 물어야 할 것입니다.

ᘛ 알미니우스의 예정 이론의 옳은 점과 그른 점

알미니우스의 예정 이론을 소개하면 다음과 같습니다.

1. "하나님께서는 자신의 죽음을 통하여 죄를 파괴하는 자로 …… 그의 아들 예수 그리스도를 작정하셨다. 그리스도는 선택된 사람(Elect man)이다. 각 개인들은 (개별적으로) 구원에 선택되지는 못했으나 그리스도는 인간들의 유일한 구세주로 임명되셨다". 우리가 그리스도 안으로 들어가면 선택된 그리스도의 선택에 포함되는 것입니다. 즉, 우리가 그리스도 안에 머무르면 하나님께서는 우리를 그리스도 안에서 선택된 자로 봐 주시는 것입니다.
2. "하나님께서는 회개하고 믿는 모든 사람들을 자신의 은총으로 받아들이시기로 작정하셨다. 주된 강조점은 "그리스도 안에 (in Christ)" 이다. 그리스도의 공로로, 그리고 그리스도를 통하여 구원은 참고 견디는 자들에게 부여된다".
3. "하나님께서는 자신의 목적을 성취시키는 수단으로 은총을 사용하신다. 이 은총에 의하여 인간은 믿을 수 있는 능력을 얻게 된다".
4. "하나님께서는 신적 예지에 근거하여 예정하신다. 하나님께서

는 믿을 사람과 믿지 않을 사람을 아시고 거기에 따라 예정하신다".[3]

위의 네 가지 예정에 관한 이론 중 세 가지는 성경과 부합된다고 볼 수 있습니다. 그러나 네 번째 신적 예지에 근거한 이론은 앞의 세 가지 이론과 부합되지 않을 뿐 아니라 성경과도 부합되지 않습니다. 네 번째 이론은 절대 예정이나 이중 예정 이론과 결과적으로 같아지고 맙니다.

그렇다면 하나님은 죄악의 파도에 휩쓸려 떠내려가는 당신의 백성들을 보고 가슴아파 할 이유가 전혀 없게 됩니다. 하나님은 아브라함을 시험할 이유도 없어지고 맙니다. 이스라엘 백성을 40년간이나 광야에서 하나님의 율례를 지키는지, 아니 지키는지 시험해 볼 이유가 없었습니다 (신 8:2-3).

그리고 인간의 자유 의지도 실상은 자유의지가 아닌 것이 되고 맙니다. 모든 경우에 모든 사람들의 선택을 하나님께서 모두 아신다는 것은 곧 인간은 그렇게 행동하도록 조작된 로봇과 다를 바 없다는 이야기가 되고 맙니다.

그렇다면 하나님은 우리의 하나님을 향한 사랑에 감격할 이유도 없어지고 맙니다. 모든 죄 짓는 것도 하나님이 사람들로 그렇게 결정하도록 우리의 자유의지를 프로그래밍한 결과로 밖에 볼 수 없습니다.

그것은 데오도르 베자의 '타락 전 예정론'과 결과론적으로 본다면 다르지 않습니다. 논리적으로 같은 결과를 가져옵니다. 다만 그 결과를 가져오는 과정만 다를 뿐입니다. 그렇다면 우리는 인간의 창조자이신 하나님께 죄의 책임을 여쭐 수 밖에 없습니다. 그것은 곧 하나님이 모든 죄의 창시자라는 결론에 도달하고 맙니다. 실제로 데오도르 베자는 하나님을 모든 죄의 창시자라고 믿고 가르쳤습니다. 하나님은 선하신 분이십니다. 악을 차마 보지 못하시는 분이십니다.

∽ 하나님의 예지는 하나님은 인간의 미래를 모두 다 아신다는 뜻?

우리는 먼저 하나님의 예지를 논하기 전에 하나님의 전능하심에 대해 알아볼 필요가 있다고 여겨집니다.

하나님께서 전능하시다는 것은 곧 하나님이 그 무엇도 하실 수 없는 일이 없다는 것을 의미할까요?

저의 대답은 '그렇지 않다' 는 것입니다.

하나님께서는 세모난 원을 그리실 수 없습니다.

"하나님인데 그까짓 것을 못한다면 말이 되느냐"고 우기신다면 그것은 억지를 쓰는 초등학생 수준입니다. 하나님께서는 거짓말을 못하십니다. 하나님께서는 죄를 지으실 수 없습니다. 물론 악을 행하실 수도 없지요. 하나님께서는 비열해지실 수도 없으십니다. 하나님께서는 교만해지실 수도 없으십니다.

하나님의 성품은 원래부터 겸손하십니다. 하나님이 하시지 않아서 그렇지, 교만해지려면 얼마든지 교만해질 수 있는 것 아니냐고 한다면 그것은 하나님의 성품을 모르시고 하는 소리입니다.

하나님께서는 비 인격적이실 수 없으십니다. 우리 하나님께서는 저는 할 수 있는 일을 못하시는 것이 많으십니다. 저는 죄도 지을 수 있고 못된 짓도 할 수 있는데 말입니다. 이와 같이 하나님도 못하시는 것이 많으십니다. 그렇다고 하나님이 전능하신 하나님이 아니라고 말할 수는 없습니다.

이와 마찬가지로 하나님이 전지(全知)하시다는 것도 하나님은 모든 것을 다 아신다고 보면 곤란합니다. 그것은 하나님께서 인간과 사랑으로 교제하시기 위해서 스스로를 낮추시었기 때문입니다.

하나님은 우리 인간과 사랑으로 교제하시기 위해 우리에게 주신 것이 많습니다. 그 중에 하나가 하나님의 형상입니다. 또 하나가 자유 의지입니다. 이 자유 의지는 하나님일지라도 간섭하지 않는 영역입니다. 만일 하나님이 우리 인간의 자유 의지를 간섭하게 되면 우리와의 사랑은 이루어질 수 없습니다.

그것은 로봇이지 더 이상 사랑이 아닌 것입니다. 하나님께서는 우리에게 자유의지를 주셨기 때문에 우리의 삶 속에서의 선택에 따라, 때론 기뻐하시고 때론 슬퍼하시는 것입니다.

만약 하나님께서 우리 인간이 장차 어떤 결정을 내릴 지 정확하게 다 알고 계시다면, 인간의 자유의지는 이미 없는 거나 마찬가지입니다.

또한 하나님께서 인간이 어떤 결정을 내릴 지 미리 다 아신다는 것은 무엇을 뜻할까요?

그것은 인간의 모든 운명은 이미 결정되었다는 것을 의미합니다. 인간에게는 오직 숙명론만이 존재할 수 밖에 없다는 이야기가 됩니다.

인간의 일거수 일 투족이 이미 결정되었다는 것을 뜻합니다.
　인간의 모든 미래는 모두 닫혀져(고정되어) 있어 그 어떤 변동도 불가능하다는 것을 의미합니다. 그렇다면 인간의 자유의지는 모두 무용지물이 되고 맙니다.

　뿐만 아니라 인간의 모든 기도도 사실은 무의미해져 버립니다. 그런데 하나님께서는 모세의 중보 기도를 들으시고 뜻을 돌이키셨다고 성경은 증거하고 있습니다. 아모스의 중보기도를 들으시고 뜻을 두 번씩이나 돌이키셨습니다 (암7:1-6). 끝이 닫혀 있었다면 불가능한 이야기입니다.

　하나님은 우리들에게 기도하라고 하십니다. 우리는 "기도는 만사를 변화 시킨다"고 들었고 또 그렇게 알고 있습니다. 만약 우리의 모든 미래가 다 고정되어 있다면 기도 때문에 변화될 일은 하나도 없어야 합니다. 그러므로 기도해야 할 아무런 이유도 없어지고 맙니다.

　그러나 예수님께서는 우리에게 기도할 것을 누누이 당부하십니다. 성경은 산 위에 있는 모세의 기도의 손이 올라가면 여호수아와 그 백성이 전쟁에서 이기고, 기도의 손이 내려가면 여호수아와 그 백성이 전쟁에서 졌다고 증거합니다.
　또한 성경은 옥에 갇힌 베드로를 위해 성도들이 간절히 기도했다고 증거합니다. 저들이 합심해서 기도하자 착고가 풀리고 옥문이 열리고 천사가 베드로를 피신 시키는 일이 일어 났습니다. 이것은 우리의 기도에 의해 우리의 미래가 변할 수 있다는 것을 보여주는 것입니다.

즉, 우리의 미래는 닫혀진 것이 아닌 열린 상태라는 것을 의미합니다. 그것은 우리가 어떠한 결정을 아직 내리지 않았기 때문입니다. 우리의 결정 여하에 따라 우리의 미래는 얼마든지 변할 수 있는 것입니다.

하나님께서는 우리가 어떤 결정을 내릴 지 모르시지만 우리가 어떤 결정을 내리든 간에 그에 따른 모든 과정과 그 선택에 따른 결과에 대해서는 모두 알고 계십니다. 하나님에게 마저도 우리의 선택은 가리워진 것입니다.

하나님이 각 개인의 경향성은 알고 계시겠지만 각 사람이 모든 경우에 내릴 모든 선택 의지를 다 안다면 인간의 자유 의지는 무슨 의미가 있겠습니까?

하나님은 인간과의 사랑을 위해서는 인간의 자유 의지만은 인간에게 고유 영역으로 남겨 두셔야 됩니다. 그렇지 않다면 하나님과 인간 사이의 사랑은 무미건조해지고 맙니다.

성경에 나타난 모든 하나님의 활동들이 우리 인간의 자유의지를 100% 아신다면 그야말로 하나님의 행위는 위선이 되고 거짓이 되고 맙니다. 단적인 예로 아브라함에게 독자 이삭을 드리라고 명령하신 뒤 아브라함이 순종했을 때의 경우를 보십시다.

> 사자가 가라사대 그 아이에게 네 손을 대지 말라 아무 일도 그에게 하지 말라 네가 네 아들 네 독자라도 내게 아끼지 아니하였으니 내가 이제야 네가 하나님을 경외하는 줄을 아노라. (창 22:12)

하나님께서는 여기서 아브라함에게 "이제야 아노라"고 분명히 말씀하시고 계십니다. 만약 아브라함이 어떤 결정을 내릴 줄 미리 아셨다면 하나님은 거짓말쟁이가 되고 맙니다. 하나님은 '이제야'가 아니라 '이미' 알고 계셨기 때문이지요. 당신은 하나님을 거짓말쟁이로 만들고 싶으십니까?

이렇게 말하면 어떤 분들은 바울이 말한바 "창세 전에 그리스도 안에서 우리를 택하사 우리로 사랑 안에서 그 앞에 거룩하고 흠이 없게 하시려고"(엡1:1-4)라는 에베소서 1장 4절에 나타난 하나님의 창세 전 예정을 근거로 하나님은 아담이 타락할 것을 미리 아신 것이 아니냐고 반문할 지도 모릅니다. 즉, 하나님께서 창세 전에 우리를 택하셨다고 하는 말은 아담의 타락과 그로 인한 우리 인간 구원의 필요성을 미리 아셨기 때문이 아니냐 하는 것입니다.

이러한 질문은 하나님의 예지에 관한 어거스틴과 칼빈의 견해를 전제로 한 것입니다. 즉, '하나님은 장차 일어날 모든 일을 예정하셨기 때문에 미래에 일어날 모든 일을 아신다'고 보는 견해입니다. 그러나 하나님의 선 지식(先知識, God's Foreknowledge)에 대한 견해는 그것만 있는 것이 아닙니다.

하나님께서는 우리 인간의 자유 의지를 침해하지 않으십니다. 그러므로 우리 인간이 어떤 결정을 내릴지는 정확히 모르지만 그가 어떤 결정을 내렸을 때의 모든 경우의 결과와 미래를 모두 알고 계시고 그에 대한 대책도 다 세워놓으신 것입니다. 만약 아담이 뱀에 꾐에 넘어가지 않고 타락하지 않았다면 그에 따른 전혀 다른 미래가 아담과 그의 후손에게 펼쳐졌을 것입니다.

이러한 견해는 하나님의 예지(God's Foreknowledge)에 대한 탈봇신학대학원 교수인 William Lane Craig의 **Middle-Knowledge View**가 취하고 있습니다. 그에 따르면, '하나님의 예지는 단지 무엇이 일어날 것인지를 아는 것이 아니라, 만일 그가 어떠한 선택을 했을 때 그 선택에 따라서 그의 미래가 어떻게 전개 될 것인지를 알 수 있다'는 견해입니다.[5]

참고로 이 이외에도 두 가지 견해가 더 있는데, 간략히 소개하도록 하겠습니다.

첫째, **Open Theism View** (Gregory A. Boyd-Bethel College 교수): 이 견해에 의하면, 미래는 하나님에게 부분적으로 열려있습니다. 왜냐하면 자유의지를 가진 인간이 만들 결정을 예지할 수 없기 때문이라고 봅니다.

Boyd는 이 관점만이 하나님이 그의 마음을 바꾸는 것들, 그의 결정을 후회하는 것들, 조건적으로 미래를 말하는 것들, 무엇이 발생할 때 놀라거나 실망하는 감정들, 그들이 무엇을 할지 '알기 위해' 사람들의 마음을 테스트 하는 것들과 같은 성경 구절들을 잘 이해할 수 있다고 봅니다. 물론 기도의 필요성도 이 견해가 답을 주고 있습니다.

둘째, **Simple-Foreknowledge View** (David Hunt-Whittier College 교수): 이 견해에 의하면, 하나님은 일어날 일을 단순하게 아십니다. 하나님께서는 자유의지를 가진 인간이 할 일을 단순하게 아십니다. 그들이 다른 환경들 안에서 무엇을 어떻게 행할지 하나님이 정한 것은 아닙니다.

 * 더 깊은 연구를 원하시면 이 책의 말미에 나타나는 참고문헌(references)를 참고하시고 'Divine Foreknowledge: four views' 라는 원서를 보시기 바랍니다.

누가 죄악의 파도에 죽어가는 내 자녀들을 구할까?

캘리포니아에 소재한 한 기도원 원장님의 부르심에 대한 간증을 소개하고자 합니다. 하루는 그 분이 꿈 속에서 해변 가를 걸어가고 있는데 큰 파도에 한 어린 아이가 휩쓸려 가고 있었습니다.

그래서 파도를 헤치고 들어가서 그 아이를 건져냈습니다. 아이를 건져내어 놓고 보니 다른 아이가 아니라 그 분 둘째 아들이었습니다. 꿈 속에서 그 분이 가슴을 쓸어 내리면서 그 아이를 끌어 안고 엉엉 울었습니다.

그런데 이게 웬 일입니까? 갑자기 하늘에서 소리가 들려오는 것이었습니다.

"너도 네 자식이 죽어가고 있으니 가슴 아프지 않느냐?"고 물었습니다. 그 분은 엉겁결에 "그럼요. 자식이 죽어가는데 가슴 아프지 않을 사람이 어디 있겠어요, 아프지요" 라고 대답을 했습니다.

그 때 또 음성이 들려왔습니다. "나는 나의 가슴이 너무 아프단다"

"왜요? 주님"하고 물었더니, "오늘날 수 없이 많은 나의 사랑하는 자녀들이 세상의 죄악의 파도에 휩쓸려 죽어가고 있구나", "누가 나의 세상의 죄악의 파도에 휩쓸려 죽어가는 나의 자녀들을 건져낼 수 있을까?"

그래서 그 분은 엉겁결에 이렇게 대답했습니다. "제가 가서 건져 올께요". 하고서 깨어보니 꿈이었는데, 당신이 앉아서 엉엉 울고 있는 겁니다. 꿈이 현실처럼 느껴진 것입니다.

정말 꿈 속의 주님의 부르심처럼 이 분의 사역을 통해서 오늘날 많은 사람들이 주님께 돌아오고 있습니다.

∽ 멸망 받기로 예정된 사람은 아무도 없습니다.

제가 이 분의 부르심에 대한 간증을 소개하는 이유가 있습니다. 만약 하나님께서 누구는 구원 받기로 예정하셨고 누구는 지옥 보내기로 예정하셨다면, 왜 하나님께서 그 목사님을 부르실 때, 세상의 죄악의 파도에 휩쓸려 떠내려가는 당신의 자녀들 때문에 가슴 아프다고 하셨을까요?

하나님께서 그렇게 죄짓고 지옥 갈 자로 예정하셨다면, 당연한 것으로 여기셔야 하는 것 아닙니까? 그 분의 간증뿐 만이 아닙니다. 그 분의 간증은 오류가 있을 수도 있습니다. 그 분의 기억력에 한계가 있을 수 있기 때문입니다. 꿈보다 해몽이 좋다고 치부해 버릴 수도 있습니다. 전혀 영적인 꿈도 아니라고 말할 수 있고 하나님께서 그분에게 말씀하신 것을 어떻게 믿을 수 있냐고 반문할 수 도 있습니다.

그러나 그와 같은 아버지의 심정을 묘사하고 있는 성경에 기록된 예수님의 말씀은 아무도 반박할 수 없을 것입니다. 예수님께서는 죄인들이 돌아오기를 간절히 바라시는 하나님 아버지의 심정을 비유적으로 묘사해 주고 계십니다. 집을 나간 아들이 허랑방탕하다가 돌아오자 아버지가 얼마나 기뻤던지 멀리까지 달려나가 입을 맞추고 맞이합니다. 송아지를 잡고 잔치를 벌이고 가장 좋은 옷에, 가장 좋은 신, 그리고 가락지를 끼워줍니다 (눅 15:11-24).

그 아들이 돌아오기로 예정되어 있었다면 아버지가 뭐 그리 즐거워할 이유가 있겠습니까? 때가 되어서 돌아온 것뿐인데요. 그러나 예정이 되어 있지 않기 때문에, 잃어버린 줄 알았고, 죽은 줄로만 알았던 아들이 뜻 밖에 살아 돌아오니까 그 아버지가 너무 기뻐 잔치를 벌인 것 아닙니까? (눅15:24). 뜻 밖에 돌아온 아들로 인해 기뻐 어쩔 줄 모르는 아버지의 모습, 이것이 바로 죄악의 파도에 휩쓸려 죽어 가는 당신의 아들을 구했을 때 느끼는 하나님 아버지의 희열이 아니고 그 무엇이란 말입니까?

예수님께서는 예루살렘이 멸망하지 않도록 돌아오기를 간절히 갈망하셨습니다. "예루살렘아 예루살렘아 선지자들을 죽이고 네게 파송된 자들을 돌로 치는 자여 암탉이 제 새끼를 날개 아래 모음 같이 내가 너희의 자녀를 모으려 한 일이 몇 번이냐 그러나 너희가 원치 아니하였도다" (눅 13:34). 또한 하나님께서는 죄인이 돌이켜 멸망치 않고 구원 얻기를 소원하고 계십니다.

주 여호와의 말씀에 나의 삶을 두고 맹세하노니 나는 악인의 죽는 것을 기뻐하지 아니하고 악인이 그 길에서 돌이켜 떠나서 사는 것을 기뻐하노라 이스라엘 족속아 돌이키고 돌이키라 너희 악한 길에서 떠나라 어찌 죽고자 하느냐 하셨다 하라. (겔 33:11)

한 심령이라도 더 많이 건지시고자 하시는 아버지의 심정이 드러나고 있습니다. 구원 얻을 사람과 구원받지 못할 사람이 예정되어 있다면 이런 말씀들이 왜 성경에 기록되었을까요?

೦ 구원에 관한 한 성경에 개인 예정은 없습니다.

앞에서 저는 개인 예정이냐, 공동체 예정이냐를 설명하였습니다. 저는 이곳에서 구원에 관한 한 개인 예정이 성경적이지 않다는 것을 보다 구체적으로 설명하고자 합니다.

예수님께서는 율법사들, 서기관들, 그리고 바리새인들 때문에 사람들이 구원 받지 못했다고 저들에게 다음과 같이 책임을 추궁하고 계십니다. "화 있을진저 너희 율법사여 너희가 지식의 열쇠를 가져가고 너희도 들어가지 않고 또 들어가고자 하는 자도 막았느니라 하시니라"(눅11:52). "화 있을진저 외식하는 서기관들과 바리새인들이여 너희는 교인 하나를 얻기 위하여 바다와 육지를 두루 다니다가 생기면 너희보다 배나 더 지옥 자식이 되게 하는 도다"(마 23:15).

만약 개인의 구원 여부가 미리 예정된 것이라면, 예수님의 책망은 불합리한 것이 되고 맙니다. 왜냐하면 만약 개인의 구원이 미리 예정된 것이라면, 천국에 들어가지 못한 것은 율법사들 때문이 아니라 실은 하나님 때문입니다.

그렇다면 예수님은 율법사들을 책망하실 것이 아니라 하나님을 책망하셔야 마땅합니다. 하나님을 책망하셔야 할 것을 율법사들을 책망하셨다면 예수님은 불의한 분이 되고 맙니다.

당신은 예수님을 이처럼 불의한 분으로 만들고 싶으십니까?

이것 하나만 봐도 구원에 관한 한 개인 운명의 예정은 없다는 것이 명확해집니다.

바울은 이 '선택(ekeloge)'라는 용어를 그의 조상 이스라엘 백성들의 선택을 이야기 할 때 다음과 같이 언급합니다. "이스라엘 백성의 하나님이 우리 조상들을 택하시고 애굽 땅에서 나그네 된 그 백성을 높여 큰 권능으로 인도하여 내사" (행 13:17).

여기서도 물론 이스라엘 공동체 전체의 선택을 의미합니다. 이스라엘의 어느 개인을 두고 한 선택이 아니라는 말씀입니다.

성경엔 구원과 관련하여 어느 한 개인을 예정했다는 기록이 전혀 없습니다. 창세기 25장에 야곱과 에서의 운명이 구원과 관련하여 예정된 것처럼 보입니다. 그러나 앞선 장에서 자세히 살펴본 바와 같이 리브가에게 준 예언은 두 민족과 국민에 관한 예언이지, 저들 개개인의 구원과 관련된 예정이 아닙니다(창 25:23). 사도행전 13장 17절에 나타난 바울의 증언 역시 이스라엘 민족 공동체의 선택에 관해 이야기하고 있습니다.

개인 예정의 오해를 불러 일으키는 성경구절

그런데 같은 사도행전에 나타난 바울의 선택에 관한 또 다른 증언은 많은 오해를 불러 일으키고 있습니다. "영생을 주시기로 작정된 자는 다 믿더라 (And as many as had been appointed to eternal life believed)"는 말씀입니다 (행13:48). 한글 번역을 보면 하나님께서 영생을 주시기로 작정된 자가 따로 있는 것처럼 오해하기 십상입니다.

그러나 원어의 의미는 전혀 그런 뜻이 아닙니다. 헬라어 원어에서 "작정된 자는 다 믿더라"는 말씀 중 "자는 다"의 해석에 문제가 있는 것입니다. 이 단어는 원래 '호소스(hosos)'라는 단어입니다.

호소스는 '~만큼 큰', '~만큼 많은', '~만큼 긴'이라는 뜻입니다.

대부분의 영어성경에서는 이 단어를 '~만큼 많은(as many as)'로 정확하게 번역해 놓고 있습니다. 이 구절을 원어적인 의미를 살려서 번역하면 '믿은 사람들의 수만큼 영생을 주시기로 작정되었다'라고 해야 옳습니다.

그러면 "'영생을 주시기로 작정된 만큼의 사람들이 믿었다' 이렇게 번역하면 안 되는가?" 라는 질문이 있을 수 있습니다. 이렇게 되면 문자적으로는 원래적인 뜻이 흐려지지는 않으나, 문제가 있을 수 있습니다. 그것은 바울이 말할 당시에 '이미 영생을 주시기로 작정된 사람들의 수가 다 차 버렸다'는 또 다른 오해를 불러 일으킬 수 있는 빌미를 주게 됩니다. 그래서 문자적으로는 그러한 번역이 틀리진 않지만, 내용적으로 보면 올바른 번역이라고 볼 수 없습니다.

❧ 개인 예정론에 대한 신학적 색안경

그러다면 왜 한글 번역은 "영생을 주시기로 작정된 자는 다 믿더라" 라고 번역을 해 놓았을까요? 아마도 '하나님께서 구원 받을 개개인을 이미 예정해 놓으셨다' 는 신학적 선입견이 이런 번역을 하도록 작용하지 않았나 싶습니다.

선입견이란 참으로 무서운 것입니다. 일단 색 안경을 끼고 보면 만물이 자기가 낀 안경의 칼라에 맞추어 보이게 되어 있습니다. 파란 색깔 안경을 쓰고 세상을 바라 보십시오. 세상이 온통 파랗게 보일 것입니다. 노란 안경을 끼고 보면 세상이 다 노랗게 보입니다. 붉은 안경을 끼면 세상이 붉게 물들어 보입니다.

마찬가지 입니다. 일단 개인의 예정과 이중 예정론의 안경을 끼고 보면 성경 전체가 그렇게 보입니다. 이 개인 예정론의 색안경은 원래 어거스틴이 끼고 성경을 보았습니다. 그리고 나중에 칼빈과 대부분의 종교 개혁자들이 이 색 안경을 차용해서 쓰고 성경을 보았습니다. 그리고 이것이 교회의 정통이라는 타이틀을 차지했습니다. 그 안경을 쓰지 않고 성경을 보는 사람은 모두 이단인 양 취급되었습니다.

영어성경도 모두 다 'as many as' 로 번역하지 않았습니다. 한국 사람들이 가장 애용하는 NIV같은 성경은 'all' 로 번역해 놓았습니다. 미국 사람들도 한글 성경과 같이 색안경을 끼고 번역한 것입니다.

그러나 KJV, NKJV, ASV, NASB, RSV, NRSV, YLT, 그리고 WEB[6]와 같은 대부분의 주요 영어 번역본들은 모두 'as many as' 로 번역해 놓고 있습니다.

제가 확인한 바로는 'all'로 번역한 성경은 NIV(New International Version)와 NLT(New Living Bible Translation) 딱 두 번역본뿐입니다. 다른 장에서 예정론의 역사에 대해 간결하게 고찰하기로 하고 여기서는 더 이상 언급하지 않도록 하겠습니다.

에베소서와 야고보서에 나타난 공동체 예정

바울은 에베소서 1장 4절에서 '선택'(*ekeloge*)이라는 단어를 사용합니다. "사도 된 바울은 에베소에 있는 성도들과 그리스도 예수 안의 신실한 자들에게 편지하노니 …… 창세 전에 그리스도 안에서 우리를 택하사 우리로 사랑 안에서 그 앞에 거룩하고 흠이 없게 하시려고"(엡1:1-4).

여기 4절에 나타난 선택은 1절에 전제된 "그리스도 예수 안의 신실한 자들"입니다. 하나님께서는 그리스도 예수 안에 있는 자들", 즉 그리스도 안에 있는 믿음의 공동체를 택하셨다는 말씀입니다.

본문에서 선택의 목적이 분명하게 드러납니다. 그것은 이기적이지 않은 성화된 삶을 사는 성도들의 거룩입니다. 여기서도 분명한 것은 선택은 그리스도 공동체이지, 개인을 의미하지 않는다는 점입니다.

야고보 사도도 '선택'(*ekeloge*)이라는 단어를 사용하였습니다. "내 형제들아 영광의 주 곧 우리 주 예수 그리스도를 믿는 믿음을 너희가 받았으니 사람을 외모로 취하지 말라. …… 내 사랑하는 형제들아 들을지어다 하나님이 세상에 대하여는 가난한 자를 택하사 믿음에 부요 하게 하시고 또 자기를 사랑하는 자들에게 약속하신 나라를

유업으로 받게 아니하셨느냐" (약 2:1,5)

여기서 야고보 사도가 언급한 택하신 자들은 다름 아닌 앞서 1절에서 언급한 믿음을 받은 그리스도 안에 있는 자들입니다. 즉, 믿음의 교회 공동체입니다. 개인의 선택을 언급한 것이 아닙니다.

신약성경에서 '선택하다' 라는 단어로는 두 단어가 쓰였습니다. 하나는 지금껏 우리가 살펴본 '에클로게' 라는 단어입니다. 다른 하나는 성경에서 딱 한 번 쓰인 '에하이레오마이' 라는 단어입니다.

이 단어는 데살로니가 후서 2장 13절에서 공동체에 대한 하나님의 선택을 나타내고 있습니다.[7] "주의 사랑하시는 형제들아 우리가 항상 너희를 위하여 마땅히 하나님께 감사할 것은 하나님이 처음부터 너희를 택하사 성령의 거룩하게 하심과 진리를 믿음으로 구원을 얻게 하심이니 이를 위하여 우리 복음으로 너희를 부르사 우리 주 예수 그리스도의 영광을 얻게 하려 하심이니라" (살후 2:13).

지금까지 우리는 구원에 있어서 하나님의 예정은 개인 예정이 아닌, 공동체 예정이었음을 살펴보았습니다. 이제 다음 장에서는 믿음의 공동체에 들어 온 자의 구원의 상실 여부에 대해 알아보도록 하겠습니다.

그리스도의 공동체에 들어온 자는 과연 어떤 사람들의 주장처럼 결코 구원을 잃지 않는 것일까요? 이에 대하여서는 다음 장을 보시기 바랍니다.

주(註)

1) 호크마 주석, 1991, p. 300
2) 권성수, 로마서 강해 I, 1994, p. 143
3) 참조: Walter Bauer; J. H. Thayer
4) Wynkoop, 1987, pp. 50-51
5) Craig, 2001
6) 참고: KJV(King James Version), NKJV(New KJV), ASV(American Standard Bible), NASB(The New American Standard Bible), RSV(Revised Standard Version), NRSV(New RSV), YLT(Young's Literal Translation), WEB(World English Bible)
7) 참조: Walter Bauer; J. H. Thayer

chapter 4

성경은 믿음에서 떨어질 가능성을 배제하는가?

제 4 장

택한 백성이 생명책에서 지워질 가능성

하나님께서는 이스라엘 백성을 당신의 구별된 백성으로 택하셨습니다. 하나님께서는 처음에 이스라엘 민족의 조상으로 아브라함 한 사람을 택하셨습니다. 그리고 그와 언약을 맺으셨습니다. 그 언약은 "너로 큰 민족을 이루고 복의 근원이 되도록" 하시겠다는 것입니다 (창 12:2).

하나님은 아브라함의 약속의 자녀인 이삭을 택하셔서 그와 더불어 동일한 약속을 맺으셨습니다 (창 26:3). 그리고 이삭의 두 아들 중 야곱을 당신의 백성으로 택하셔서 그와 더불어 약속을 맺으셨습니다 (창 28:13-14).

앞서 우리는 하나님께서 야곱을 택하신 것은 야곱 개인이 아닌 이스라엘 언약 공동체를 택한 것임을 살펴본 바 있습니다. 야곱으로 말미암아 이스라엘의 12지파가 형성되었습니다. 그러므로 이제 야곱과의 약속은 곧 이스라엘 공동체와의 언약이 되는 것입니다. 이와 같이 하나님은 아브라함, 이삭, 야곱을 거쳐 이스라엘이라는 언약 공동체를 택하셨습니다. 그 택함 받은 이스라엘 언약 공동체는 이제 하나님으로부터 받은 약속을 모두 다 받아 누렸을까요?

～ 택한 백성을 버리려다가 모세의 기도로 뜻을 돌이키신 하나님

바로의 종살이를 하던 선민 이스라엘은 어린양의 피로 구속함을 받아 애굽에서 구원을 받았습니다. 그들은 모세의 인도를 따라 홍해에서 세례를 받고 광야로 나와 자유인이 되었습니다. 그들은 그들을 구원하신 하나님의 크신 능력과 은혜를 찬양했습니다 (출 15: 1-8).

그러했던 그들이 모세가 시내 산에서 십계명을 받고 내려오는 동안 우상숭배의 중대한 죄를 짓고 맙니다. 그러자 하나님은 그 택하신 백성 이스라엘 공동체 전체를 멸하시고 모세를 통해 약속하신 나라를 새롭게 세우고자 하셨습니다 (출 32:10).

하지단 모세의 간절한 중보 기도로 하나님은 뜻을 돌이키셨습니다 (출 32:11-14). 이 중대한 우상숭배 죄로 인한 여호와의 진노로 택한 이스라엘 백성 중 죽임을 당한 자가 삼천 명이나 되었습니다 (출 32:28).

이 때 모세는 하나님께 이렇게 기도 드립니다. "그러나 합의하시면 이제 그들의 죄를 사하시옵소서. 그렇지 않사오면 원컨대 주의 기록하신 책에서 내 이름을 지워버려 주옵소서" (출 32:32). 여기서 우리가 주목해야 될 점은 모세가 이스라엘의 죄를 용서치 않으시려거든, 자기 이름을 주의 기록하신 책에서 지워달라는 기도를 드렸다는 사실입니다.

만약 하나님의 생명책에서 그 이름이 지워지는 일이 없다면, 하나님은 이렇게 대답하셨어야 옳습니다. "모세야, 한 번 생명록에 기록된 이름은 결단코 지워지는 일이 없느니라."

그러나 하나님은 그렇게 대답하시지 않았습니다. 오히려 하나님께서는 모세의 말을 인정해 주셨습니다. 그리고 하나님은 정확하게 누구의 이름이 그 생명책에서 지워지게 될 것인가를 밝혀주셨습니다. "누구든지 내게 범죄 하면 그는 내가 내 책에서 지워버리리라"고 대답하셨습니다 (출 32:33).

여호와께서 말씀하신 택한 백성 중 '내게 범죄 한 자', 즉 주의 기록된 책에서 그 이름이 지워질 자는 누구일까요? 다시 말하면, 택한 이스라엘 백성 중 중대한 죄를 지어 그 사람들의 이름이 여호와의 책에서 지워져 구원 받지 못한 자들은 누구인가 말입니다.

성경에 보면, 족장시대에는 고라, 다단, 그리고 아비람이 당을 지어 모세를 대적하다가 이스라엘의 총회에서 분리되고 망했습니다. 그들은 물론 그 가족과 고라에게 속한 모든 사람이 산채로 땅에 삼킨 바 되었습니다 (민 16:32-33).

또한 가나안 정복시기에 아간이 여호와의 성물을 도적 질 했다가 망했습니다 (수 7:25-26). 사사 시대에 엘리 제사장과 그 자식들과 이스라엘 초대 왕 사울이 여호와께로부터 끊어진 자들입니다. 다윗 왕은 중대한 죄를 지었으나 여호와께로부터 끊어질 것을 두려워하여 철저히 회개함으로 회복되었습니다.

주의 얼굴을 내 죄에서 돌이키시고 내 모든 죄악을 도말 하소서… 나를 주 앞에서 쫓아내지 마시며 주의 성신을 내게서 거두지 마소서… 하나님이여 나의 구원의 하나님이여 피 흘린 죄에서 나를 건지소서… 하나님의 구하시는 제사는 상한 심령이라 하나님이여 상하고 통회하는 마음을 주께서 멸시치 아니 하시리이다. (시 51:9-17)

다윗은 하나님을 구원의 하나님이라 부르면서 자기를 "주 앞에서 쫓아내지 마시며 주의 성신을 내게서 거두지 마소서"라고 기도하고 있습니다. 그것은 다윗이 '중대한 죄를 지으면 누구나 주의 생명책에서 그 이름이 지워질 수 있다'는 사실을 잘 알고 있었기 때문입니다.

그것은 다음의 다윗의 기도에 잘 드러나고 있습니다. "저희 죄악에 죄악을 더 정하사 주의 의에 들어오지 못하게 하소서 저희를 생명 책에서 도말 하사 의인과 함께 기록되게 마소서" (시 69:27-28). 다윗도 죄를 철저히 회개하지 않았더라면, 그의 이름이 지워질 뻔 했습니다.

～ 신 구약의 연속성을 나타내는 것으로서의 생명책

모세가 언급한 "주의 기록하신 책"은 신약 성경에서도 동일하게 나타나고 있습니다. 모세가 언급한 '주의 기록하신 책'을 바울은 빌립보 교회에 보낸 편지에서 '생명책'으로 언급합니다.

그러면서 자신의 동역자들의 이름들이 그 '생명책'에 기록되어 있다고 증거 합니다. "나의 동역자들을 도우라 그 이름들이 생명책에 있느니라" (빌 4:3). 성경 마지막 책인 계시록에 보면 그 책은 '생명책'으로 나타납니다.

부활하신 예수님께서는 소아시아 일곱 교회 중 사데 교회에게 이렇게 말씀하셨습니다. "이기는 자는 이와 같이 흰 옷을 입을 것이요 내가 그 이름을 생명책에서 반드시 흐리지 (blot out, 지우지) 아니하리라" (계 3:5). 누구든지 생명책에 그 이름이 기록되어 있지 않은 자들은 유황불이 타는 불 못 지옥에 던져진다고 기록되어 있습니다 (계 20:15).

이와 같은 성경의 진술들이 우리에게 가르쳐 주는 진리는 무엇일까요? 그것은 택함 받은 구약의 이스라엘이나 신약의 새 이스라엘 일지라도 말씀대로 살지 않으면 약속에서 제외될 수도 있다는 것입니다.

어떤 사람은 구약과 신약의 불연속성을 주장합니다. 구약 백성들은 옛 언약 하에 있었지만 신약 백성은 새 언약 하에 있기 때문에 결코 구원을 놓칠 수 없다고 주장합니다. 저들은 대부분 신약의 교회가 누리는 새 언약이 구약의 이스라엘과 맺은 하나님의 언약을 파기 시킨다고 하는 '대체신학'에 오염되어 있는 자들입니다.

새 언약은 원래 구약 시대의 이스라엘과 유다 집을 위해 계획된 것이었습니다. "나 여호와가 말하노라 보라 날이 이르리니 내가 이스라엘 집과 유다 집에 새 언약을 세우리라" (렘 31:31).

뿐만 아니라 예수를 십자가에 못 박아 죽인 유대인들을 향해서, '새 언약 아래서도 이스라엘의 모든 죄는 용서 받을 수 있다'고 성경은 증거합니다. 베드로의 다음과 같은 설교에서 나타납니다. "그러므로 너희가 회개하고 돌이켜 너희 죄 없이 함을 받으라" (행 3:19).

복음서 & 사도행전

 복음서에서 두 권은 믿는 자들을 위해서 기록되었습니다. 마태와 요한복음이 바로 그러한 기록들입니다. 마태복음은 유대인들을 위한 저작입니다. 유대인 중에서도 특별히 예수를 믿고 있는 성도들을 대상으로 한 글이 바로 마태복음입니다.

 요한복음은 비 유대인 신자들에게 예수님의 인성뿐만 아니라 완전한 신이라는 사실을 믿도록 하기 위해 기록되었습니다. 하여튼 마태복음과 요한복음은 (요한 서신을 포함하여) 모두 하나님을 믿는 신자들을 대상으로 한 말씀이라는 사실입니다.

 반면에 다른 두 권은 불신자들을 위해 기록된 책입니다. 바로 마가복음과 누가복음이 그것 들입니다. 특별히 누가복음과 사도행전은 한 사람의 불신자 '데오빌로 각하'를 위해 쓰여 진 책입니다.
 따라서 마가복음, 누가복음, 그리고 사도행전에는 배교에 관련된 기록이 많지 않습니다. 아직 예수가 누구인지도 모르는 불신자에게 배교의 문제를 다룰 이유가 없었던 것입니다.

 그러나 신자들을 향하여 쓴 마태복음과 요한복음에는 배교에 관한 경고로 주어진 말씀들이 많습니다.
 마태복음에서 예수님은 믿는 유대인들에게 다른 어느 곳에서보다도 지옥에 관한 경고를 많이 하셨습니다. 지옥에 관한 구절 가운데 두 개를 제외하고는 제자들과 사도들을 대상으로 말씀하셨다는 점입니다. (그 두 가지 예외는 바리새인에게 주어졌음) 예수님의 지옥에 관한 설교는 산상수훈에서부터 시작됩니다 (마 5:13, 22, 29, 30).

예수님은 제자들을 세상의 소금이라고 말씀하십니다. 그런데 그 소금이 제 역할을 감당하지 못하면 밖에 버리워 사람에게 밟히게 된다고 말씀하십니다. 그런데 여기서 예수님이 사용하신 "밖에 버리워"라고 할 때 사용된 원어는 '지옥에 던져 넣다' 할 때 쓰는 동일한 단어입니다.

믿음에서 떨어진 자가 아니고서는 그 누구도 믿는 자는 지옥에 가지 않습니다. 소금이 그 맛을 잃을 때는 신자가 그 믿음을 저버린 것과 같은 것입니다. 이것은 믿음의 사람은 소금의 역할을 감당합니다. 그러나 믿음을 저버린 자는 소금의 역할을 감당하지 못합니다. 그러한 자는 밖에 버려지게 됩니다. 믿음을 저버린, 즉 배교한 사람의 결국은 지옥에 떨어진다는 사실을 믿는 자들에게 들려주신 것입니다.

◈ 자신의 죄는 용서 받았으나 남의 죄는 용서하지 않은 종

어떤 사람이 한 번 죄 용서함을 받아 구원 받았을지라도 그 받은 구원을 놓칠 수 있음은 다음의 예수님의 용서의 비유에서도 잘 드러나 있습니다.

> 이러므로 천국은 그 종들과 회계하려 하던 어떤 임금과 같으니 회계할 때에 일만 달란트 빚진 자 하나를 데려오매 갚을 것이 없는지라 주인이 명하여 그 몸과 처와 자식들과 모든 소유를 다 팔아 갚게 하라한대 그 종이 엎드리어 절하며 가로되 내게 참으소서 다 갚으리이다 하거늘 그 종의 주인이 불쌍히 여겨 놓아 보내며 그 빚을 탕감하여 주었더니 그 종이 나가서 제게 백 데나리온 빚진 동관 하나를 만나 붙들어 목을 잡고 가로되 빚을

갚으라 하매 그 동관이 엎드리어 간구하여 가로되 나를 참아 주소서 갚으리이다 하되 허락하지 아니하고 이에 가서 저가 빚을 갚도록 옥에 가두거늘 그 동관들이 그것을 보고 심히 민망하여 주인에게 가서 그 일을 다 고하니 이에 주인이 저를 불러다가 말하되 악한 종아 네가 빌기에 내가 네 빚을 전부 탕감하여 주었거늘 내가 너를 불쌍히 여김과 같이 너도 네 동관을 불쌍히 여김이 마땅치 아니하냐 하고 주인이 노하여 그 빚을 다 갚도록 저를 옥졸들에게 붙이니라 너희가 각각 중심으로 형제를 용서하지 아니하면 내 천부께서도 너희에게 이와 같이 하시리라. (마 18:23-35)

예수님의 비유에서 '일만 달란트의 빚'은 우리 인간의 힘으로 도저히 갚을 수 없는 '죄의 값인 사망의 빚'을 상징한다고 볼 수 있습니다. 따라서 예수님께서 비유하신 '일만 달란트의 빚'을 탕감 받은 이 사람은 자신의 죄의 빚을 용서 받은 자입니다. 그는 자신의 죄를 모두 용서 받았습니다. 그것은 그가 예수를 믿어 죄 용서를 받은 사람이라는 것을 암시합니다.

왜냐하면 그 누구도 예수를 믿지 않고 죄용서 함을 받을 길이 없기 때문입니다. 그런데 예수님은 본 비유에서 그의 죄 사함은 철회되고 말았음을 말씀하고 계십니다. 그래서 그는 원래대로 옥졸들에게 붙여져 감옥에 갇히고 말았습니다.
왜 그랬습니까?
그의 삶은 그가 가진 믿음에 걸맞지 않았기 때문입니다. 즉, 그의 믿음에 행함이 수반되지 않았기 때문입니다.
달리 표현하자면 말씀에 순종하지 않았기 때문에 그의 믿음은 참 믿음으로 인정되지 못하고 구원을 잃어버린 것입니다. 예수님께서는 "우리가 우리에게 죄 지은 자를 사하여 준 것같이 우리 죄를 사하여 주옵시고"라고 기도하라고 말씀하셨고(마 6:12), 또한 "서서 기도할 때에 아무에게나 혐의가 있거든 용서하라 그리하여야 하늘에 계신 너희 아버지도 너희 허물을 사하여 주시리라"고 말씀하셨습니다(막 11:25). 이러한 말씀들은 그가 말씀에 순종하지 않았음을 분명히 밝혀주고 계십니다.

이러한 예수님의 비유의 말씀에서 우리는 한 번 예수 믿어 죄 사함을 받은 사람일지라도 그가 말씀대로 살지 않고 믿음에 합당한 열매를 맺지 못하는 삶을 살아가는 자들은 구원을 잃을 수 있음을 알 수 있습니다.

∽ 주인이 없는 사이 신실치 못한 삶을 살다 버림받은 종들

주인(신랑)을 기다리는 신실치 못한 종(신부)들에 대한 비유를 통해 예수님께서는 신실치 못한 종은 버림받을 수 있음을 말씀하십니다. 신랑 맞을 준비를 철저히 하지 못하고 기름 준비에 태만하던 다섯 처녀는 결국 신랑의 집에 들어가지 못합니다 (마 25:1-13). 신랑의 집은 천국을 의미합니다.

주인의 집 관리를 맡은 종들이 있습니다. 여기 나타난 종들은 주님을 믿는 자들을 가리킵니다. 그런데 악한 종은 "마음에 생각하기를 주인이 더디 오리라"고 생각했습니다. 그리고 "동무들을 때리며 술 친구들로 더불어 먹고 마시고" 흥청망청 놀았습니다. 주인께 대하여 주인이 없다고 신실치 못하게 살았던 것입니다.

집 주인이 돌아왔습니다. 주인이 그 악한 종을 "엄히 때리고 외식하는 자의 받는 율에" 처하도록 형벌을 내렸습니다. 외식하는 자의 받는 율은 누가복음에서는 '불신자의 받는 율'이라고 기록되어 있습니다 (눅 12:46). '불신자의 율'은 죄의 삯은 사망인즉, 지옥형벌을 의미합니다. 그래서 그 악한 종의 운명의 결말은 지옥에서 영원히 "슬피 울며 이를 갈며" 사는 것입니다 (마 24:47-51).

저들은 주님을 믿는다고는 하는 걸 모양만 화려했습니다. 그러나 저들은 신실함이라고 하는 믿음의 내용은 없었습니다. 저들은 경건의 모양은 있었으나 경건의 능력은 부인하는 자들이었습니다. 신실함이란 단어는 믿음을 나타내는 동사적 표현입니다.

믿음이란 단어가 추상적인데 비해 신실함이란 구체적입니다. 행동을 묘사하고 있습니다. 신실함은 행동으로 나타납니다. 그래서 믿음도 행동으로 드러나게 되어 있습니다. 입술로는 주님을 사랑한다고 하는 데 삶에 신실함이 없다면 그것은 참된 믿음이 아닙니다.

믿음의 사람은 선한 일로 저들의 믿음을 드러냅니다. 성경은 우리에게 믿음을 주신 목적이 선한 일을 행하도록 하기 위한 것이라고 말씀하고 있습니다 (엡 2:10). 그것도 구원 얻는 믿음을 설명한 대목에서 말입니다 (엡 2:8).

그러나 믿음이 없는 사람은 선한 일을 저버림으로 저들의 불신앙을 스스로 드러냅니다. 그래서 바울은 그런 사람들을 다음과 같이 묘사합니다. "저희가 하나님을 시인하나 행위로는 부인하니 가증한 자요 복종치 아니하는 자요 모든 선한 일을 버리는 자니라" (딛 1:16).

본문에 나타난 악한 종들은 저들이 믿음을 저버렸음을 '신실치 않은 삶'으로 스스로 증명합니다. 우리 주님께서는 신실치 못한 믿음 없는 삶을 산 자의 결말을 비유로 설명하신 것입니다.

여기서 주님은 택함 받아 한 번 믿어 하나님의 종으로 부름 받았다고 해서 저들의 구원이 끝까지 보장된 것이 아님을 말씀하고 계시는 것입니다.

∽ 택함 받았으나 예복을 준비 못해 쫓겨난 자들

왕의 아들의 혼인 예식에 많은 사람들이 초대를 받았습니다. 그러나 모두들 자기 사업차 바빠서 잔치에 올 수 없다고 했습니다. 그러자 왕은 종들을 시켜 시내 사거리로 가서 만나는 자마다 사람들을 불러오라고 했습니다.

거기 혼인 예식에 온 사람 중에 예복을 입지 않은 하객이 있었습니다. 왕은 그 자를 꾸짖었습니다. '왜 마땅히 입고 와야 할 예복을 입고 오지 않았느냐'는 것이었습니다. 그는 수족이 결박 된 채 바깥 어두운 데 쫓겨나 이를 가는 비참한 운명에 처하게 되었습니다. 이것은 그가 지옥에 던져졌다는 이야기입니다 (마 22:1-14).

이 비유는 복음의 초청을 받은 뒤에는 반드시 삶의 변화가 동반돼야 한다는 것을 암시하고 있습니다. 의인으로 인정된 후에도 여전히 세상의 더러운 옷을 버리지 못하고 세상과 짝하여 사는 자들은 결단코 천국에 들어가지 못한다는 것입니다.

칭의(稱義) 만으로는 구원이 모두 완성된 것이 아니라는 말씀입니다.

칭의 뒤에는 반드시 성화(聖化)가 뒤따라야 한다는 것입니다. 즉, 믿음으로 '거룩한 무리(성도: 聖徒)'에 속한 자는 반드시 거룩한 옷으로 갈아입고 왕 앞에 서야 한다는 뜻입니다.

바울은 믿는 자는 그리스도의 '의의 옷', '거룩의 옷'을 입고 '육신의 옷'을 벗어 버려야 한다고 다음과 같이 말씀합니다. "오직 주 예수 그리스도로 옷 입고 정욕을 위하여 육신의 일을 도모하지 말라" (롬 13:14). 그래서 히브리서 기자도 "거룩함이 없이는 아무도 주를 보지 못하리라"고 단언한 것입니다 (히 12:14).

그러므로 예수님의 이 혼인 예식의 비유는 왕의 아들의 예식에 초대 받은 자는 마땅히 그의 삶에 변화가 있어야 한다는 것을 암시하고 있습니다. 여전히 헌 옷, 세상의 누더기를 걸치고 있어서는 왕이 나타날 때 버림받을 수 있다는 것이지요.

그러므로 믿음의 거룩한 무리 중 한 사람으로 택함 받은 사람은 왕이 나타나기 전에 온전한 믿음의 예복을 준비하여야 합니다.

한 번 택함 받은 것이 모든 것의 끝이 아님을 예수님께서는 이 비유를 통해 말씀하시고자 하신 것입니다.

ೞ 많은 사람이 믿음에서 떠날 것을 말씀하신 예수님

예수님은 마지막 강화(講話)에서 재림의 여러 가지 징조를 말씀하시면서 제자들에게 미혹에 빠지지 않도록 경계하고 계십니다. 그러면서 예수님께서는 많은 사람이 믿음에서 떠날 것을 분명히 예언하고 계십니다. "그 때에 많은 사람이 시험에 빠져(will turn away from the faith) 서로 잡아 주고 서로 미워하겠으며 거짓 선지자가 많이 일어나 많은 사람을 미혹하게 하겠으며…… 그러나 끝까지 견디는 자는 구원을 얻으리라"(마 24:10-13). 우리말 개역 성경은 '시험에 빠진다'고 하여 개념의 혼란을 야기시킵니다.

이 말은 우리가 보통 생각하는 '잠시 시험에 드는 것'을 뜻하지 않습니다. 이 말의 의미는 영어성경에서 정확히 표현해주고 있습니다. NIV 번역본에서는 '많은 사람들이 믿음에서 떠날 것이다 (Many will turn away from the faith.)'라고 번역했습니다.

그리고 NLT 번역본은 '많은 사람들이 나에게서 돌아설 것이다 (Many will turn away from me.)'라고 번역해 놓고 있습니다. 둘 다 믿음을 버리고 주님을 등지고 배반할 것이라는 의미입니다.

'시험에 빠지다'라는 단어의 헬라어 원어는 그 의미를 더욱 정확하게 나타내 주고 있습니다. '시험에 빠지다'라는 단어의 헬라어 원어는 '스칸달리조'(skandalizo)입니다. 이 단어는 주로 '실족하다', '주님을 배척하다'(막 6:3), '믿음을 저버리다'(마 13:21), 주님을 버리다(막 14:27), 배반하다'(막 14:29) 등으로 쓰였습니다.

모두 다 '시험에 빠지다'로 번역된 '스칸달리조'(skandalizo)라는 원어의 뜻은 주님을 배척하거나, 버리고 떠나거나, 믿음을 버리고 배반하는 것을 표현하고자 할 때 사용된 단어입니다.

그러므로 주님의 말씀은 이런 요지 입니다. "내가 돌아올 마지막 때가 되면, 많은 거짓 선지자들의 미혹과 많은 신자들의 배교가 있을 것이다. 그러나 끝까지 믿음을 지키는 자는 구원을 얻을 것이다"라는 것입니다. 주님의 말씀은 '배교는 마지막 주님 재림 하실 때만 있을 것이고 지금은 그럴 가능성이 없다' 라는 의미는 아닙니다.

그 때에는 많은 사람들의 '무더기 배교'가 있을 것이라는 뜻입니다. 오늘날의 믿는 자의 배교를 배제한 말씀이 전혀 아니라는 이야기입니다.

∽ 말씀 안에 거하지 않으면 지옥 불에 버려짐

예수님께서는 당신의 말씀을 사람들이 계속적으로 믿어야 할 필요성을 증거 하셨습니다. 예수님께서는 자기를 믿은 유대 사람들에게 말씀하셨습니다. "너희가 나의 말에 머무르면(hold) 참으로 나의 제자가 되고" (요 8:31, 새 번역). 이 말씀은 주님의 말씀에 머무르지 아니한 자는 주님의 제자가 아니라는 말씀입니다.

주님은 주님의 말씀 안에 머무르는 방법은 주님의 계명을 지키는 것이라고 말씀하셨습니다 (요 15:10). "진실로 진실로 너희에게 이르노니 사람이 내 말을 지키면 죽음을 영원히 보지 아니하리라" (요 8:51). 예수님께서는 사람이 영생을 얻으려면 당신의 말씀을 지켜야 한다고 말씀하신 것입니다.

요한은 편지하기를,"누구든지 앞질러 나가서 그리스도의 가르침 안에 머물러 있지 않는 사람은, 하나님을 모시고 있지 않는 사람입니다. 그 가르침 안에 머물러 있는 사람은 아버지와 아들을 둘 다 모시고 있는 사람입니다" (요이 1:9, 새 번역).

요한은 지금 믿는 자들이 말씀에서 벗어나 불신앙의 자리에 들 수 있음을 암시하고 있는 것입니다.

∾ 구원은 복음을 '처음부터 끝까지' 믿는 자에게 주심

바울은 편지의 시작 부분에서 복음을 다음과 같이 정의합니다. 그는 "이 복음은 모든 믿는 자에게 구원을 주시는 하나님의 능력이라" (롬 1:16). 여기서 바울은 '믿는다' 라는 단어를 현재시제를 사용하고 있습니다. 이미 언급한 바와 같이 헬라어 현재시제는 진행의 의미를 지닙니다.

그러므로 "복음은 믿고 있는 (또는 믿음을 계속 간직하고 있는) 자에게 구원을 주시는 하나님의 능력이라"는 의미입니다. 이것을 확실히 하기 위해서 바울은 이어지는 말에서 그 믿음을 '처음부터 끝까지의 믿음' 이라는 보충해석을 덧붙이고 있습니다.

이 부분 역시 우리말 개역성경은 "복음에는 하나님의 의가 나타나서 믿음으로 믿음에 이르게 하나니"라고 모호하게 번역해 놓고 있습니다 (롬 1:17).

그러나 영어성경 NIV 나 NLT는 바울이 말하고자 하는 바를 분명하게 번역해 놓고 있습니다. NIV 영어성경은 "복음에는 하나님의 의가 나타나는데, 그 의(righteousness)는 처음부터 끝까지의 계속적인 믿음에 의해서 (by faith from first to last) 얻어지는 것"이라고 번역 했습니다 (Rome 1:17, NIV).

NLT 영어성경은 "이것 즉, 하나님께서 주시는 의로움은 시작부터 끝까지의 (지속적인) 믿음에 의해 (from start to finish by faith) 성취되는 것이라"고 번역 했습니다 (Rome 1:17, NLT).

즉, 바울이 말하고자 하는 바는 다음과 같이 요약될 수 있습니다. "복음에는 우리에게 구원을 주는 하나님의 의롭게 함이 나타나 있습니다. 그런데 그 의로움은 우리의 '시작부터 끝까지의 계속적인 믿음'을 통해서 완성되는 것입니다".

바울이 말하고자 하는 바는 '순간적인 칭의의 선언에 의해 구원이 완성되는 것이 아니라, 계속적인 믿음의 반응을 통해서 하나님의 의롭다 함은 완성되고 그 결과로 우리의 구원도 완성된다'는 뜻입니다. 바울의 이와 같은 진술은 많은 학자들의 '우리의 구원은 하나님의 칭의의 법정 선언에 의해서 순간적으로 성취된다'고 하는 주장과 정 반대입니다.

따라서 '칭의 선언에 의해서 의롭다 함을 얻은 우리의 구원은 결코 변개하거나 철회할 수 없다'고 하는 학자들의 주장은 바울의 주장과 대치되는 것입니다. 따라서 바울의 이어지는 "의인은 믿음으로 말미암아 살리라" 하는 말은 순간적인 믿음이 아닌 계속적인 믿음을 통해서 장차 살아 남게 될 것이라는 말씀입니다. 신실한 지속적인 믿음을 계속 가지고 있는 의로운 사람은 장차 구원을 얻게 될 것이라는 것입니다.

∽ 하나님의 심판의 대상은 마음 속의 믿음이 아닌 행동

이어서 바울은 그 당시 로마의 세상 사람들의 동성연애의 죄악상을 들추어 하나님의 진노의 심판에 대해 언급합니다. 바울은 저들 로마의 세상 사람들과 로마 교인들을 달리 지칭하고 있음을 우리는 알 수 있습니다. 로마의 세상 사람들을 '저들' 또는 '그들'이라는 3인칭을 사용하여 호칭합니다. 반면에 로마 교인들을 향하여는 2인칭을 사용하여, '네가' 또는 '너희들이'라는 호칭을 사용합니다. 바울은 로마의 세상 사람들의 온갖 죄를 지적하며 그것을 행하는 자는 결국 하나님에 의해 사형에 처해지게 될 것을 말하고 있습니다 (롬 1:18-32). 문제는 그 다음입니다.

바울은 이와 같은 사형에 해당하는 동일한 죄를 로마 교회 성도들 중에 짓는 자가 있다고 지적합니다 (롬 2:1). 그러면서 바울은 다음과 같이 경고합니다.

> 혹 네가 하나님의 인자하심이 너를 인도하여 회개케 하심을 알지 못하여 그의 인자하심과 용납하심과 길이 참으심의 풍성함을 멸시하느뇨 다만 네 고집과 회개치 아니한 마음을 따라 진노의 날 곧 하나님의 의로우신 판단이 나타나는 그 날에 임할 진노를 네게 쌓는 도다 하나님께서 각 사람에게 그 행한 대로 보응하시되 참고 선을 행하여 영광과 존귀와 썩지 아니함을 구하는 자에게는 영생으로 하시고 오직 당을 지어 진리를 좇지 아니하고 불의를 좇는 자에게는 노와 분으로 하시리라. (롬 2:4-8)

바울은 로마 교인들을 향하여 '너희들은 이미 예수를 믿는 자들이므로 죄와 상관없이 장차 심판의 날에 구원 얻고 영생을 얻을 것이다' 이렇게 말하고 있지 않습니다. 도리어 바울은 "하나님 앞에서는 율법을 듣는 자가 의인이 아니요 오직 율법을 행하는 자라야 의롭다 하심을 얻으리라"고 말하고 있습니다 (롬 2:13).

그러면서 바울은 믿는 자들인 로마 성도들에게 장차 하나님의 진노의 심판은 저들의 행위를 따라 받게 될 것이라고 증거합니다 (롬 2:6-8). 저들의 믿음을 따라 장차 심판이 이루어질 것이라고 말하고 있지 않습니다. 왜 그럴까요? 성경은 분명히 믿음으로 구원 받는다고 되어 있는데 말입니다. 그 이유는 믿음은 속성상 행동으로 그 믿음의 정체를 드러내는 것이기 때문입니다.

믿음이 있다고 하는데 그 믿음을 나타내는 행동이 없다면 그 믿음은 껍데기 믿음입니다 (약 2:18). 무늬만 믿음처럼 보일 뿐입니다.

믿음의 사람은 주님을 사랑합니다. 주님을 사랑하는 사람은 주님의 말씀을 지킵니다(요 14:15, 21, 23). 주님의 말씀을 지키는 자는 주님 안에 붙어있는 자입니다(요 15:10). 그 사람에겐 생명이 있습니다.

∽ 성도라 할지라도 죄에 머물러 있으면 죄의 삯은 사망

바울은 로마 교회 성도들의 죄의 문제를 다루는데 있어서 6장에 가서 그 주제에 대해 결론을 내립니다. 로마서 6장 20절에서 23절 말씀입니다. 특별히 22절 말씀은 이해를 돕기 위해 한글 표준 새 번역을 사용했고 영어성경 뉴킹제임스버전(NKJV)을 괄호로 첨부했습니다.

바울은 말합니다. "너희가 죄의 종이 되었을 때에는 의에 대하여 자유 하였느니라. 너희가 그 때에 무슨 열매를 얻었느뇨. 이제는 너희가 그 일을 부끄러워하나니 이는 그 마지막이 사망 임이니라" (롬 6: 20-21, 개역). 이 말 뜻은 너희가 죄의 종으로 살 때는 의와는 상관없는 삶, 즉 의롭게 사는 것 따위는 신경 쓰지 않고 살았지만, 그러한 삶의 결국은 사망이라는 것입니다.

바울의 다음의 말은 아주 중요합니다. "이제 여러분은 죄에서 해방을 받고 (having been set free from sin), 하나님의 종이 되어서 (having become slaves of God), 거룩함에 이르는 삶의 열매를 맺고 있습니다 (you have your fruit to holiness). 그 마지막은 영원한 생명입니다 (the end, everlasting life)" (롬 6:20-22, 새 번역).

이 부분의 우리말 성경은 우리가 이미 죄에게서 해방을 받았고, 이미 하나님의 종이 된 것으로 과거형으로 서술 되어 있습니다. 그리고 끝 부분도 개역성경은 이미 열매를 맺은 것처럼 "거룩함에 이르는 열매를 얻었으니"라고 번역해 놓고 있습니다.

그러나 새 번역에서는 이 부분을 "거룩함에 이르는 삶의 열매를 맺고 있습니다"라고 옳게 번역해 놓고 있습니다. 바울이 무엇을 말하고 싶은 것이었을까? 과거에는 너희가 죄의 종이 되어 죄의 열매를 맺었지만, 이제는 너희가 죄로부터 (점진적으로) 자유 함을 입어오고 있고 (현재완료진행형), 하나님의 종이 (점진적으로) 되어가고 있다는 것입니다.

그래서 지금 너희는 거룩함에 이르는 삶의 열매를 맺고 있다는 것입니다. 이 모든 것이 과거에 끝난 이야기가 아니라는 것이지요. 과거부터 지금까지 계속적으로 진행되고 있다는 사실을 강조한 것입니다. 그러면서 바울은 최종적으로 그 유명한 "죄의 삯은 사망이요 하나님의 은사는 그리스도 예수 우리 주 안에 있는 영생이니라"는 구절로 결론을 내립니다 (롬 6:23).

이 성구는 우리가 주로 불신자를 전도할 때 쓰는 요절로 알고 있습니다. 물론 이 구절이 불신자에게도 해당하는 말씀입니다. 그러나 우리가 생각하듯이 불신자에게만 국한된 말씀이 아니라는 사실이 중요합니다. 바울은 이 말씀을 지금 로마 교회 성도들에게 증거하고 있습니다. 특히 로마 교회 성도들 중 세상 사람들이 짓는 동일한 죄를 짓고 있는 신자들을 회개시킬 목적으로 이 글을 기록하고 있다는 사실을 잊어서는 안 됩니다.

바울은 그들을 돌이킬 목적으로 1장에서부터 여러 가지 이야기를 계속해왔습니다. 그 이야기의 최종적인 결론의 말이 바로 이 구절입니다. "죄의 삯은 사망"이라는 것입니다. 즉, '너희들이 믿노라 하면서 죄를 계속 행하면 하나님의 진노를 쌓아 결국 사망의 심판을 받게 될 것'이라는 말입니다.

이 말씀이 바로 로마 교회 성도들 중 세상 사람들과 같은 동일한 죄를 짓는 자들을 향하여 한 경고라는 사실은 다음의 로마서 6장 1절에서 8절 말씀을 보면 여실히 드러납니다.

> 그런즉 우리가 무슨 말 하리요 은혜를 더하게 하려고 죄에 거하겠느뇨 그럴 수 없으니라. 죄에 대하여 죽은 우리가 어찌 그 가운데 더 살리요 무릇 그리스도 예수와 합하여 세례를 받은 우리는 그의 죽으심과 합하여 세례 받은 줄을 알지 못 하느뇨 …… 우리가 알거니와 우리 옛 사람이 예수와 함께 십자가에 못 박힌 것은 죄의 몸이 멸하여 다시는 우리가 죄에게 종 노릇 하지 아니하려 함이니 이는 죽은 자가 죄에서 벗어나 의롭다 하심을 얻었음이니라 만일 우리가 그리스도와 함께 죽었으면 또한 그와 함께 살 줄을 믿노니. (롬 6:1-3, 6-8)

이 말씀에서 바울은 우리 옛사람이 그리스도와 함께 십자가에 못

박혀 죽어야만 하는 이유를 설명합니다. 그 이유란 것이 바로 '우리가 더 이상 죄의 종 노릇 하지 않기 위해서'라는 것입니다.

그러면서 바울은 우리가 더 이상 죄의 종 노릇을 하지 않으면 안 되는 이유를 설명합니다. 바로 "죽은 자가 죄에서 벗어나 의롭다 하심을 얻었음이니라"는 로마서 6장 7절 말씀입니다. 이 말씀은 우리말 성경으로는 뜻이 분명치 않습니다.

영어 성경 NIV는 그 뜻을 명확하게 표현하고 있습니다. "그 이유는 누구든지 (그리스도와 함께) 계속해서 자기를 죽여오고 있는 사람들은 죄로부터 자유함을 계속해서 누려오고 있습니다 (because anyone who has died has been freed from sin)".

즉, 그리스도와 함께 매일 매일 자신을 죽이는 삶을 사는 사람들은 죄를 짓지 않는다는 것입니다. 그러면서 바울은 8절에서 그리스도와 함께 죽은 사람은 그와 함께 장차 살게 될 것이라고 말합니다. 그리스도와 함께 죽었다는 것은 추상적인 의미가 아닙니다.

그것은 실제적인 삶 속에서 죄에 대하여 죽은 자로, 죄를 짓지 않는 삶을 가리키고 있습니다.

여기서 '죄를 짓지 않는다'는 말은 전혀 죄를 짓지 않는다는 말이 아니라 같은 죄를 계속적으로 반복하지 않는다는 의미입니다.

그리스도와 장차 함께 살게 될 자는 바로 그리스도와 함께 죄에 대하여 반응하지 않는, 죄에 대해 죽은 자들입니다. 장차 그리스도와 함께 사는 것은 영생을 의미합니다.

"죄의 삯은 사망"이라는 말이 세상 사람들과 동일한 죄를 짓는 로마 교회 성도들에게 주어진 말씀이라는 증거는 이 뿐만이 아닙니다. 이어지는 "너희가 육신대로 살면 반드시 죽을 것이로되 영으로써 몸의 행실을 죽이면 살리니" 라는 로마서 8장 13절 말씀도 이것을 뒷받침 해 줍니다.

∽ 지속성이 필요한 구원 얻는 믿음

구원이 한 번 믿음으로써 성취되는 단회적인 사건이라면 바울의 이야기는 틀린 이야기가 되고 맙니다. 바울은 "너희가 하나님의 인자에 거하지 아니하면 너희도 찍히리라"고 말하고 있기 때문입니다(롬 11:22). 구원이 단회적인 사건, 즉, 한 번 믿는 것으로 완성되는 것이라면, 바울이 말하는 것처럼 찍혀 버림받는 일은 있어서는 안 되는 것입니다.

그러나 바울은 '구원은 단회적인 것이 아니기에 찍혀 버림받을 수 있다'고 말하는 것입니다. 바울은 지금 구원에는 인내가 필요한 '믿음의 계속성'이 있다는 이야기를 하고 있는 것입니다. 바울은 빌립보 교회 성도들에게도 불순종하여 구원의 대열에서 떨어져 나가지 말고 계속 순종하여 구원을 이루어 나가라고 다음과 같이 권면합니다.

> 그러므로 나의 사랑하는 여러분, 여러분이 언제나 순종한 대로 내가 함께 있을 때뿐만 아니라, 지금과 같이 내가 없을 때에도 더욱더 순종하여서 두렵고 떨리는 마음으로 자기의 구원을 이루어 나가십시오. 하나님께서는 여러분 안에서 활동하셔서 여러분으로 하여금 하나님을 기쁘시게 할 것을 염원하고 실천하게 하시는 분이십니다. (빌 2:12-13, 새 번역)

바울은 디모데에게 보낸 편지에서도 구원의 계속성을 상기시키고 있습니다. "그대와 그대의 가르침을 살피라. 이런 일을 계속하라. 이렇게 함으로써, 그대는 그대뿐만 아니라 그대의 말을 듣는 사람들도 구원할 것이다" (딤전 4:16, 새 번역). 바울은 디모데가 자기 자신의 삶과 가르치는 일을 돌아보는 일을 계속할 때 자신은 물론 다른 사람들도 구원 얻을 수 있게 된다고 경계하고 있습니다.

바울은 지금 디모데에게 '너의 구원은 아직 완성된 것이 아니라 계속 진행 중에 있으니 자신을 돌아보는 일과 가르치는 일을 계속하라'고 권면하고 있습니다. 바울은 또한 디모데에게 보낸 두 번째 편지에서도 믿음의 계속적인 속성 때문에 '믿음에는 인내가 필요하다'고 다음과 같이 말합니다. "우리가 참고 견디면 또한 그와 함께 다스릴 것이요, 우리가 그를 부인하면 그도 또한 우리를 부인하실 것입니다" (딤후 2:12, 새 번역).

그리고 그는 자신이 '지금껏 믿음을 계속해서 쭉 지켜왔노라'고 신앙을 회고하고 있습니다. "나는 선한 싸움을 다 싸우고, 달려갈 길을 마치고, 믿음을 지켰습니다 (I have kept the faith). 이제는 정의의 월계관이 나를 기다리고 있을 뿐입니다" (딤후 4:7, 새 번역). 영어성경은 과거부터 현재는 물론 미래까지 계속의 의미를 내포하고 있는 현재완료시제를 사용했습니다. 즉, 바울은 지금 제자 디모데에게 자신이 일생에 걸쳐 지금껏 계속적으로 신앙을 지켜왔고 앞으로도 지켜 나갈 것이라고 간증하고 있는 것입니다.

사도 요한도, 바울과 다르지 않게, 구원을 위해 믿음의 계속성이 필요함을 다음과 같이 증거합니다. "성도들의 인내가 여기 있나니 저희는 하나님의 계명과 예수 믿음을 지키는 자니라"(계 14:12). 그는 믿음을 지키는 것과 하나님의 계명을 지키는 것을 동일시 하고 있습니다.

유다는 "주께서 백성을 애굽에서 구원하여 내시고 후에 믿지 아니하는 자들을 멸하셨으며"(유 1:5)라고 증거하고 있습니다. 이 말씀은 구약 백성들처럼 신약 백성들도 이미 구원의 대열에 참여했을 지라도 믿음을 지키지 않으면 궁극적으로 구원을 잃어버릴 수 있음을 보여주는 대목입니다.

뿐만 아니라, 히브리서 기자도 구원에는 믿음의 지속성이 필요하기 때문에 궁극적인 구원을 얻기 위해서는 처음 믿음을 끝까지 간직해야 한다고 다음과 같이 말합니다. "우리가 소망의 담대함과 자랑을 끝까지 견고히 잡으면 그의 집(하나님의 가족)이라"(히 3:6). "우리가 처음 믿을 때에 가진 확신을 끝까지 가지고 있으면 우리는 그리스도께서 주시는 구원을 함께 누리는 사람이 될 것입니다"(히 3:14, 새번역). "너희에게 인내가 필요함은 너희가 하나님의 뜻을 행한 후에 약속을 받기 위함이라"(히 10:36).

여기서 말하는 인내는 믿음을 지키는 것을 말합니다. 특별히 여기서 약속은 그 앞 절에서 언급한 "더 낫고 영구한 산업"(34절)을 지칭하는 것입니다. 이것은 영원한 천국의 삶, 즉, 구원의 결과를 표현하는 말입니다.

사도들의 주장과 같이 훌러신학교 김세윤 박사는 우리의 구원이 완성된 것이 아니라 진행 중에 있음을 다음과 같이 설명하고 있습니다. 즉, 구원을 위해서는 믿음의 지속이 요구된다고 다음과 같이 주장합니다.

구원의 첫 열매를 받았다는 의미에서 우리는 이미 구원을 받았다고 할 수 있습니다. 그러나 그 구원은 아직 완성되지 않은 상태이므로 우리는 그 구원의 완성을 바라보는 자로서 예수님께서 다시 오실 때 구원 받을 것이라고 미래 시제로도 표현 할 수 있습니다.[1]

한 번 믿던 자들이
천국을 못 갈 수도 있다는
서신서의 증거들

구원 얻는 믿음이 갖는 지속성의 속성상 믿음을 유지하지 못해서 믿음에서 떨어져 나간 자들이 있을 수 있음을 성경은 증거합니다. 구약 시대에 아사랴 선지자는 아사 왕과 이스라엘 백성들에게 하나님께 버림 받지 않도록 믿음에서 이탈하지 말 것을 다음과 같이 간절히 촉구합니다.

> 당신들이 주를 떠나지 않는 한, 주께서도 당신들을 떠나지 않으실 것이오. 당신들이 그를 찾으면, 그가 만나 주실 것이오. 그러나 당신들이 그를 버리면, 그도 당신들을 버리실 것이오.(대하 15:2, 새 번역)

이와 같이 신약의 대부분의 서신서 들도 성도들 중에 어떤 자들은 끝내 하늘나라를 상속 받지 못할 자들도 있다고 가르칩니다. 이와 같은 성경을 근거로 영국성공회 존 라일 주교는 "신자는 자신이 잃어버린 자로 지옥에 떨어질 수도 있음을 자주 상기해야 합니다"라고 말했습니다.[2] 이제 서신서들의 이와 같은 경고들에 관해 살펴보도록 하겠습니다.

○∽ 믿음은 어떤 죄에 여전히 머물러 있지 못하게 합니다.

예수 믿는 많은 분들이 이렇게 생각하는 경향이 있는 것 같습니다. '세상 사람들은 죄를 지으면 지옥 가지만 예수 믿는 사람들은 어떤 죄를 지어도 결코 지옥 가지 않는다'. 이것은 성경과 전혀 동떨어진 사상입니다. 이러한 사상은 선민의식과 성전 사상, 그리고 할례를 믿었던 이스라엘 백성들이 가졌던 사상과 같습니다.

저들의 이러한 사상은 하나님의 진노의 심판을 자초하는 계기가 되었습니다. 그런데 이상하게 오늘날 현대 교회에 이러한 사상이 만연해 있습니다. '하나님은 우리의 과거의 죄, 현재의 죄, 미래의 죄까지 다 이미 사하셨다'는 설교를 하시는 분들이 적지 않습니다.

특히 구원 파에서 그것을 강력히 주장합니다. 그래서 저들은 죄의 고백이나 회개기도를 못하게 합니다. "한 번 회개한 사람의 과거, 현재, 미래의 모든 죄를 다 사하셨는데, 왜 자꾸만 회개 기도를 하느냐"는 것입니다. 정말 하나님께서 우리의 미래의 죄까지 다 사하셨다면 그들의 주장이 틀린 것만은 아닙니다.

○∽ 믿는 자의 미래의 모든 죄까지 사해진 것은 아닙니다.

우리의 미래의 죄까지 다 사하셨다는 사상을 예수님께서는 철저히 배격하십니다. 예수님은 용서의 비유에서 자신의 빚을 탕감 받은 종이 자기에게 빚진 자를 용서하지 않았을 때, 왜 그 자를 다시 잡아들였을까요? 다시 그를 잡아들였다는 것은 그의 미래의 죄는 아직 처리되지 않았다는 증거 아닙니까?

이미 미래의 죄가 용서함 받아 다 처리되고 끝난 문제라면 왜, 주님은 "시험에 들지" 않기를 기도하라고 하셨을까요?

너희가 남을 용서하지 않으면 너희 죄를 용서하지 않으시겠다는 말씀은 또 뭡니까? 미래의 죄가 다 해결됐다면 남의 죄를 용서하지 않은 미래의 죄도 더 이상 언급하면 안 되는 것 아닙니까?

분명 하나님께서는 우리의 과거의 죄를 다 사하셨습니다. 그것도 회개를 조건으로 말입니다. 그러나 믿는 자의 미래의 죄까지 사해진 것은 아닙니다. 만약 우리의 미래의 죄까지 모두 다 사하셨다고 한다면 성도들의 죄란 더 이상 죄가 아닙니다. 성도들의 죄를 부채질하는 결과를 가져옵니다. 이것은 율법 폐기론을 옹호하게 됩니다.

예수님은 율법을 더 굳건히 하시기 위해서 오셨지 결코 폐하려고 오시지 않았습니다 (마 5:17, 롬 3:31). 예수님께서 오심으로 율법의 제사 율례나, 월삭과 안식일의 규례와 같은 의식법은 자동으로 폐기되었습니다. 그런 것들은 장차 오실 예수님의 모형이자 그림자였습니다. 그런 것들의 실체 되신 예수님께서 친히 오셨기 때문에 더 이상 그림자는 의미가 없어지게 된 것입니다 (골 2:16-17).

하지만, 도덕법은 그렇지 않습니다. 오히려 더욱 더 엄격히 강화되었습니다. 예수님께서 오시기 전까지는 이성(異性)을 보고 마음으로 음욕을 품은 것은 죄가 되지 않았습니다. 그러나 예수님이 오신 이후에는 그것도 곧 간음죄가 되었습니다 (마 5: 28).

～ 하나님의 은혜는 믿는 자에게 주어진 죄 짓는 면허장이 아닙니다.

하나님이 우리에게 은혜를 주신 것은 우리의 죄와 구별된 거룩한 삶을 통해서 당신께서 영광 받으시고자 하신 것입니다 (엡 2:8,10, 마 5:16). 따라서 하나님의 은혜란 우리가 죄를 짓도록 허락하기 위해 주신 것이 아닙니다. 오히려 그 반대입니다. 그런데 적지 않은 그리스도인들이 하나님의 은혜를 오해 합니다. 하나님의 은혜란 우리가 얼마든지 죄를 지어도 괜찮은 것으로 말입니다. 그러한 오해는 구약 시대에도 있었고, 초대 교회에도 있었습니다.

바울은 그러한 오해를 불식시키기 위해 다음과 같이 반문합니다. "그런즉 우리가 무슨 말 하리요 은혜를 더하게 하려고 죄에 거하겠느뇨" (롬 6:1). 이 말은 '미래에 더 큰 은혜를 받기 위해 우리가 죄를 지어도 된다'는 생각을 반박한 것입니다.

은혜 받은 사람은 죄를 지어도 괜찮다면 왜 이런 말이 필요하겠습니까? '은혜 받은 사람은 죄를 지어도 괜찮다' 고 하는 사상이 고린도 교회를 병들게 하고 있었습니다. 그래서 바울은 은혜 받은 자라고 할지라도 계속적으로 죄를 떠나지 아니하고 불의한 삶을 사는 자는 하늘 나라를 유업으로 받지 못한다고 그들에게 다음과 같이 분명히 밝히고 있습니다.

너희는 불의를 행하고 속이는구나 저는 너희 형제로다 불의한 자가 하나님의 나라를 유업으로 받지 못할 줄을 알지 못하느냐 미혹을 받지 말라 음란 하는 자나 우상 숭배하는 자나 간음하는 자나 탐색하는 자나 남색 하는 자나 도적이나 탐람하는 자나 술 취하는 자나 후욕하는 자나 토색하는 자들은 하나님의 나라를 유업으로 받지 못하리라. (고전 6:8-10)

∽ 은혜 받았다고 해서 죄가 구원과 상관 없는 것이 아닙니다.

고린도 교회뿐만 아니라 갈라디아 교회에도 '은혜 받은 사람은 죄를 지어도 구원의 문제와는 상관없다'는 사상이 팽배해졌습니다. 그래서 바울은 그들에게도 다음과 같이 엄중히 경고합니다. 육체의 욕망을 따라 사는 자들은 은혜 받은 자라 할지라도 하늘나라를 상속 받지 못하게 된다고 분명히 다음과 같이 밝히고 있습니다.

> 육체의 일은 현저하니 곧 음란과 더러운 것과 호색과 우상 숭배와 술수와 원수를 맺는 것과 분쟁과 시기와 분냄과 당 짓는 것과 분리함과 이단과 투기와 술 취함과 방탕함과 또 그와 같은 것들이라 전에 너희에게 경계한 것같이 경계하노니 이런 일을 하는 자들은 하나님의 나라를 유업으로 받지 못할 것이요. (갈 5:19-21)

여기서 바울이 말한 육체란 우리의 몸을 뜻하는 것이 아닙니다. 바울이 말한 육체란 육체의 본성에서 비롯된 타락한 죄 된 성품 또는 죄 된 성품에서 비롯된 죄의 욕망을 가리킵니다. 이어지는 진술에서 바울은 '육체'를 보다 구체적으로 '육체의 욕망'이라고 표현합니다. "사람은 무엇을 심든지 심은 대로 거둘 것입니다.

"자기 육체의 욕망을 따라 심는 사람은 육체로부터 썩을 것을 거두고, 성령의 뜻을 따라 심는 사람은 성령으로부터 영생을 거둘 것입니다"(갈 6:7-8, 새 번역). 여기서 바울이 말하는 "썩을 것"은 "영원한 멸망"을 의미합니다. 또한 "심는다"는 현재동사로 계속해서 심고 있는 동작을 나타냅니다.

∽ '바울'과 '유다'는 신자들도 구원을 잃어버릴 수 있다고 증거함

바울은 자기 자신부터 육체의 욕망을 좇아 악을 행하고 살면 장차 버림받을 수도 있다는 것을 다음과 같이 증거하고 있습니다. "내가 내 몸을 쳐 복종하게 함은 내가 남에게 전파한 후에 자기가 도리어 버림이 될까 두려워함이로라"(고전 9:27).

그래서 그는 그것을 두려워하여 자신의 육체의 욕망을 굴복시키는 삶을 산다고 고백합니다. 그러면서 그는 자신이 왜 그토록 버림이 될까를 두려워하는지 그 이유를 설명합니다. 그는 다음의 이어지는 말씀에서 구약의 택함 받은 백성들이 버림받은 역사를 예로 들어 설명하고 있습니다.

> 형제들아…… 우리 조상들이 다 구름 아래 있고 바다 가운데로 지나며 모세에게 속하여 다 구름과 바다에서 세례를 받고 다 같은 신령한 식물을 먹으며 다 같은 신령한 음료를 마셨으니 이는 저희를 따르는 신령한 반석으로부터 마셨으매 그 반석은 곧 그리스도시라. 그러나 저희의 다수를 하나님이 기뻐하지 아니하신 고로 저희가 광야에서 멸망을 받았느니라. 그런 일은 우리의 거울이 되어 우리로 하여금 저희가 악을 즐겨 한 것같이 즐겨 하는 자가 되지 않게 하려 함이니……
>
> 저희 중에 어떤 이들이 간음하다가 하루에 이만 삼천 명이 죽었나니 우리는 저희와 같이 간음하지 말자……

저희 중에 어떤 이들이 원망하다가 멸망시키는 자에게 멸망하였나니 너희는 저희와 같이 원망하지 말라 저희에게 당한 이런 일이 거울이 되고 또한 말세를 만난 우리의 경계로 기록하였느니라. (고전 10:1-11)

바울은 '구약의 택한 백성들이 버림 받은 사실이 신약 시대의 우리들에게 거울이 되고 있다'고 밝히고 있습니다. 그러한 구약 시대의 사건은 신약 백성들에게 경계하기 위한 목적으로 성경에 기록되었다고 증거합니다. 모세를 따라 신령한 세례를 받고 그리스도로부터 신령한 식물과 음료를 마신 자들인 이스라엘 백성들은 은혜 받은 그리스도에게 속한 자들이었습니다.

그러나 그들 중 다수는 끝내 구원에 이르지 못하고 멸망 당하고 말았습니다. 이러한 구속의 엄연한 역사적 사실때문에 바울은 자신도 버림을 받을까 두려워하고 있다는 것입니다. 그러면서 바울은 지금 믿고 있는 고린도 교회 성도들에게 '구원을 얻으려면 말씀을 굳게 지켜 나가라'고 권면합니다.

보다 분명한 이해를 돕기 위해 세 가지 한글번역을 대조해 보겠습니다.

"너희가 만일 나의 전한 그 말을 굳게 지키고 헛되이 믿지 아니하였으면 이로 말미암아 구원을 얻으리라" (고전 15:2, 개역).

"그러므로 여러분이 헛되이 믿는다면 몰라도 그렇지 않고 내가 전해 준 복음 그대로 굳게 지켜 나간다면 여러분은 이 복음으로 구원을 받게 될 것입니다" (고전 15:2, 공동번역).

"내가 여러분에게 전해 드린 말대로, 여러분이 복음을 굳게 잡고 있으면, 또 여러분이 헛되이 믿지 않았으면, 그 복음으로 여러분도 구원을 얻을 것입니다"(고전 15:2, 새 번역).

세 번역 모두 일장 일단이 있습니다만, 일치되는 것은 말씀을 계속해서 굳게 지켜 나갈 때 구원을 얻을 수 있다는 것입니다. 만약 말씀을 지키지 않는다면 그 사람은 구약의 버림받은 이스라엘 백성들과 같은 운명이 되리라는 것입니다.

유다는 바울과 유사하게, 구약의 택한 백성들이 애굽으로부터 구원받은 다음 나중에 저들이 믿음을 저버렸을 때에는 저들을 멸망시켰다고 다음과 같이 증거합니다.

> 여러분이 이미 다 잘 알고 있는 일이지만 다시 한 번 여러분의 기억을 일깨워 드리고 싶은 일이 있습니다. 그것은 모세가 이스라엘 백성을 애굽으로부터 구해 냈지만 그들이 후에 믿음을 저버렸을 때에는 그들을 멸망시키셨다는 사실입니다. (유 1:5, 공동번역)

사도 바울, 요한, 유다, 그리고 히브리서 기자는 공통된 주장을 하고 있습니다. 그것은 곧, 구원 얻는 믿음이란 한 번 예수를 주로 고백하고 영접하는 것으로 끝나는 것이 아니라는 것입니다. 오히려 믿음은 계속적으로 하나님의 계명을 지킴으로 유지되는 계속성을 가지고 있다는 것이지요.

그런데 요즈음 너무나 많은 믿는다고 하는 사람들이 구원은 이미 받은 것으로 여기고 있습니다. 구원의 문제는 이미 끝난 문제라는 것이지요. 이것은 참으로 심각한 문제가 아닐 수 없습니다.

～ 택한 백성이 구원을 잃었고 앞으로도 잃을 수 있습니다.

히브리서 기자도 복음 전함을 먼저 받은 구약시대에 택함 받은 자들 중 다수가 끝내 구원을 받지 못했다고 증거합니다. 저들의 불순종은 저들 앞에 놓인 구원을 잃어버리게 만들었다고 다음과 같이 증거합니다. "그러면 거기 들어갈 자들이 남아 있거니와 복음 전함을 먼저 받은 자들은 순종치 아니함을 인하여 들어가지 못하였으므로"(히 4:6). "또 하나님이 누구에게 맹세하사 그의 안식에 들어오지 못하리라 하셨느뇨 곧 순종치 아니하던 자에게가 아니냐"(히 3:18).

이어서 히브리서 기자는 구약시대에 먼저 복음을 받은 자들이 불순종하여 구원 받지 못한 역사적 사실을 신약시대 성도들에게 다음과 같이 적용시키고 있습니다. "그러므로 하나님께서 허락하시는 안식에 들어갈 수 있는 약속이 아직 남아 있는 동안에, 거기에 미치지 못하는 사람이 여러분 가운데서 아무도 생기지 않도록 두려운 마음으로 조심하십시오"(히 4:1, 새 번역).

우리는 히브리서의 저자가 누구인지 정확하게 알지 못합니다. 다만 스테반과 브리스길라가 아닐까 하고 추측만 할 뿐입니다. 저자가 누구이든 우리는 히브리서의 저자가 누구를 대상으로 어떤 목적으로 이 편지를 썼는가를 이해하는 것은 아주 중요합니다.

데이빗 포슨은 다음과 같이 히브리서 기록에 대한 역사적 배경과 필요성을 밝혀주고 있습니다.

아마도 로마에 보내졌을 것이고 분명히 유대인 그리스도인들에게 보내졌을 이 편지는 책 전체에 걸쳐 배교의 문제를 다루고 있는 유일한 책이다. 로마제국에서 기독교는 불법 종교였기 때문에 그 누가 기독교를 공격해도 아무런 처벌을 받지 않았다. 편지가 쓰여질 때는 이미 박해가 시작되었다. 기독교인들은 공적으로 모욕을 당하고 감옥에 갇혔으며 그들의 재산은 몰수당했다 (히 10:33-34). 그들이 아직 피 흘리기까지는 싸우고 있진 않았지만 (히 12:4), 그들에겐 순교의 암운이 드리워져 있었다. 처음에 그들은 믿음을 지켰으나(히 10:32) 점차로 그들에 대한 적대감이 커져 가자 그들은 흔들렸고, 자신과 자신의 가족들이 다가오는 고난을 피할 수 있을 지에 대해 회의가 생기기 시작했다.

이방인이 아닌 유대인 그리스도인들은 그들이 나왔던 회당으로 다시 돌아감으로써 피하는 방법이 있었다. 유대교는 합법적인 종교였기 때문에 유대교 신자들은 법에 의해서 보호를 받을 수 있었다. 결국(유대교로 간다 해도) 그들은 예수의 아버지가 아브라함과 이삭과 야곱의 하나님이기 때문에 여전히 똑같은 하나님을 경배하게 될 것이다. 그러나 한 가지 문제가 있었다. 그들이 다시 회당에 입교하기 위해서는 공적으로 예수에 대한 믿음을 부인해야 했다. 이 편지의 배후에는 이러한 위기 상황이 놓여 있다. 이 편지는 전체적으로 이들 히브리 제자들이 어떤 희생을 치르더라도 유대교로 돌아가지 말고 계속해서 예수 그리스도와 함께 동행하도록 설득하는 것을 목표로 하고 있다.[3]

히브리서 기자는 구원을 위해서는 우리가 믿음을 잘 간직하고 있어야 한다고 증거하고 있습니다. "그러므로 모든 들은 것을 우리가 더욱 간절히 삼갈지니 혹 흘러 떠내려 갈까 염려하노라……우리가 이같이 큰 구원을 등한히 여기면 어찌 피하리요" (히 2:1-3).

또한 우리의 구원을 위해 믿음을 떠나서는 안 된다고 경고합니다. "형제자매 여러분, 여러분 가운데, 믿지 않는 악한 마음을 품고서 살아 계신 하나님을 떠나는 사람이 아무도 없도록 조심하십시오" (히 3:12, 새 번역). 그리고 죄를 지음으로 완고한 마음이 생겨, 믿음을 떠나지 않도록 죄를 멀리할 것을 충고합니다. "오늘이라고 말할 수 있는 그날, 서로 권면하여 아무도 죄의 유혹에 빠져 완고하게 되지 않도록 하십시오" (히 3:13, 새 번역).

무엇보다도 배교에 관한 경계 중 가장 두드러진 증거는 다름 아닌 다음의 히브리서 6장 4절 이하입니다.

> 한번 비침을 얻고 하늘의 은사를 맛보고 성령에 참예한 바 되고 하나님의 선한 말씀과 내세의 능력을 맛보고 타락한 자들은 다시 새롭게 하여 회개케 할 수 없나니 이는 자기가 하나님의 아들을 다시 십자가에 못박아 현저히 욕을 보임이라. 땅이 그 위에 자주 내리는 비를 흡수하여 밭 가는 자들의 쓰기에 합당한 채소를 내면 하나님께 복을 받고 만일 가시와 엉겅퀴를 내면 버림을 당하고 저주함에 가까워 그 마지막은 불사름이 되리라. (히 6:4-8)

제가 이 책 다른 곳에서 밝혔듯이 성령에 참예한바 된 것은 곧 그리스도에 참예한 것과 다른 것이 아닙니다. 히브리서 기자는 성령에 참예한 자를 언급하기 전에 같은 성경에서 그리스도와 함께 참예한 자를 언급하고 있습니다. "우리가 시작할 때에 확실한 것을 끝까지 견고히 잡으면 그리스도와 함께 참예한 자가 되리라"(히 3:14).
성령에 참예한 것은 성령의 인침과도 결코 다른 것이 아닙니다. 성경을 정직하게 보는 사람은 결코 그 누구도 여기서 히브리서 기자가 말한 배교에 대해 부정하지 못할 것입니다.

∽ 바울 당시 예수를 주라 시인하는 것은 목숨을 거는 일이었습니다.

먼저 바울은 모두 믿는 자들을 대상으로 그의 편지들을 썼음을 이해하는 것이 중요합니다. 그것은 그 편지의 대상들이 교회와 그 제자들인 사실이 그것을 말해주고 있습니다.

역사를 보건대, 믿음생활을 하는데 많은 핍박과 희생이 요구되었던 초대교회에는 예수를 목숨 걸고 믿지 않은 사람들은 결코 교회에 나오지 않았습니다. 따라서 그 당시에 교회에 출석한다는 것은 예수를 믿는 사람일 수 밖에 없었습니다.

그 당시 예수를 주로 고백하고 시인하는 것은 목숨을 담보하는 엄청난 일이었습니다. 유대인의 경우 예수를 믿게 되면 유대교로부터의 출교는 당연한 것이었습니다. 유대인에게 있어서 출교란 엄청난 희생과 손실이 따르는 것이요, 사회적으로 매장을 당하는 것이었습니다.

그 당시 로마 황제는 오직 자기만을 '주'라고 칭하도록 명령한 바 있습니다. 따라서 로마 황제 이외의 다른 이를 '주'라 부르는 것은 반역죄에 해당하는 것이었습니다.

그래서 바울은 로마서 10장 10절에 "사람이 마음으로 믿어 의에 이르고 입으로 시인하여 구원에 이르느니라"고 선언한 것입니다. 왜냐하면 그 당시 예수를 공개적으로 '주'라고 입술로 시인한다는 것 자체가 목숨을 걸 만큼 저들의 믿음이 참 된 것임을 확증하는 것이었기 때문입니다.

사도들은 어느 시대에든 배교가 있을 것이라고 증거합니다.

우리는 바울의 편지에서 '너희들'이라고 하는 말은 곧 믿는 그리스도인을 향한 호칭임을 알 수 있습니다. 바울은 로마교회, 고린도 교회, 갈라디아 교회, 에베소 교회, 빌립보 교회, 골로새 교회, 데살로니가 교회에 편지를 보냈습니다.

그리고 그는 그의 복음으로 낳은 아들 디모데와 디도 그리고 빌레몬에게 편지를 보냈습니다. 이와 같은 바울의 편지들 중 가장 짧은 글들인 디도서와 빌레몬서를 제외한 모든 글에서 배교의 문제를 다루고 있습니다.

바울은 디모데에게 보낸 편지에서 이미 믿음에서 떠난 배교자들에 대해 증거합니다. "누구든지 자기 친족 특히 자기 가족을 돌아보지 아니하면 믿음을 배반한 자요…… 이미 사단에게 돌아간 자들도 있도다"(딤전 5:8). 바울은 연이어 디모데에게 보낸 편지에서 이미 사단에게 돌아간 제자가 누구인지 구체적으로 언급합니다. "데마는 이 세상을 사랑하여 나를 버리고 데살로니가로 갔고"(딤후 4:10).

데마가 주님보다 세상을 더 사랑하여 믿음을 저버리고 바울 곁을 떠난 것입니다. 어떤 분은 "이 구절 어디에 데마가 믿음을 저버렸다고 돼 있느냐?"라고 반문합니다. "데마는 잠시 시험에 든 것이고 결국은 돌아온다"는 것입니다. "한 번 예수 믿은 사람은 하나님께서 그 사람의 믿음을 끝까지 지키신다"는 '성도의 견인' 교리를 수호하기 위해 억지 주장을 펴는 것입니다. 성경을 정직하게 보지 않고 있는 것이지요.

그런가 하면, 교리에 매이지 않고 성경을 정직하게 보시는 분들도 계십니다. 일례로, 옥한흠 목사께서는 데마가 믿음에서 실족한 것을 다음과 같이 올바로 설명하고 있습니다.

> 데마는 예수 믿고 은혜 받아서 사도 바울을 따라 다니며 섬겼습니다. 나중에는 감옥에까지 따라가서 노 사도를 시중들던 뜨거운 믿음의 소유자였습니다. 그가 시종일관 믿음을 지켰다면 얼마나 좋았겠습니까? 불행히도 그는 중도에 타락하고 말았습니다. 바울이 이 사실을 이렇게 기록하고 있습니다. "데마는 이 세상을 사랑하여 나를 버리고 데살로니가로 갔고"(딤후 4:10). 데마와 같은 사람은 구원 받을 수 없습니다.[4]

또한 바울은 믿는 우리가 믿음의 경주에서 인내하지 못하면 자칫 주를 부인 할 수도 있음을 경계하고 있습니다. "미쁘다 이 말이여, 우리가 주와 함께 죽었으면 또한 함께 살 것이요 참으면 또한 함께 왕 노릇할 것이요 우리가 주를 부인하면 주도 우리를 부인하실 것이라"(딤후 2:11-12).

그리고 "유대인의 허탄한 이야기와 진리를 배반하는 사람들 (men who turn from the truth)의 명령을 좇지 않게 하려 함이라"(딛 1:14)는 바울의 진술은 지금 현재 믿음을 배반하고 있는 사람들이 있다는 말입니다.

뿐만 아니라 바울은 "성령이 밝히 말씀하시기를 후일에 어떤 사람들이 믿음에서 떠나 미혹케 하는 영과 귀신의 가르침을 좇으리라"(딤전 4:1)는 말씀으로 미래에 일어날 배교를 경계하고 있습니다.

사도 베드로도 그리스도를 부인하는 자들이 있었음을 증거하고 있습니다.

> 만일 저희가 우리 주 되신 구주 예수 그리스도를 앎으로 세상의 더러움을 피한 후에 다시 그 중에 얽매이고 지면 그 나중 형편이 처음보다 더 심하리니 의의 도를 안 후에 받은 거룩한 명령을 저버리는 것보다 알지 못하는 것이 도리어 저희에게 나으니라. 참 속담에 이르기를 개가 그 토하였던 것에 돌아가고 돼지가 씻었다가 더러운 구덩이에 도로 누웠다 하는 말이 저희에게 응하였도다. (벧후 2:20-22)

> 전에 이스라엘 백성들 가운데서 거짓 예언자들이 일어난 것과 같이, 여러분 가운데서도 거짓 교사들이 나타날 것입니다. 그들은 파멸로 이끄는 이단을 몰래 끌어들일 것입니다. 그래서 그들은 자기들을 값 주고 사신 주님을 부인하고 자기들이 받을 파멸을 재촉할 것입니다. (벧후 2:1, 새 번역)

그래서 베드로는 성도들에게 믿음에서 떨어지지 않도록 다음과 같이 경계하고 있습니다. "그러므로 사랑하는 자들아 너희가 이것을 미리 알았은즉 무법한 자들의 미혹에 이끌려 너희 굳센 데서 떨어질까 삼가라"(벧후 3:17). 여기에서 베드로의 권면의 요지는 '주의해서 배교의 위험을 물리치라'는 것입니다.

～ 부활하신 주님께서는 이기는 자만이 구원 얻을 것을 말씀하십니다.

예수님께서는 이기는 자만이 생명책에 기록된 그 이름이 지워지지 않을 것이라고 말씀하십니다. "이기는 자는 이와 같이 흰 옷을 입을 것이요 내가 그 이름을 생명책에서 반드시 흐리지(지우지) 아니하고 그 이름을 내 아버지 앞과 그 천사들 앞에서 시인하리라" (계 3:5).

역으로 생각하면 '지는 자'는 생명책에서 그 이름이 지워진다는 것입니다. 누구든지 생명책에 그 이름이 없는 자는 지옥 불 못에 던져진다고 예수님께서는 밝히 말씀하십니다. 그러므로 믿는 자라서 이미 그 이름이 생명책에 기록된 자라 할지라도 구원을 잃을 수 있다는 것입니다.

또한 예수님께서는 이기는 자는 하늘나라를 상속 받게 된다고 말씀하십니다. "이기는 자는 이것들을 유업으로 얻으리라 나는 저의 하나님이 되고 그는 내 아들이 되리라" (계 21:7). 이 말씀도 이기지 못하는 자는 천국을 유업으로 받지 못한다는 말씀입니다. 즉, 처음에 믿음을 가지고 있던 자라도 나중에 믿음의 경주에서 탈락한 자들은 결국 구원의 은혜를 놓칠 수 있다는 말씀입니다.

예수님은 구원은 하나님의 계명과 믿음을 계속적으로 지키면서 인내하며 지키는 자에게 주어지는 것임을 말씀하고 계십니다. 이 말씀은 하나님의 말씀을 지키는 삶을 살지 않는 자는 중도에 구원을 잃을 수 있다는 것입니다.

예수님은 계시록 마지막 장에서 "만일 누구든지 이 책의 예언의 말씀에서 제하여 버리면 하나님이 이 책에 기록된 생명 나무와 및 거룩한 성에 참예함을 제하여 버리시리라"고 말씀하십니다 (계 22:19).

이 말씀은 소 아시아 일곱 교회 성도들에게 주어졌습니다. 그리고 불신자들은 하나님의 말씀에 대해 무관심하거나 무시하고 말지, 말씀의 어느 부분을 더하거나 제하려 들지 않습니다. 그러므로 이 말씀은 믿는 자들 중 말씀을 잘 못 대하였다가 중도에 믿음에서 탈락할 자들이 있다는 뜻입니다. 즉, '믿는 자들 중에 도중에 잘못하여 구원을 잃어버릴 자가 있다'는 말씀입니다.

지금까지 우리는 그리스도의 공동체에 들어온 자들의 구원의 상실 여부에 대해 고찰해 보았습니다. 이제 다음 장에서는 하나님의 택하신 자의 구원의 상실 여부에 대해 상고해 보도록 하겠습니다.

하나님의 개인 예정을 확고히 믿는 분들은 대체로 하나님의 택하신 자들은 어떤 경우에도 구원을 잃지 않는다고 생각합니다. 다음 장에서는 하나님의 택하심과 구원의 상관관계를 상고하도록 하겠습니다.

주(註)

1) 김세윤, 구원이란 무엇인가? 2001, pp. 86-87
2) 거룩, 2009, p. 362
3) 데이빗 포슨, 2000, pp. 113-114
4) 내가 얻은 황홀한 구원, 1999, pp. 218-219

chapter 5

하나님의 택한 자는 결국 모두 구원 받게 되는가?

제 5 장

구원은 처음부터 끝까지 하나님의 손에 달린 것인가?

어떤 분이 이런 글을 쓴 것을 읽어보았습니다.
"어떻게 하면 지옥에 갑니까?"
"예, 아무것도 하지 않고 가만히 있으면 지옥 갑니다."
"그럼 어떻게 하면 천국에는 갈 수 있습니까?
"예, 예수를 믿으면 됩니다."

그렇습니다. 우리는 지옥에 가기 위해서는 우리가 특별히 할 일이 없습니다. 이 글의 내용처럼 그저 가만히 있기만 하면 죄 때문에 지옥에 가게 되어 있는 것이 자연인의 운명입니다.

그런데 오늘날 어떤 사람들은 '우리가 구원 받기 위해서 아무것도 할 필요성이 없다'고 주장합니다. '예수 믿는 일 조차도 하나님이 하시는 일이기에 인간은 아무 것도 하지 않고 가만히 있으면 된다'는 것입니다.

우리가 구원 받는 일은 하나님의 작정과 예정에 따른 것이지, 인간의 행위에 따라 결정 나는 일이 아니라서 그렇다는 것입니다.

구원에 관해서 처음부터 끝까지 하나님이 다 하는 일이라면 하나님은 무엇을 근거로 인간을 심판할 수 있을까요?

하나님의 구원을 위한 개인 예정과 선택을 믿는 사람들은 소위 '고라'와 같은 악인들도 다 구원 받았다'고 주장합니다 (민 16:26-35). 그들은 '구약시대에 모든 이스라엘 백성들이 다 구원 받았다'는 것입니다. 그들은 하나님께서 악인으로 규정하신 모든 사람들까지도 구원 받았다는 것입니다. 그들이 신적 작정에 의해 택함 받은 백성들이었기 때문이라는 것이지요.

그렇다면 구약시대에 여호와 하나님을 버리고 바알에게 무릎 꿇은 모든 자들도 다 구원 받았다는 이야기가 됩니다. 그러나 바알에게 무릎 꿇은 이스라엘 백성들에 대한 엘리야의 기도와 하나님의 응답을 바울은 다음과 같이 증거하고 있습니다.

> 주여 저희가 주의 선지자들을 죽였으며 주의 제단들을 헐어버렸고 나만 남았는데 내 목숨도 찾나이다 하니 저에게 하신 대답이 무엇이뇨 내가 나를 위하여 바알에게 무릎을 꿇지 아니한 사람 칠천을 남겨 두었다 하셨으니.
> (롬 11:3-4)

하나님은 엘리야에게 말씀하시기를 '바알에게 무릎 꿇지 아니한 사람 칠천을 남겨주셨다' 하십니다. 그렇다면 하나님께서 남겨 놓지 않은 거의 대부분의 이스라엘 사람들은 어떻게 되었을까요? 저들도 과연 구원 받았을까요? 이에 대한 해답은 이어지는 바울의 진술에 명확히 드러납니다. "그런즉 이와 같이 이제도 은혜로 택하심을 따라 남은 자가 있느니라" (롬 11:5). 바울은 지금 이방인 교회 지도자들에게 "하나님은 엘리야 시대에 하나님께서 은혜로 남겨 놓은 자가 있었던 것처럼 이제도 은혜로 남겨진 자들이 유대인 가운데 있다"고 증거하고 있는 것입니다.

오직 은혜로 바알에게 무릎 꿇지 아니한 남은 자들, 곧 칠천 명 만이 구원을 받은 것이라는 말씀입니다. 이러한 바울의 진술에 의하면, 이스라엘이 택한 백성이었을지라도 하나님을 버리고 바알에게 무릎 꿇은 자들은 결국 모두 멸망 받은 것입니다.

다음의 바울의 진술은 이것을 명확하게 결론짓고 있습니다.

> 그런즉 어떠하뇨 이스라엘이 구하는 그것(구원)을 얻지 못하고 오직 택하심을 입은 자(칠천인)가 얻었고, 그 남은 자들은(바알에게 굴복한 자들) 완악하여 졌느니라.(애굽의 바로 왕처럼) (롬 11:7)

구약 시대에 하나님께서 수많은 선지자들을 보내셔서 끊임없이 '악을 버리고 돌아오라'고 하신 이유가 바로 여기에 있습니다. 악을 버리지 않고 죄 가운데 머물러 있고서는 아무리 하나님을 믿노라고 외쳐도 그 입술의 신앙으로는 구원 얻을 수 없기 때문입니다.

하나님께서 쓸데없이 선지자들을 보내시고 헛수고를 하신 것이 아닙니다. 하나님은 택함 받은 이스라엘 백성을 당신의 품으로 돌아오라고 끊임없이 불렀습니다. 하나님께서는 당신의 백성들을 돌이키시기 위해 시대마다 지치시지 않고 당신의 종 선지자들을 지속적으로 보내셨습니다. 그리고 돌아오라고 외치게 하셨습니다.

> 악인은 그 길을, 불의한 자는 그 생각을 버리고 여호와께로 돌아오라 그리하면 그가 긍휼히 여기시리라 우리 하나님께로 나아오라 그가 널리 용서하시리라.(사 55:7)
> 배역한 자식들아 돌아오라 내가 너희의 배역함을 고치리라.(렘 3:22)
> 배역한 이스라엘아 돌아오라 나의 노한 얼굴을 너희에게로 향하지 아니하리라 나는 긍휼이 있는 자라 노를 한 없이 품지 아니 하느니라.(렘 3:12)
> 너희는 이제라도 금식하며 울며 애통하고 마음을 다하여 내게로 돌아오라.(욜 2:12)
> 내게로 돌아오라 그리하면 나도 너희에게로 돌아가리라.(말 3:7)

그렇지만, 그들 중 돌아온 자는 많지 않았습니다. 하나님께서는 성실히 그들을 부르셨으나 그들은 돌아오기를 싫어했습니다.

> 여호와께서 그 모든 종 선지자를 너희에게 보내시되 부지런히 보내셨으나 너희가 듣지 아니하였으며 귀를 기울여 들으려고도 아니 하였도다.(렘 25:4)
> 이 예루살렘 백성이 항상 나를 떠나 물러감은 어찜이뇨 그들이 거짓을 고집하고 돌아오기를 거절 하도다.(렘 8:5)
> 너희는 내게로 돌아오라 … 그리하면 내가 너희에게로 돌아가리라 너희가 악한 길, 악한 행실을 떠나서 돌아오라 하셨다 하나 그들이 듣지 않고 내게 귀를 기울이지 아니 하였느니라.(슥 1:3-4)

하나님께로 돌아가는 길은 악한 행실을 버리고 하나님의 말씀에 순종하며 사는 것이었습니다. 택한 백성들이 죄를 버리고 돌아오기를 하나님께서는 바라셨으나, 저들은 귀를 기울이지 않았습니다. 저들은 하나님보다 죄를 더 사랑한 자들이었습니다. "내 백성이 결심하고 내게서 물러가나니 비록 저희를 불러 위에 계신 자에게로 돌아오라 할지라도 일어나는 자가 하나도 없도다."(호 11:7)

예수님도 택한 이스라엘 백성들을 구원하기 위해 부단히 부르셨습니다. 그러나 저들은 주님의 부르심에 응답하지 않았습니다. "예루살렘아 예루살렘아 선지자들을 죽이고 네게 파송 된 자들을 돌로 치는 자여 암탉이 제 새끼를 날개 아래 모음 같이 내가 너희의 자녀를 모으려 한 일이 몇 번이냐 그러나 너희가 원치 아니하였도다."(눅 13:34)

택함 받은 선민이라는 자만심만 가득 차 있을 뿐, 말씀에 순종하지 않고 하나님께 돌아오지 않은 백성들을 과연 하나님께서는 받아주실까요?

∾ 세상 사람들은 '기독교'를 '개독교'로 바꿔 부르고 있습니다.

예수님의 가르침은 현대의 많은 교회에서 가르치는 가르침과 사뭇 다릅니다. 예수님께서는 삶 속에서 아름다운 열매를 맺지 못하면 구원받지 못한다고 말씀하십니다. 즉, '말씀에 순종하지 않고 죄를 따라 사는 자들은 지옥을 피할 수 없다'는 것입니다.

오늘날 많은 사람들이 초대 받아 교회에 나옵니다. 그리고 예수님을 믿는다고 입술로 고백합니다. 그리고 주님을 사랑한다고 많은 사람 앞에서 고백합니다. 그러나 저들 중에 삶으로 신앙 고백을 하는 사람은 그리 많지 않습니다. 이 시대에 적지 않은 사람들이 "저희가 하나님을 시인하나 행위로는 부인하니 가증한 자요 복종치 아니하는 자요 모든 선한 일을 버리는 자"(딛 1:16)로 살아가고 있습니다.

성경은 지금 누구를 향하여 예수님을 "행위로는 부인"하는 자라고 말하고 있습니까? "말씀에 복종치 않는 자, 모든 선한 일을 버리는 자"들이 곧 예수님을 행위로 부인하는 자요, 이런 자들을 가증한 자들이라고 밝히고 있습니다.

단지 '예수를 믿는다'고 입술로 시인했다고 해서 성경에서 가증한 자라고 정죄 받은 자들이 천국에 간다면 그것은 정말 이상한 일이 아닐 수 없습니다.

이러한 현대 교인들의 양태를 보고 예수 믿지 않은 사람들이 '기독교'를 '개독교'라 개칭하여 부르고 있습니다. 온갖 죄를 다 지으며 입만 열면 '주여'를 외치고, 자기는 천국 간다고 합니다.

예수 믿는다는 사람들의 삶을 들여다 보니 세상 사람들과 전혀 다를 게 없어 보입니다. 그러니 예수 믿지 않는 불신자들이 기독교를 '개독교로 이름을 바꿔 부르기 시작한 것 아니겠습니까?

이게 불신자들의 탓입니까? 아니면 교회 다니는 신자들의 탓입니까?

저는 얼마 전 '하치 이야기'라는 영화를 본 적이 있습니다. 이 영화를 보면서 저는 정말 많이 울었습니다. 아마도 영화를 보면서 이렇게 많이 울어본 기억이 없는 것 같습니다. 이 영화는 한 '하치'라는 이름을 가진 개의 이야기 입니다.

그 개는 주인이 돌아오는 시간이 되면 어김없이 역전에 나가 주인을 기다립니다. 그러던 어느 날 주인은 학교에서 강의를 하다가 심장마비로 죽고 말았습니다. 그 개는 주인이 죽은 사실을 아는지 모르는지 어김없이 매일같이 같은 시간에 같은 장소에 나가 주인을 기다리고 또 기다립니다. 주인은 돌아오지 않습니다.

그러나 그 '하치'라는 개는 주인이 죽은 지 10년이 넘게 계속 주인을 기다리고 있습니다. 저는 이 '하치'라는 개의 충직함을 보고 저는 하나님 앞에 '하치'라는 개만도 못한 인간이라는 사실을 발견하고 울고 또 울었습니다.

변함없이 주인을 사랑하는 '하치'에 비해, 저의 주인인 예수님을 그렇게 한결같이 사랑하지 못한 저의 부끄러운 모습에 저는 이 글을 쓰면서도 눈물을 흘리고 있습니다. 저는 세상 사람들이 기독교인들을 '개독교인'이라 부를 때, '하치'가 한결같은 마음으로 주인을 기다리듯 하나님을 향한 우리들의 충직함을 연상하며 그렇게 불러주었으면 좋겠습니다.

～ 택함을 받은 자는 많은데 구원에 이르는 자는 극히 적습니다.

예수 믿는 우리는 장차 있을 하나님의 아들의 혼인잔치에 청함을 받은 사람들입니다. 우리는 하나님의 혼인예식에 참예하기 위해서 이 땅에 있을 동안 예복을 준비할 책임이 있습니다.

어떤 사람은 아예 예복 자체가 없습니다. 예복의 필요성 자체를 모르는 사람들입니다. 이런 사람들은 예수님을 처음부터 믿지 않은 무늬만 크리스천입니다.

어떤 사람들은 이 예복을 더럽히고 누더기처럼 만듭니다. 예복의 가치를 상실한 것입니다. 이런 사람들은 교회는 여전히 잘 나옵니다. 예수를 제대로 믿은 적은 있는데 어디선지 주님에게서 떨어진 자들입니다. 그리고 자신이 여전히 예수를 잘 믿고 있다고 생각합니다. 그러나 그의 삶은 말씀과 거리가 멉니다. 말씀에 순종하지 않습니다. 이런 사람들은 스스로를 속이는 사람들입니다.

그런데 놀라운 사실은 이런 사람들이 오늘날 교회 안에 너무 많다는 사실입니다. 또 어떤 사람들은 이 예복을 잃어버렸습니다. 더 이상 교회에 나오지 않습니다. 완전히 세상으로 나간 자들입니다.

어떤 사람들은 이 예복이 더럽혀지면 깨끗이 빨고 다림질을 합니다. 때때로 더럽혀지지만 그 때마다 그 예복을 소중히 여기고 항상 빨고 다림질을 계속합니다. 이런 사람은 왕의 잔치에 입고 갈 예복을 잘 간수하고 있는 사람들입니다. 이런 사람들은 주님의 택하심에 믿음으로 잘 응답하고 있는 자들입니다.

이러한 저들의 올바른 믿음의 응답이 있을 때 하나님의 부르심은 저들에게 유효하게 됩니다. 하나님의 일반적인 부르심이 모든 사람에게 항상 끝까지 구원을 가져 다 주지는 못한다는 것입니다.

예수님은 아들을 위하여 '혼인 잔치를 베푼 어떤 임금' 비유에서, "청함을 받은 자는 많되 택함을 받은 자는 적다"고 말씀하셨습니다 (마 22:14). 여기서 택함 받지 못한 사람은 다름 아닌 부르심에 믿음으로 응답하지 못한 사람을 가리킵니다. 그 혼인 잔치 집에 마땅히 입고 와야 할 예복을 입고 오지 않았습니다. 이 예복은 주님의 부르심에 응답하는 믿음을 상징합니다.

　이러한 믿음이 없는 자는 결국 의롭다 함을 얻지 못합니다. 주님의 잘못이 아닙니다. 자기 자신이 믿음으로 응답하지 않은 것이 잘못입니다. 주님께서는 "사거리 길에 가서 사람을 만나는 대로 혼인 잔치에 청하여 오라"고 하셨습니다. 혼인 잔치에의 초대에 제한을 두지 않으셨습니다. 누구는 구원 받도록 예정되고 누구는 버림받도록 예정된 것이 아니라는 이야기 입니다.

　그래서 이중 예정론이나 제한 속죄론은 성경이 지지하는 바가 아닙니다. 성경은 오히려 "하나님은 모든 사람이 구원을 받으며 진리를 아는데 이르기를 원하시느니라 …… 그가 모든 사람을 위하여 자기를 속전으로 주셨으니 기약이 이르면 증거 할 것이라"고 말씀합니다 (딤전 2:4, 6). 이 말씀은 구원할 자와 버릴 자를 예정하셨다는 '이중 예정론'을 배격하고 있습니다.

　또한 그리스도께서는 구원 받기로 예정된 사람만을 위해 속죄하셨다는 '제한 속죄론' 역시 거부합니다. 예수님께서는 이 땅에 구원자로 오셨습니다. 누구를 정죄하기 위해 오신 것이 아닙니다.
　정죄를 당하는 것은 저들의 잘못이지, 우리 주님 때문이 아닙니다. "그 정죄는 이것이니 곧 빛이 세상에 왔으되 사람들이 자기 행위가 악하므로 빛보다 어두움을 더 사랑한 것 이니라"(요 3:19).

　이 말씀은 그들이 정죄를 당해서 어두움을 더 사랑한 것이 아닙니다. 오히려 그 반대입니다. 그들이 빛보다 어두움을 더 사랑해서 정죄를 당한 것입니다.

∾ 택하신 자들은 그리스도 안에 머무는 공동체에 속한 자들입니다.

하나님의 택하심은 누구도 강요하지 않으며 누구도 배제하지 않습니다. 다만, 하나님의 은혜에 믿음으로 응답하는 자들과 만 상관이 있는 것입니다. 즉, 택하심은 믿음과 밀접한 관계를 갖습니다.

따라서 칼빈의 주장처럼 우리가 택함을 받았기 때문에 믿을 수 있는 것이 아닙니다. 반대로 알미니우스의 주장처럼 우리가 장차 믿음을 가질 것을 하나님이 미리 아신 것에 근거해서 우리가 택함 받은 것도 아닙니다.

칼빈의 주장이나 알미니우스의 주장이나 한 개인의 운명이 미리 예정되었다는 점에서 결과적으로는 같습니다. 성경이 '하나님께서 미리 아시고 예정하셨다' 는 말씀은 한 개인의 운명을 두고 한 말씀이 아닙니다. 하나님께서 이스라엘 공동체를 미리 아시고 당신의 백성으로 예정하셨습니다.

마찬가지로 신약 시대에도 그리스도 안에 있는 교회 공동체를 예정하신 것입니다. 한 개인의 운명을 예정하신 것이 아니라는 말씀입니다. 하나님이 "창세전에 우리를 택하셨다"는 말씀은 에베소서 1장 1절에 나타난 "예수 그리스도 안의 신실한 자들"에게 주어졌습니다 (엡 1:1).

구약 시대에 이스라엘 백성이 택하신 백성이듯이 신약 시대에는 그리스도 예수 안에 머무르는 (거하는) 자들이 택하신 자들입니다.

예수님은 요한복음 15장 4절에서 10절에서 제자들을 향하여 당신 안에 "머무르라 (거하라)"고 다음과 같이 말씀하십니다.

> 너희는 내가 일러 준 말로 이미 깨끗하였으니 내 안에 거하라 나도 너희 안에 거하리라 가지가 포도나무에 붙어 있지 아니하면 절로 과실을 맺을 수 없음 같이 너희도 내 안에 있지 아니하면 그러하리라. 나는 포도나무요 너희는 가지니 저가 내 안에, 내가 저 안에 있으면 이 사람은 과실을 많이 맺나니 나를 떠나서는 너희가 아무 것도 할 수 없음이라 사람이 내 안에 거하지 아니하면 가지처럼 밖에 버리워 말라지나니 사람들이 이것을 모아다가 불에 던져 사르느니라. 너희가 내 안에 거하고 내 말이 너희 안에 거하면 무엇이든지 원하는 대로 구하라 그리하면 이루리라 너희가 과실을 많이 맺으면 내 아버지께서 영광을 받으실 것이요 너희가 내 제자가 되리라 아버지께서 나를 사랑하신 것같이 나도 너희를 사랑하였으니 나의 사랑 안에 거하라 내가 아버지의 계명을 지켜 그의 사랑 안에 거하는 것 같이 너희도 내 계명을 지키면 내 사랑 안에 거하리라. (요 15:3-10)

'거한다'는 말은 '머무르다(remain)을 뜻하는 동사로서 문자적으로는 '한 곳에 혹은 누구와 함께 머물다'이며, 은유적으로 '꼭 붙잡다, 확고하게 머물다', '견고히 서다', '시험에 견디다' 등의 뜻을 지닙니다.

예수님께서 아버지의 계명을 지킴으로써 아버지의 사랑 안에 거하신 것같이 우리도 주님 안에 거하기 위해 예수님처럼 주님의 계명을 지켜야 합니다. 왜냐하면 그러한 자들만이 "예수 그리스도 안에 머물러 있는 신실한 자들"로써 택함을 입은 공동체의 일원이 될 수 있기 때문입니다.

～ 택함 받은 자들도 믿음에서 실족할 수 있습니다.

바울은 택함 받았으나 믿음의 대열에서 이미 떨어져 나간 많은 사람들을 거론합니다. 그 중에 대표적인 사람이 가룟 유다와 데마입니다. 가룟 유다는 은 30냥에 예수님을 팔아 넘겼습니다. 데마는 세상을 사랑하여 주님을 떠났습니다. 바울은 돈을 사랑하다 미혹을 받아 믿음의 대열에서 떠난 사람의 예를 들며 다음과 같이 경계하고 있습니다. "돈을 사랑함이 일만 악의 뿌리가 되나니 이것을 사모하는 자들이 미혹을 받아 믿음에서 떠나 많은 근심으로써 자기를 찔렀도다"(딤전 6:10). "이것을 좇는 사람들이 있어 믿음에서 벗어났느니라"(딤전 6:21). 바울은 "누가 약하면 내가 약하지 아니하며, 누가 실족하게 되면 내가 애타하지 않더냐"며 배교한 자에 대한 경험을 이야기하고 있습니다 (고후 11:29).

여기서 바울은 '실족하다(스칸달리조)'를 '믿음에서 떨어져 나가다'라는 의미로 사용했습니다. 예수님은 믿는 자가 믿음에서 떨어져 나갈 (실족할) 가능성을 다음과 같이 이야기 했습니다. "또 누구든지 나를 믿는 이 소자 중 하나를 실족케 하면(스칸달리조) 차라리 연자 맷돌을 그 목에 달리우고 바다에 던지 움이 나으리라"(막 9:42). 배교하는 일(실족하는 일)이 없다면 예수님과 바울은 이런 이야기를 했을까요? 예수님께서 허언을 하실 분이실까요? 바울도 그렇고요.

또한 바울은 장차 앞으로 믿음에서 떠날 사람들이 있을 것을 말하고 있습니다. "그러나 성령이 밝히 말씀하시기를 후일에 어떤 사람들이 믿음에서 떠나 미혹하게 하는 영과 귀신의 가르침을 좇으리라"(딤전 4:1). 뿐만 아니라 바울은 마지막 때에 배도하는 일이 있을 것을 증거하고 있습니다. "누가 아무렇게 하여도 너희가 미혹하지 말라 먼저 배도하는 일이 있고 저 불법의 사람 곧 멸망의 아들이 나타나기 전에는 이르지 아니하리니"(살후 2:3). 이와 같이 성경은 명명백백하게 믿음에서 이미 떠난 자들도 있고, 믿는 자들이 장차 믿음에서 떠나는 배도하는 일이 있을 거라고 말씀하고 있습니다.

바울뿐만 아니라 베드로 사도도 실족(배도)할 가능성을 거론합니다. "그러므로 형제들아 더욱 힘써 너희 부르심과 택하심을 굳게 하라 너희가 이것을 행한즉 언제든지 실족지 아니하리라"(벧후 1:10). 이렇게까지 성경이 분명히 말씀하는 데도 '성도의 견인'이라는 교리에 묶여서 "한 번 믿은 사람들은 결단코 구원을 놓치지 않는다"고 주장하는 분들이 계시니 참 이해하기가 힘듭니다.

∽ 세상은 교회를 향해 '회개하라'고 외치고 있습니다.

죄를 심상히 짓는 사람들은 "하나님은 죄는 미워하지만 죄인은 사랑한다"는 이상한 논리를 앞세웁니다. 죄인을 긍휼히 여기시는 것이지 사랑하거나 좋아하시는 것은 아닙니다. 성경은 "여러 사람들이 그리스도 십자가의 원수로 행하고" 있다며 죄짓는 사람들을 질타하고 있습니다 (빌 3:18).

그런데 사람들이 '하나님은 죄인을 사랑하신다'며 죄짓는 일을 쉽게 여깁니다. 죄짓고 회개하면 된다는 것입니다. 그리고 일주일 내내 죄를 짓고, 주일 날 교회 와서 죄를 자백 합니다. 그리고 똑 같은 죄를 반복합니다. 죄를 자백만 하지, 죄를 끊고 돌이키는 회개를 하지 않는 것이 오늘날 많은 교인들의 모습이 아닌가 싶습니다. 그 누구도 범죄하지 않을 수 없습니다. 문제는 그러한 죄를 다시 짓지 않으려고 하는 결단이 없다는 것입니다. 여전히 그러한 죄를 반복하면서 말로만 죄를 고백하는 것은 결코 회개가 아닙니다.

우리로 하여금 쉽게 죄짓게 하고 세상에 빛과 소금이 되지 못하게 하는 근본 원인이 어디에 있는지 우리는 우리 자신을 정직하게 돌아보지 않으면 안 됩니다. 하나님은 하나님의 제단에서부터 심판을 시작합니다. 우리는 우선 값싼 복음에서 비롯된 비 성경적인 믿음으로부터 우리가 탈출하지 않으면 안 됩니다. 그렇지 않으면 우리의 영혼은 중대한 위험을 초래할 수 있습니다.

우리 교회가 값싼 복음에 머물러 있을 때 교회의 빛은 희미해질 수 밖에 없습니다. 결코 어두운 세상에 빛이 될 수 없습니다. 값싼 복음이 가져 다 준 믿음을 가진 사람들은 "너희가 죄와 싸우되 아직 피 흘리기까지는 대항치 아니하고"와 같은 성경의 교훈을 무시합니다 (히 12:4). 한 귀로 듣고 한 귀로 흘립니다. 아니, 그러한 믿음을 가진 설교자들은 그러한 말씀으로 설교 자체를 하지 않습니다. 그 분들이 볼 때는 불필요한 말씀이니까요.

그래서 그 분들은 평안을 주로 설교 합니다. 하나님의 축복과 번영과 성공을 주로 설교합니다. 그런 분들에게 기독교인들의 사랑의 실천과 정의의 실현, 사회 윤리와 같은 것들은 별로 중요하지 않습니다.

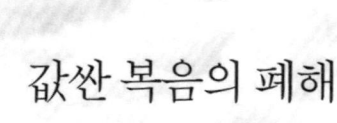

값싼 복음의 폐해

오늘날 현대교회에 값싼 복음의 폐해는 이만 저만이 아닙니다. 교회 타락의 원인을 제공하는 주범이라고 할 수 있습니다. 무엇이 값싼 복음입니까? 신자의 마땅히 행해야 할 도리와 책임은 도외시하게 하고 오로지 신자의 받아 누릴 축복과 권리만을 부각시키는 것이 값싼 싸구려 복음입니다. 한 마디로 성도가 마땅히 져야 할 십자가와 하나님을 향한 충성은 감추어 놓고 신자가 받아 누릴 이 땅에서의 축복과 영광만 부각시키는 것입니다.

값싼 복음은 대체로 두 가지 양상으로 나타납니다.

하나는 마음 속으로 믿고 입술로 신앙을 고백하기만 하면 신자의 도리와 의무와 책임을 다하지 않아도 구원받는다는 것을 우리는 값싼 복음이라고 합니다. 다른 하나는 복음을 고귀한 영적인 가치보다는 단지 세상의 가치에 초점을 맞추게 하는 것입니다. 마치 세상적인 번영이나 성공이 하나님의 축복의 전부인양 부각시켜 정작 중요한 영적인 축복을 도외시하는 것입니다.

물론 세상에서의 성공이나 물질적인 축복이 하나님의 축복이 아니라는 말이 아닙니다. 그러나 그것이 하나님의 축복의 전부는 아닙니다. 영원한 축복인 영적인 복에 비하면 세상에서의 물질적인 축복과 성공, 번영들은 참으로 빙산에 일각일 뿐입니다.

그런데 값싼 복음은 지극히 일부에 지나지 않은 것을 모든 것인 양 성도들을 현혹합니다. 그래서 값싼 복음에 도취된 신자들은 이 땅의 것만을 추구 합니다. 그리고 정작 중요한 영적인 영원한 복을 도외시 합니다. 에서와 같은 사람들입니다.

현세적인 축복을 설교하거나 강조한다고 해서 그것 자체가 곧 값싼 복음인 것은 아닙니다. 왜냐하면 성경이 세상에서의 축복을 말하고 있기 때문입니다. 하지만 영적인 가치와 영적인 축복이 얼마나 큰가를 강조하지 않은 채, 현세적 물질적 축복을 강조하는 신앙은 값싼 복음입니다.

현세적 물질적 축복을 강조할지라도 우리가 구원을 이루기 위해 치러야 할 값비싼 대가와 자기 부인과 십자가를 동시에 강조한다면 그것은 값싼 복음이 아니라 복음의 일부가 되는 것입니다.

그러나 그것이 복음의 전부인 양 그것을 지나치게 강조하거나 그것만을 증거한다면, 그것은 값싼 복음입니다. 사실 구약 시대에 그 수많은 택한 백성들이 구원을 얻지 못한 것도 사실은 값싼 복음 때문이었습니다. 하나님 앞에서 부르심의 목적을 망각한 채 세상에서의 복만을 추구하던 저들이었기에 결국 버림을 받았던 것입니다.

그래서 값싼 복음의 폐해는 참으로 무서운 것입니다.

한국 교회는 영적인 가치를 도외시 한, 값싼 복음, 즉, 오로지 세상에서 잘 먹고 잘 사는 복음, 성공하고 부자되는 복음으로부터 회개하지 않으면 안됩니다. 그것은 구원 얻는 참된 신앙을 훼손 또는 매몰시킬 위험이 있습니다.

뿐만 아니라 그것은 근본적으로 하나님을 섬기는 신앙이 아니라 물질신, 즉, 맘몬신을 섬기는 바알 신앙으로 전락할 우려가 있습니다. 멸망 받은 구약 백성들이 여호와 하나님과 겸하여 섬긴 동일한 우상신을 가르킵니다.

⚜ 값싼 복음의 초석은 이중 예정론

값싼 복음의 기초 돌은 바로 '천국 갈 자와 지옥 갈 자의 운명이 이미 예정 되었다'는 이중 예정론입니다. 그래서 예수 믿고 구원 받았다는 확신을 가진 사람들은 죄를 짓는데 아주 담대해집니다.
"나는 이미 만세 전에 천국 가기로 예정된 자인데, 이깟 죄쯤 짓는다고 뭐 대수겠는가? 회개하면 되지!" 이렇게들 생각합니다.

다시 말하거니와 하나님은 구약 시대에 이스라엘 공동체를 택하신 것처럼 오늘날 신약 시대에는 그리스도 예수 안에 머무르는 교회 공동체를 택하신 것입니다. 이스라엘 공동체 일원 중에서 하나님의 부르심에 믿음으로 순종하지 않은 자들은 버림받았습니다.

오늘날도 그리스도 안에서 머물러 있는 교회 공동체 일원인 우리들도 마찬가지입니다. 앞서 말한 것처럼 예수님은 포도나무의 비유에서 주님의 순종에의 부르심에 믿음으로 응답하지 않는 자들을 잘린 가지들처럼 불에 버리십니다.

택함 받은 자라고 너무 자만하지 마십시오. 택함 받은 이스라엘 백성들 중 다수가 버림 받았습니다. 바울은 이 사실을 다음과 같이 증거합니다. "그러나 저희의 다수를 하나님이 기뻐하지 아니하신 고로 저희가 광야에서 멸망을 받았느니라" (고전 10:5).

바울은 저들의 멸망은 "우리의 거울이 되어 우리로 하여금 저희가 악(惡)을 즐겨 한 것같이 즐겨 하는 자가 되지 않게 하려 함이라"고 증거하고 있습니다. 무엇이 악입니까 하나님 말씀을 거스르며 사는 삶입니다. 택함 받았다고 자만할 것이 아니라 주님 안에 머무르는 말씀을 준행하는 삶을 살도록 경성해야 할 것입니다.

◈ 성도의 예복을 방치하게 할 위험이 있는 개인 예정론

초대 교회와 확연히 다르게, 오늘날 많은 성도들이 왜 그리 많이도 범죄와 연루될까요? 그것은 많은 이유가 있겠지만, 특별히 '개인 예정론'과 깊은 관련이 없다고 결코 말할 수 없을 것입니다.

왜냐하면 '개인 예정론'에 따르면, 구원과 성도들의 성결한 삶과는 전혀 무관하기 때문입니다. 그 이론에 따르면, 하나님의 신적 작정에 따른 예정만이 구원과 상관 있는 것이지, 성도들의 삶과는 아무런 관련이 없기 때문입니다. 이러한 개인 예정론을 믿는 사람들은 자신의 영혼구원을 위해서는 경성할 이유가 전혀 없습니다. 자기는 구원 받기로 예정되어 있기 때문입니다. 그러면서 그들은 안 믿는 불신자들을 향하여 '세상 것들'이라고 폄하하여 부릅니다.

자신은 택함 받은 '하나님의 자녀'이고 저들은 버림받은 '마귀 자식들'이라는 의식이 저들 속에 있는 것입니다. 그분들은 '세상의 모든 사람들이 하나님의 지으신바 된 하나님의 형상을 닮은 하나님의 자녀들이라'는 사실을 은연중에 부인합니다.

저들은 "하나님은 모든 사람이 구원을 받으며 진리를 아는데 이르기를 원하시느니라"는 말씀을 애써 부인하려고 듭니다 (딤전 2:4). E.F. 클립샴 (Clipsham)은 그러한 자들의 태도를 다음과 같이 증언하고 있습니다.

> 질(Jil)은 …… '모든 사람'(all)의 의미가 복음의 보편적 선포와 관련하여 나타날 때마다 가능한 모든 수단을 동원하여 '모든 사람'의 의미를 회피하려 애썼다. 그리고 회개하고 그리스도를 믿으며 구원을 받으라는 성경의 직접적인 명령과 권고를 고의적으로 기피하였다.[1]

이 세상에 처음부터 버림받을 자로 또는 구원 받을 자로 정해진 사람은 하나도 없습니다. 하나님께서는 모든 사람들이 구원에 이르기를 원하고 계십니다. 저들 중 구원에 이르지 못한 것은 저들이 끝까지 하나님을 배척하기 때문입니다.

존 웨슬리는 '신적 작정에 의한 개인 예정론'은 하나님의 교리가 아니라고 믿었습니다. 그는 "값없이 주시는 은총 (Free Grace)"이라는 설교에서, '신적 작정에 의한 개인 예정론'을 호되게 비판합니다. 그것은 모든 설교를 무용지물로 만들 뿐 아니라 성결을 파괴하는 경향성이 있다며 그는 다음과 같이 공박합니다.

> 만약 "선택"이 옳다면 모든 설교는 헛되다. 선택된 사람에게는 설교는 필요 없다. 왜냐하면, 그들은 설교의 유무에도 불구하고 필연코 구원될 것이기 때문이다. 그러므로 영혼을 구원하기 위한 설교의 목적은 그들과의 관련 하에서 볼 때 공허한 것이다.
>
> 그리고 또한 선택 받지 못한 사람들에게도 설교는 필요 없다. 왜냐하면, 그들은 구원 받을 가능성이 전혀 없기 때문이다. 그들은 설교의 유무에도 불구하고 필연코 망하게 된다. … 위와 같은 사실은 예정교리가 하나님의 교리 (doctrine of God)가 아님을 분명하게 증거해 준다.
>
> 왜냐하면, 그것(선택교리)은 하나님의 명령(ordinance)을 무효로 만들기 때문이다. 그러나 하나님은 자신에 대해 모순되지 않으신다. 그리고 그것은 하나님의 모든 명령의 목적인 성결을 직접적으로 파괴하는 경향을 가지고 있다 …… "선택"의 교리는 … 일반적으로 성결을 파괴하는 경향성을 가진다. 왜냐하면, 그것은 천국의 소망과 지옥의 공포, 미래의 상벌에 대한 소망이라는 일차적 동기를 그것을 추구하는 사람들로부터 완전히 빼앗아버리기 때문이다.[2]

존 웨슬리가 지적한 것처럼, 개인 예정론을 믿는 자들은 구원에 관한 설교를 할 필요가 전혀 없다고 봅니다. 구원의 진리를 크게 쓴 광고를 중요 광장마다 하나씩 써 붙여 놓으면 되기 때문이지요. 아니지요. 거리마다 하나씩 써 붙일 필요도 없습니다. 한 도시에 하나쯤 붙여 놓으면 충분하다고 봅니다.

구원 받기로 예정된 사람들은 어떻게든 그 광고를 볼 것이고 결국은 구원 받게 될 테니까 말입니다.

또한 해외 선교사는 어떻습니까?
해외 선교사도 마찬가지 입니다. 일거리가 없어 놀고 있는 목사들에게 일거리(job)를 주기 위함이 아니라면, 굳이 선교사를 많이 보낼 필요도 없지요. 한 나라에 한 두 명 정도 보내면 되지 않을까요? 한 나라에 한 두 사람만 보내도 구원 받기로 예정된 사람은 결국 다 구원 받지 않겠습니까?

왜 돈 낭비, 시간 낭비, 인력 낭비를 그렇게 하는지 잘 모르겠습니다. 우리가 그렇게 많은 인력과 물질과 정력을 기울여 선교사를 파송 하는 것은 한 심령이라도 더 지옥 갈 영혼을 구원코자 하는 것이 아닙니까? 선교사는 누가 구원 받기로 예정되었는지를 잘 모르기 때문에 많이 보내는 것이 아닙니다. 우리가 가서 생명의 복음을 전하지 않으면 저들이 멸망으로 치닫기 때문에 선교사를 보내는 것입니다.

❦ 개인 예정에 대한 개신교의 교리의 역사적 토대

어거스틴은 인간은 1) 하나님의 예정된 신적 작정에 의해, 2) 교회의 세례에 의해, 3) 그리고 그리스도 안에서의 믿음에 의해 구원 받는다고 주장했습니다.[3] 어거스틴이 주장한 이 세 가지 구원의 방법론은 카톨릭 교회의 구원론의 모체가 됩니다. 그런데 그의 이러한 구원의 방법들은 서로 조화될 수 없는 배타적인 것입니다.

어쨌든 그는 '하나님의 은총과 영원한 구원의 유일한 통로는 오직 교회'라고 믿었습니다. 카톨릭 교회는 이러한 '교회가 구원의 유일한 통로'라는 어거스틴의 논리에 찬란한 옷을 입혔습니다.

그리하여 성례전에 의한 구원교리와 성직제도의 권위를 지나치게 강조하게 됩니다. 결국 '오직 교회만을 통한 구원'의 교리는 여러 가지 부작용을 야기 시켰습니다.

이러한 부작용은 결국 교회가 개혁되지 않으면 안 되는 원인이 되고 맙니다. 그리하여 마침내 어거스틴의 논리에 의해 정착된 카톨릭 교회의 여러 가지 제도적 모순은 개혁의 대상이 되고 만 것입니다. 이러한 부작용을 밀드레드 와인굽은 이렇게 지적했습니다.

> 그것 (오직 교회만을 통한 구원의 교리)은 교회의 명령에 대한 각 개인 양심의 전적인 복종을 의미하게 되었습니다. 이것은 전제적이고 비 성경적인, 그리고 간혹 교회에 개인의 손, 발, 마음, 재물을 묶어 놓고 그의 죄는 그냥 둔 채 그를 격려하는 면죄부(indulgences) 제도의 비도덕적인 남용의 처음 단계였습니다.[4]

16세기에 이르러 교회의 이러한 부작용에 맞서는 일단의 무리들이 일어났습니다. 마틴 루터에 이어 젊은 칼빈이 가세했습니다. 그들은 '하나님의 절대적인 주권을 도적질하는 교회는 하나님께 권위를 되돌려 드려야 한다'고 주장했습니다. 카톨릭 교회 타락의 신학적 논리의 단초를 제공했던 사람은 어거스틴이었습니다.

바로 '오직 교회만이 구원의 유일한 통로'라는 어거스틴의 신학적 사상이 교회를 전제적인 군림하는 기관으로 만들어 버린 것입니다. 즉, 이와 같이 역사적으로 어거스틴은 교회 타락의 신학적 이론의 기초를 제공했던 장본인입니다. 그런데 놀라운 사실은 이제는 개혁의 신학적 이론의 기초 역시 어거스틴이 제공했다는 점입니다. 바로 어거스틴의 '하나님의 권위에 대한 개념'에 대한 신학적 이해였습니다. 즉, 위에서 언급했던 어거스틴의 세 가지 구원론의 토대 중에 하나가 바로 "주권자이신 하나님의 영원하신 작정과 오직 하나님의 주도권에 의해서만 구원은 가능하다"는 하는 구원관입니다.

이러한 어거스틴의 하나님의 권위에 의한 구원 개념은 종교개혁의 새로운 이론적 토대가 되었습니다. 루터와 칼빈과 같은 종교 개혁가들이 바로 이와 같은 어거스틴의 구원의 신학적 논리를 차용한 것입니다. 아마도 이것은 그 때까지도 어거스틴의 신학적 권위와 명성 때문이 아니었나 싶습니다.

또 하나의 다른 이유는 정통을 내세우는 카톨릭 교회 지도자들에게, "당신들도 어거스틴의 신학적 논리에 의거하여 교회의 신학적 정통을 만들지 않았느냐? 우리도 당신들이 인정하는 바로 그 어거스틴의 신학적 이론 위에 새로운 개혁의 기치를 드는 것이다"라는 무언의 메시지를 담고 있었는지도 모르겠습니다. 여하튼 어거스틴은 교회에 속된 말로 "병 주고 약 주고" 한 사람이 되고 말았습니다.

처음에 어거스틴의 '오직 교회를 통한 구원의 유일한 길'이라는 신학적 사상은 카톨릭 지도자들에 의해 교회를 병들게 했습니다. 후에 어거스틴의 오직 신적 작정에 의한 하나님의 주권에 의한 구원론은 개혁자들에 의해 이제 새롭게 교회를 치유하기 위한 해독제로 등장한 것입니다. 그것도 약 1200여 년이 지나서 말입니다. 그런데 아이러니하게도 이러한 어거스틴의 구원론은 오늘날 현대교회를 병들게 하는 주범으로 등장하였다는 점입니다. 바로 종교 개혁자들이 병든 캐톨릭을 개혁하기 위해 내걸었던 이러한 '어거스틴의 신적 작정에 의한 구원론'은 현대 교회를 타락의 길로 내모는 주범으로 지목되기에 이르렀다는 점입니다.

구원이 하나님의 주권에 의해, 하나님의 신적 작정에 의해 이루어지기 때문에, 죄를 짓든 말든 구원과는 상관이 없다고 믿고 신자들이 죄를 심상히 여기고 지옥으로 달려가고 있습니다. 이것이 현대 교회의 가장 큰 병폐요, 해독제가 필요한 부분입니다.

처음에는 어거스틴의 하나님 주권 개념은 전제적인 교회에 대한 개혁의 이론적 기초를 제공했습니다. 그때까지 카톨릭 교회는 "구원이 교회의 명령에 복종하고 선행과 재물의 기부를 통한 공로의 축적에 의해서 구원이 얻어질 수 있다"고 가르쳐 왔습니다.

그러나 그 때까지 감히 아무도 이러한 전제적인 교회의 잘못된 가르침에 정면으로 도전할 수 없었습니다. 여기에 루터와 칼빈, 멜랑히톤, 쯔빙글리 등 뜻있는 개혁자들이 일어나 교회의 구원론에 반기를 들기에 이른 것입니다. 이제까지 모든 사람들이 진리로 믿어오던 신학사상에 용기 있게 도전한 것입니다.

오늘날 개신교에서 '하나님의 주권' 개념과 '신적 작정에 의한 구원' 개념이 정통적 입장이 된 것은 바로 이러한 역사적 사실에 기초하고 있습니다. 어거스틴의 이러한 구원에 관한 이론들은 교회를 타락의 길로도, 그리고 개혁의 길로도 인도했다는 점입니다.

이러한 개신교의 정통으로 자리 잡게 된 '신적 작정에 의한 구원'과 '오직 믿음을 통한 구원'이라는 어거스틴의 논리에 와인쿱은 다음과 같이 말합니다.

> 우리는 신적 작정에 의해 구원 받는가, 아니면 믿음에 의해 구원 받는가? 좀 더 쉽게 말하면, 우리는 오직 은총(신적 원인으로의 은총인 어거스틴의 개념)에 의해서만 구원 받는가, 아니면 오직 믿음으로만 구원 받는가? 오직 은총으로만(sola gracia)와 오직 믿음만으로(sola fides)는 모두 개신교의 주장이다. 논리적 문제는 임의로 믿음을 은총에 종속되게 함으로써 쉽고 간단하게 해결된다. 하나님께서는 선택된 사람에게 구원을 위한 특별한 믿음을 주신다. 이런 방법으로 예정(교리)는 다른 모든 교리들에 앞서는 우선권(priority)을 주어졌으며 종교개혁 신학의 지배적 원리가 되었다. 이것으로 인해 믿음에 대한 성경적 개념은 개인 예정 교리와 조화를 이루는 것으로 바뀌게 되었다. 따라서 성경적인 주석이 신학의 기본이 되는 대신에 어거스틴의 논리적 결론인 개인 예정이 성경 해석의 원칙이 되었다. …… 결국, 개인 예정이론은 성경 해석으로부터 유도된 것이 아니라, 교회의 권위에 대항하는 하나님의 절대적 권위를 수호할 논리적 필요성에 의해 요구된 교리이다. 멸망에의 예정은 받아들인 전제로부터의 자연적이고 논리적인 발전이다.[5]

❧ 신적 작정과 이중 예정론의 도출

어거스틴은 '하나님의 작정 교리'에서 선택된 자들의 '구원의 확신'이라는 논리적 귀결을 찾아냅니다. 이어서 칼빈은 하나님께서는 택함 받은 자와 버림받을 자를 예정하셨다는 '이중 예정 교리'까지 발전시킵니다. 나아가 칼빈의 제자인 예리한 논리의 사고자였던 데오도르 베자 (Theodore Beza)는 '타락 전 예정(supralapsarian) 교리'를 어거스틴과 칼빈의 이중 예정 교리에서 도출해 냈습니다. 그의 '타락 전 예정 교리'의 도출논리는 다음과 같습니다. "만약 하나님께서 절대적으로 다스리시고, 인간은 죄 가운데 무능하며 또 하나님의 작정에 의해 구원 또는 멸망 받는다면, 하나님께서는 인간 구원의 원인이신 것과 죄를 짓게 하는 원인 또한 된다".[6]

그는 유기자들에 관한 신적 작정들을 수행하기 위해, 필연적으로 죄는 다른 작정들에 앞서 하나님에 의해 작정되어져야 한다고 본 것입니다. 이러한 베자의 교리는 그가 새로운 교리를 만들어 낸 것은 아닙니다. 그것은 어거스틴에서 유래된 신학에 내재된 숨겨진 요소였습니다.

베자의 제자였던 알미니우스는 베자의 신적 작정에 관한 '타락 전 예정설'의 교리를 다음과 같은 이유로 거부했습니다.

1. 그것은 성경의 지지를 받지 못한다.
2. 과거 1,500년간 그것은 책임 있는 기독교 학자들에 의해 주장되지도 않았었고 전체 교회에 의해 수용되지도 않았다.
3. 그것은 하나님을 죄의 창시자로 만든다.
4. 그것은 창조되지 않은 사람에 관해 선택의 작정을 만든다.[7]

하나님께서 인간으로 하여금 죄를 짓게 하시는 원인이라면 하나님은 곧 죄의 창시자가 되고 맙니다. 보통 사람들의 견해로는 하나님을 향하여 죄의 창시자라는 말보다 더 큰 모독은 없을 것입니다.

그러나 베자, 고마로스, 그리고 에몬스 같은 사람들은 이 같은 교리를 거리낌 없이 믿고 주장했습니다. 이것은 정말 이해하기 힘든 믿음입니다. 찰스 피니는 19세기의 가장 탁월했던 조직신학자요, 위대한 부흥 전도자였습니다. 그는 '신적작정'과 '이중 예정론', 그리고 '타락 전 예정설' 등을 신봉했던 고대 신학자들을 너무나 의아해 합니다.

피니는 그들이 커다란 신학의 불합리성에도 불구하고 하나님에 대한 강한 신뢰를 보인 점은 참으로 이상한 일이라면서 다음과 같이 말했습니다.

> 교회의 대다수가 필연론자들(necessitarians) 이었다는 것은 이상한 일입니다. 그들은 의지의 자유가 아니라 의지의 속박을 주장했습니다. 그들의 교리란 것은 의지가 강한 동기에 의해서 필연적으로 결정된다는 것이었습니다. 조나단 에드워드는 그러한 철학의 견해를 가졌었지만 그럼에도 불구하고 하나님은 지극히 선하시다는 것을 믿었습니다. 그 철학의 불합리성이 하나님에 대한 그의 신앙을 흔들어 놓지는 못했던 것입니다. 그처럼 모든 구파의(Old School) 신학자들도 극단적 칼빈주의(hyper-Calvinism)의 불합리성을 신봉했습니다. 예를 들면 하나님께서 그의 모든 피조물들의 도덕적 행동들을 절대적이고도 완전하게 통제하신다는 것을 믿었던 것입니다. …
>
> 사람들이 하나님을 너무나 신뢰하기 때문에 지독한 불합리성에도 불구하고 하나님을 의뢰하는 것은 종종 있는 일입니다. 어떤 사람들은 괴상망측한 교리를 주장했는데 심지어는 '하나님이 죄의 창조자이며 인간으로 하여금 범죄 하게 하는 데에 자신의 신성한 능력을 사용하신다'고 하는

것입니다. 마치 성령에 의해서 그들을 거룩하게 하시는 것처럼 말입니다. 에몬스(Emmons) 박사가 그러한 견해의 주창자였습니다. 그런데도 그는 탁월한 경건의 소유자였고 어린아이 같은 신뢰하는 영혼을 가지고 있었습니다. 그러한 사람들이 어떻게 그토록 하나님에 대한 달콤한 신뢰를 소유할 수 있는지 참으로 이상한 일입니다.[8]

칼 바르트(Karl Barth)는 칼빈주의자들의 인간 구원에 대한 그들의 신적작정과 이중예정을 비성경적이라고 비판하고 있습니다. 그는 칼빈주의자들이 구원에 있어서 그들의 선택의 교리에서 그리스도를 제거하려는 점을 지적하였습니다.

> 그들은 보다 우선적인 하나님의 작정에서 출발합니다. 그것은 실제적으로 그리스도와 거의 상관이 없습니다. 말하자면 그리스도는 그 작정들을 이루기 위한 보조로서 '이끌려 간다'는 것입니다. 칼빈주의적 해석에 의하면 그것들은 알려지지 않은 절대적인 작정입니다.[9]

❧ 어거스틴의 구원론을 벗어나지 못한 교회의 역사적 아이러니

전술한 바와 같이 '오직 교회만을 통한 구원'이라는 어거스틴의 신학적 사상에 카톨릭 지도자들은 구원에 관한한 막강한 힘을 발휘했습니다. 카톨릭 교회는 제도화되었고 권력화 되었습니다.

그것은 물론 세속화도 동반했습니다. 이것은 마침내 '면죄부'라는 웃지 못할 희한한 구원론까지 등장하도록 만들었습니다. 교회가 결국 타락의 길을 걷기 시작한 것입니다.

이에 맞서 교회를 갱신하고자 하는 개혁가들이 등장했습니다. 그들이 교회 개혁의 기치로 내세운 신학적 전제는 "구원은 오직 하나님의 신적 작정에 의한 하나님의 주권으로 말미암는다."는 어거스틴의 구원론이었습니다.

이러한 개혁가들에 의해 다시금 조명을 받은 어거스틴의 제2의 구원론은 개신교의 신학적 대 전제가 되었습니다. 그리하여 500여년 가까이 어거스틴에 의해 밑그림이 그려지고, 루터와 칼빈에 의해 옷 입혀진 이러한 구원론에 감히 그 누구도 반기를 들 수 없었습니다.

왜냐구요?

그 당시 정치세력을 등에 업은 개신교 지도자들은 반기를 든 사람들을 사형(死刑)으로 다스렸기 때문입니다.

그들의 구원에 관한 하나님의 예정 교리에 이의를 제기하는 자는 곧 반정부 인사가 되고 말았습니다. 그러한 자들은 하나님을 모독한 죄와 정부에 반역한 죄를 뒤집어쓰고 화형(火刑)에 처해지고 말았습니다. 개혁자들의 교리는 곧 정통이었고 진리 그 자체로 여겨져야 했습니다.

그러나 시간이 흐르면서 끊임없이 거기에 대항하는 자들이 나타났습니다. 알미니우스, 존 웨슬리, 찰스 피니, 그리고 디엘 무디 같은 사람들입니다.

∽ 초대 교회와 다른 현대 교회

오늘날 현대 개신 교회는 전술한 바와 같이 세상 사람으로부터 더 이상 기독교라 불리지 못하고 '개독교'라 불리고 있습니다. 많은 사람들이 교회를 개혁해야 한다고 이구동성으로 말합니다.

　그러나 어떻게 개혁해야 하느냐에 대해서는 뚜렷이 말하지 못합니다. 어디에서 잘못된 것인지를 잘 모르기 때문입니다. 오늘날 현대 교회가 초대 교회와 근본적으로 다른 점이 있습니다. 그것은 강단에서 흘러나오는 말씀이 다릅니다. '신학이 다르다'는 이야기입니다. 바울이, 요한이, 야고보가, 그리고 히브리서 기자가 교회에 편지를 보낼 때와 지금 교회는 분명 다른 복음이 전해지고 있습니다.

　그 당시에는 이러한 성경의 기록자들에 의해 교회는 끊임없이 성결을 요구 받았습니다. 그리고 배교의 가능성을 주지시키면서 경고를 거듭했습니다. 사도들은 끊임없이 성도들에게 '그리스도께 붙어 있으라'는 경고성 설교를 했습니다.

　구체적으로 바울은 '이런 일을 하는 자들은 하늘나라를 유업으로 받지 못하리라' 하면서 고린도와 갈라디아 교회 성도들에게 경고성 편지를 보냈습니다. 천국에 이르지 못하게 하는 죄의 목록들을 구체적으로 명시해서 보냈습니다. 즉, 구원받지 못하게 만드는 죄를 조목조목 제시하였습니다.

　다음은 바울의 이러한 내용을 담은 편지의 내용들입니다.

> 불의한 자가 하나님의 나라를 유업으로 받지 못할 줄을 알지 못하느냐 미혹을 받지 말라 음란 하는 자나 우상 숭배하는 자나 간음하는 자나 탐색하는 자나 남색 하는 자나 (고전 6:9). 도적이나 탐람하는 자나 술 취하는 자나 후욕하는 자나 토색하는 자들은 하나님의 나라를 유업으로 받지

못하리라 (고전 6:10). 형제들아 내가 이것을 말하노니 혈과 육은 하나님 나라를 유업으로 받을 수 없고 또한 썩은 것은 썩지 아니한 것을 유업으로 받지 못하느니라 (고전 15:50). 투기와 술 취함과 방탕함과 또 그와 같은 것들이라 전에 너희에게 경계한 것같이 경계하노니 이런 일을 하는 자들은 하나님의 나라를 유업으로 받지 못할 것이요. (갈 5:21)

부활의 주님께서는 소아시아 일곱 교회에 천국에 이르지 못할 자들이 어떤 사람들인지 분명하게 말씀하고 계십니다. "그러나 두려워하는 자들과 믿지 아니하는 자들과 흉악한 자들과 살인자들과 행음자들과 술객들과 우상 숭배자들과 모든 거짓말하는 자들은 불과 유황으로 타는 못에 참예하리니 이것이 둘째 사망이라"(계 21:8). 기억할 것은 이 편지의 수신자들이 '불신자들'이 아니라 '믿는 성도들'이었다는 점입니다.

이와 같이 초대교회 사도들은 하나님의 말씀대로 살지 않으면 구원에서 탈락되어 지옥에 가게 됨을 분명히 하고 있습니다. 그런데 오늘 날 대부분의 현대교회에서 "안전 하다, 안전하다"고 가르칩니다. 구원은 이미 따놓은 단상이라는 것입니다.

⌇ 부르심의 목적, 착한 행실

하나님이 우리를 부르심의 목적이 우리의 '거룩'이라는 설교는 거의 하지 않습니다. "거룩함을 좇으라. 아무도 이것이 없이는 주를 보지 못하리라"(히 12:14)는 말씀에는 침묵합니다. 많은 설교자들이 "우리가 은혜로 구원 받았다"는 설교는 줄기차게 합니다 (엡 2:8).

그러나 이어지는 말씀, "우리는 선을 위해 지음(구원) 받은 존재요, 선한 일을 하면서 살아가게 하려고 구원 하셨다"는 설교는 아예 안 합니다 (엡 2:10).

하나님께서 우리를 창조하신 목적이 우리를 통해서 영광 받으시기 위함 입니다 (사 43:7). 그리고 예수님은 "이같이 너희 빛을 사람 앞에 비춰게 하여 저희로 너희 착한 행실을 보고 하늘에 계신 너희 아버지께 영광을 돌리게 하라"고 말씀하십니다 (마 5:16). 예수님은 믿는 우리더러 '세상의 빛'이라고 말씀하셨습니다. 우리가 세상에서 어떻게 빛을 비출 수 있습니까? 예수님에 의하면, 우리의 선한 행실을 통해서 입니다. 이것이 하나님께서 우리를 구원하신 목적입니다.

신약성경에 '거룩'이라는 단어는 116번 언급되고 있습니다. 우리의 거룩한 삶을 위해서 주님께서는 우리를 불러 주셨습니다 (살전 4:7). 예수님은 "저희를 진리로 거룩하게 하옵소서. 아버지의 말씀은 진리니이다"고 아버지께 기도 드리셨습니다 (요 17:17).

바울 사도는 "하나님의 뜻은 이것이니 너희의 거룩함이라"고 말씀하고 있습니다 (살전 4:3). 또한 "그런즉 사랑하는 자들아 이 약속을 가진 우리가 하나님을 두려워하는 가운데서 거룩함을 온전히 이루어 육과 영의 온갖 더러운 것에서 자신을 깨끗케 하자"고 권면합니다 (고후 7:1).

요한 사도는 하나님의 아들 예수께서 나타나신 것은 마귀의 일을 멸하시려고 오셨다고 했습니다. 요한이 말한 '마귀의 일'이란 다름 아닌 마귀가 사람들로 죄짓게 하는 일을 두고 한 말입니다.

하나님께서 인간을 지으신 목적이, 그리고 그리스도께서 우리를 다시금 재창조 하신 목적이 모두 우리의 선한 행실로 하나님께 영광을 돌리는 데 있습니다 (엡 2:10).

그런데 성도라고 하는 사람들의 삶이 하나님께 영광은 커녕, 욕을 먹게 하는 삶을 산다면 그리스도의 십자가는 헛되고 맙니다. 그런데도 불구하고 많은 설교자들이 '구원과 성도들의 삶과는 전혀 상관이 없다'고 거짓된 진리를 전하고 있습니다. 그러니 아주 유별난 성도가 아니고서야 누가 어렵게 거룩한 삶을 살려고 하겠습니까?

구원과 거룩한 삶과 아무런 상관이 없다면, "좁은 문으로 들어가라"는 예수님의 말씀은 불필요한 말씀에 불과합니다. 그런데 예수님은 좁은 문으로 들어가야 그 끝이 영생이라고 말씀하십니다.

그런데 오늘날 강단에서 좁은 문으로 들어가기를 힘쓰라고 권면하지도 않고, 좁은 길로 걸어가라는 설교를 하지 않으니 성도들은 자꾸만 넓고 쉽고 편하고 화려한 길로만 몰려듭니다.

성경은 "십자가의 도가 구원을 얻는 우리들에게는 하나님의 능력이라"고 했습니다 (고전 1:18). 그렇다면, 진정 구원 받은 사람이라면 십자가를 사랑하는 사람이어야 하지 않겠습니까?

그런데 십자가가 하나님의 능력이라는 데 십자가를 진정 사랑하는 자는 많아 보이지 않습니다. 이 말은 곧 구원 받을 자가 그리 많지 않다는 이야기입니다. 오로지 축복에만 관심이 있습니다.

거듭 말하지만 축복이 잘못되었다는 것이 아닙니다. 십자가 없는 축복은 결코 축복이 아니라는 것입니다. 십자가를 내동댕이 친 채 축복만을 추구하는 현상! 이것이 바로 현대 교회의 가장 큰 문제입니다.

교회 개혁의 시발점, 강단의 설교

교회의 개혁은 다름 아닌 바로 교회 강단에서부터 이루어져야 합니다. '구원과 성도의 삶이 전혀 관련 없다'는 설교가 강단에서 계속 선포되는 한 교회의 개혁은 요원할 수밖에 없습니다. 우리는 초대 교회로 돌아가야 한다고 많이 들 말을 합니다. 그러나 정작 무엇이 어떻게 초대 교회로 돌아가야 한다고는 말하지 못합니다.

설교자의 신학이 초대 교회로 돌아가야 합니다. 설교자의 구원론이 바뀌어야 합니다. 강단의 설교가 초대 교회처럼 죄를 회개하고 거룩한 삶을 살라고 외쳐야 합니다. 그렇지 않으면 개신 교회는 희망이 없습니다.

현대 교회에서 가장 무시 받고 있는 말씀 중 하나가 "좁은 문으로 들어가기를 힘쓰라 그리로 들어가기를 힘써도 들어가지 못하는 자가 많으리라"는 말씀일 것입니다 (눅 13:24).

제가 신학대학원 졸업반 학생들에게 "예수를 믿는 자라 할지라도 하나님 말씀대로 살지 않으면 천국에 갈 수 없다"고 했습니다. 그랬더니 몇몇 학생들이 "교수님, 그러면 오늘날 믿는 자 중에 구원 받을 사람이 몇 명이나 되겠습니까? 그렇다면 교수님은 구원 받을 수 있습니까?"라고 강하게 항변했습니다.

저들은 구원은 오직 믿음으로 받는 것이기 때문에 어떻게 살던 구원과는 상관이 없다고 믿고 있었던 것입니다. 행위로 구원 받는다는 말과 행위로 믿음을 증명하는 것과는 다른 이야기입니다.

우리는 그 누구도 선한 행위때문에 구원 받지 못합니다. 하나님의 은혜로(by grace) 구원 받습니다. 그런데 그 은혜를 나의 것으로 받아들이는 수단과 통로가 바로 믿음입니다.

그래서 영어에서는 '~믿음을 통해서(through faith)'를 씁니다. 우리가 하나님의 은혜를 받아들여서 믿음을 가지면 분명히 그 믿음의 열매가 가시적으로 드러나게 되어 있습니다. 믿음은 눈에 보이지 않습니다. 그러나 그 믿음의 열매는 겉으로 드러나 눈에 보이게 되어 있습니다.

그래서 예수님은 "아름다운 열매 맺지 못하는 나무마다 찍혀 불에 던지우느니라"(마 7:19)고 말씀하신 것입니다. 또한 야고보도 "행함이 없는 믿음은 그 자체가 죽은 것이라"고 했습니다 (약 2:17). 그래서 나중에 하나님께서 사람들을 심판하실 때 그들의 행위를 심판합니다. 행위는 곧 믿음의 외적 표현이기 때문입니다.

이 학생들의 항변은 이 시대를 살아가는 현대 그리스도인들의 모습을 대변하고 있다고 볼 수 있습니다. 이 시대의 시대정신은 '오직 믿음으로' 구원 받는다는 것입니다. 마음의 생각과 입술의 믿음으로 구원 받는다는 것입니다. 저의 학생들은 바로 이 시대의 아들들입니다.

그런데 문제는 그들은 구원 얻는 믿음을 바로 이해하는데 실패했다는 점입니다. 열매가 나타나는 살아있는 믿음이 아닌, 이성적이고 지적이며 사변적인 동의적 믿음을 구원 얻는 믿음으로 오해한 것입니다.

∾ 종교개혁의 아버지 루터로부터 비롯된 구원론의 오해

구원 얻는 믿음에 대한 오해는 개신교의 아버지라고 할 수 있는 마틴 루터부터 시작되었습니다. 그는 '오직 믿음으로'라는 슬로건으로 종교개혁을 기치를 높이 치켜들었습니다.

그러나 그는 구원 받는 믿음을 오해하고 말았습니다. 루터의 동료였던 종교 개혁자 필립 멜랑히톤(Philip Melanchthon)은 "구원하는 것은 오직 믿음 만이지만 구원하는 믿음은 홀로가 아니다"라는 주장 했습니다. 그의 말 속엔 믿음은 언제나 실제적인 선한 행실이 수반된다는 의미를 내포하고 있습니다.

이에 대해 루터는 놀랍게도 멜랑히톤에게 보낸 편지에서 이렇게 대답하고 있습니다. "우리가 세상 죄를 지고 가는 어린양을 인정하는 것으로 충분하며, 하루에 수백만 번 간음과 살인을 저지른다 해도 이 어린양으로부터 우리를 떼어 놓을 수 있는 죄는 없다"고 했습니다.[10] 루터의 주장은 '그리스도께서 죄의 형벌을 받으시고 율법을 성취하셨으므로 은혜 아래 사는 자들은 도덕법에 복종할 필요가 없다'는 견해와 같습니다.

이러한 견해는 곧 반 율법주의적인 것이기에 명백히 반 성경적인 것으로 비판 받아 마땅한 것입니다. 루터의 이러한 신학과 신앙은 그의 행동으로 표출되었습니다. 그는 야고보서, 히브리서, 유다서, 그리고 요한 계시록까지 신약 성경 중 4권을 정경으로 인정하려 들지 않았습니다. 그는 그러한 성경들을 지푸라기 서신이라고 폄하하였습니다.

실제로 그는 신약 성경 27권 중 23권만을 자신의 모국어인 독일어로 번역하였습니다. 행위를 강조한 네 권의 성경을 그는 번역하지 않았습니다. 이와 같은 개신교의 아버지 격인 루터의 구원에 관한 신학의 한계가 오늘날 개신교의 한계가 아닌가 싶습니다.

여하튼 오늘날 개신교 교회가 '한 번 믿으면 어떻게 살든 결국 구원 받는다'는 루터의 구원론에서 구원 받지 않는 이상(以上) 교회개혁은 요원한 이상(理想)이 되고 말 것입니다.

이제 다음 장에서는 성도들이 믿음을 끝까지 지속시키는 것이 누구의 책임인가에 대해 생각해보고자 합니다. 어떤 사람들은 성도들의 믿음을 지키는 일은 하나님의 몫이라고 주장합니다.

반면에 어떤 사람들은 성도들의 믿음을 지키는 일은 성도 자신의 책임이라고 주장합니다. 이에 대한 성경의 대답은 무엇일까요? 다음 장을 보시기 바랍니다.

주(註)

1) Sell, 1989, p.153

2) Wynkoop, 1987, p. 31

3) Wynkoop, 1987

4) Wynkoop, 1987, p. 33

5) Wynkoop, 1987, pp. 34-35, 37

6) Wynkoop, 1987, p. 40

7) Wynkoop, 1987, p. 48

8) 찰스피니, 승리의 원리, 1987, pp. 253-254

9) Wynkoop, 1987, p. 51

10) Pawson, 2000, pp. 150-151

chapter 6

성도의 견인은 누구의 책임인가?

제6장

견인을 위한 성부 하나님의 뜻

성도의 견인이란 성도도의 믿음을 끝까지 지속시키는 것, 또는 믿음을 유지하는 것을 말합니다. 어떤 사람들은 성도의 견인을 전적인 하나님의 책임이라고 합니다. 즉, 성도의 믿음은 성도 자신이 지킬 수 있는 것이 아니라 하나님이 지키시고 보호하시는 것이라는 논리입니다.

하나님이 저들의 믿음을 끝까지 지켜서 결국 천국으로 인도한다는 것입니다. 이 견해에 의하면 우리가 믿음을 지키기 위해서 할 일은 아무것도 없습니다. 그저 가만히 있으면 됩니다. 하나님이 다 알아서 믿음도 주시고 그 주신 믿음을 지켜 주시고 결국에는 천국으로도 인도해 주신다는 것입니다.

이와 반대로 어떤 사람들은 성도의 견인은 전적으로 성도의 책임이라고 합니다. 믿음을 지키는 것이 인간이 해야 할 일이 아니고 하나님께서 하실 일이라면 성경에 그 수많은 배교에 대한 경고의 말씀들은 무슨 의미가 있느냐고 반문합니다. 또한 인간이 믿음을 지킬 의무와 책임이 없다면 그것은 반 율법주의와 율법 폐기론을 불러와 결국 '거룩'과 '선한 일'을 위해 우리를 구원하신 하나님의 구원의 목적에도 부합되지 않는다고 주장합니다. 과연 어느 주장이 옳을까요?

하나님의 뜻은 무조건 다 이루어지는가?

먼저 알아보고자 하는 것은 '하나님의 뜻은 무조건 다 이루어지느냐' 하는 것입니다. 많은 사람들이 하나님의 뜻은 무조건 다 이루어지는 것으로 생각하고 있습니다. 그러나 예수님께서는 "하늘에서 뜻이 이루어진 것 같이 땅에서도 이루어지기를" 기도하라고 제자들에게 말씀하셨습니다 (마 6:10). 그것은 곧 하나님의 뜻이 땅에서 이루어 지지 않는 경우가 있기 때문에 그러한 기도를 하라고 가르쳐 주신 것입니다.

만약 이 세상에서 하나님의 뜻이 온전히 이루어지고 있다면, 이 세상은 하나님께서 왕으로 통치하시는 하늘나라여야 합니다. 하지만 세상 사람들은 하나님의 통치를 거역하고 있습니다. 세상 사람들은 아직도 마귀의 통치를 받고 살고 있습니다 (요 14:30).

구약 시대에 택한 백성 이스라엘도 하나님의 뜻을 거스르고 자기들에게도 열국처럼 왕을 세워 달라고 요구했습니다. 여호와께서 "사무엘에게 이르시되 백성이 네게 한 말을 다 들으라 그들이 너를 버림이 아니요 나를 버려 자기들의 왕이 되지 못하게 함이니라"고 말씀하셨습니다 (삼상 8:7). 하나님의 택한 백성들에게조차 하나님의 뜻이 거절당한 것입니다. 이것은 구약 시대의 이야기에 국한되지 않습니다.

오늘날 신약 시대에 예수를 믿는 하나님의 백성들에게도 동일한 일이 나타나고 있습니다.

∽ 성도의 견인을 위한 하나님의 역할

하나님께서는 모든 사람이 진리를 알아 구원 받기를 원하고 계십니다 (딤전 2:4). 마찬가지로 아버지 하나님께서는 이미 진리를 알고 믿는, 주님께 나아온 자들 중 하나라도 잃지 않기를 원하십니다.

그러나 문제는 하나님의 뜻은 모든 사람이 진리를 알고 구원을 얻기를 원하시지만, 모든 사람이 하나님의 진리를 다 믿지는 않는다는 점입니다. 동일한 문제가 하나님의 진리를 알고 예수를 믿는 사람들에게도 있다는 것입니다.

즉, 하나도 잃지 않고 마지막 날에 살리기를 원하시는 하나님의 뜻이 이루어지지 않을 수도 있다는 이야기입니다.

하나님의 뜻은 예수 믿어 하나님의 자녀 된 모든 자들이 거룩하게 살기를 원하시는 것입니다. "하나님의 뜻은 이것이니 너희의 거룩함이라" (살전 4:3). 그런데 오늘날 예수 믿는 자들에게 온전하게 거룩함이 이루어지고 있습니까? 성경은 "하나님이 우리를 부르심은 부정케 하심이 아니요 거룩케 하심이니"라고 기록하고 있습니다 (살전 4:7).

하나님은 믿는 자들이 세상의 속된 것을 버리고 세상과 구별된 삶을 살기를 원하십니다. 그리고 세상에 빛을 비추는 착한 행실로 하나님께 영광을 돌리기를 원하십니다 (마 5:16, 엡 2:10).

그러나 하나님의 자녀들 중에 세상에서 빛을 발하지 못하는 자들도 적지 않습니다. 이러한 자들에게는 지금 하나님의 뜻이 이루어지고 있다고 말할 수 없습니다. 요한 사도는 하나님의 아들이 이 땅에 나타나신 목적을 "마귀의 일을 멸하기 위해서"라고 증거하고 있습니다 (요일 3:8). 그러면서 요한은 마귀의 일이 다름 아닌 사람들로 하여금 죄짓게 하는 것임을 밝히고 있습니다 (요일 3:6-10).

죄를 짓는 일은 마귀의 뜻을 이루는 것입니다. 반면에 죄를 버리고 거룩하게 사는 것은 하나님의 뜻을 이루는 것입니다. 그래서 예수를 믿노라 하면서도 계속적으로 같은 죄를 반복하는 자는 계속적으로 하나님의 뜻을 거스르는 자들입니다. 이러한 자들은 아무리 천만번 예수를 믿는다고 고백하고 입술로 찬양해도 하늘나라에 들어가지 못합니다.

그래서 성경은 다음과 같이 분명히 증거하고 있습니다. "모든 사람과 더불어 화평하게 지내고 거룩하게 살기를 힘쓰십시오. 거룩해지지 않고서는 아무도 주님을 뵙지 못할 것입니다" (히 12:14, 새 번역). 이 말씀은 불신자들을 대상으로 한 말씀이 아니라 이미 예수를 믿는 자들을 향하여 경고로 하신 말씀입니다.

∾ 우리의 믿음에 근거하는 하나님의 견인

하나님께서는 우리가 다 구원에 이르기를 원하십니다. 우리가 하나님을 우리 가운데 끌어 들일 수 있는 유일한 끈은 다름 아닌 믿음입니다. 우리의 믿음을 보시고 끝 날에 완성될 우리의 구원을 견고케 하시기를 원하십니다.

그래서 그 분의 능력으로 우리의 구원이 끝까지 이르도록 우리를 돕고 계십니다. 베드로 사도의 다음의 증언은 이것을 밝혀주고 있습니다. "하나님께서는 여러분이 마지막 때에 나타나기로 되어 있는 구원을 얻게 하시려고 여러분의 믿음을 보시고, 그분의 능력으로 여러분을 보호하고 계십니다"(벧전 1:5, 새 번역).

베드로는 하나님이 우리를 보호하고 있는 근거는 하나님께서 우리의 믿음을 보셨기 때문이라는 것입니다. 하나님께서 우리를 당신의 능력으로 보호하고 계시는 것은 우리의 믿음 때문입니다. 이 말은 우리가 하나님의 도움을 끌어들인 원인이 바로 믿음이라는 것입니다.

이처럼 우리의 믿음은 우리가 끝 날에 얻게 될 구원을 이루는 일에 하나님을 참여 시키십니다. 하지만 만약 우리가 우리의 믿음을 포기한다면 하나님도 역시 개입을 포기하십니다. 그래서 예수님은 "누구든지 사람 앞에서 나를 부인하면 나도 하늘에 계신 내 아버지 앞에서 저를 부인하리라"고 말씀하신 것입니다 (마 10:33).

예수님께서 장차 하나님의 심판대 앞에서 모르신다고 부인할 사람을 하나님께서 왜 붙들고 계시겠습니까? 다시 말하거니와 하나님과 우리의 유일한 연결고리는 예수 그리스도십니다. 죄인은 하나님과 끊어진 자입니다. 그 누구도 예수 그리스도의 대속 없이는 하나님 앞에서 설 자가 없습니다.

그래서 우리는 예수를 믿는 믿음으로만 하나님께 나아갈 수 있는 것입니다. 믿음을 저버린 자들은 하나님과 아무런 상관이 없습니다. 그러므로 하나님께서는 믿음을 포기한 사람에게는 더 이상 관여하시지 않으십니다. 많은 사람들이 믿는 일마저도 그 책임을 하나님의 몫으로 돌리려고 합니다. 하나님께서 우리에게 은혜는 주시지만 그것을 받아들이고 유지하는 것은 하나님의 몫이 아닌 우리 인간의 책임입니다.

견인을 위한 성자 예수님의 뜻

먼저 알아볼 것은 예수님께서 성도의 견인을 보장하셨느냐는 것입니다. '성도의 견인' 교리를 주장하는 사람들은 '예수님께서 택한 백성들의 믿음을 끝까지 지켜주신다'고 믿고 있습니다. 저들의 믿음의 근거는 바로 다음의 요한복음 10장 28절 말씀입니다.

주님은 "내가 저희에게 영생을 주노니 영원히 멸망치 아니할 터이요 또 저희를 내 손에서 빼앗을 자가 없느니라"고 말씀하고 계십니다 (요 10:28). 이 말씀을 근거로 많은 사람들이 "신자들은 결코 버림받는 일이 없고 결국은 구원 받는다"고 주장합니다. "아무도 주님 손에서 믿는 자를 빼앗을 자가 없는데 어찌 배교가 가능할 수 있느냐"고 반문합니다.

또한 "이 말씀이야말로 하나님께서 성도의 믿음을 끝까지 지켜주신다는 확신한 증거"라고 주장합니다. 우리가 이 말씀만 뚝 떼어 놓고 보면 그러한 주장들이 다 맞는 말입니다. 그런데 이 말씀에는 전제

(前提)가 되는 말씀이 있습니다. 바로 앞 절에 나타나는 "내 양은 내 음성을 들으며 나는 저희를 알며 저희는 나를 따르느니라"는 말씀입니다 (요 10:27).

여기서 주님께서 사용하신 전제는 세 가지입니다.

첫째는 주님의 음성을 듣는 자들입니다.

둘째는 주님이 아는 자들입니다.

마지막으로는 주님을 따르는 자들입니다.

즉, 멸망 당하지 않을 자들은 주님이 알고 있는 자들이며, 주님의 음성을 듣는 자들이며, 주님을 따르는 자들입니다.

예수님께서 영생을 주시므로 멸망치 않을 자들을 주님께서는 다른 곳에서도 말씀하십니다. "내가 저희와 함께 있을 때에 내게 주신 아버지의 이름으로 저희를 보전하와 지키었나이다. 그 중에 하나도 멸망치 않고 오직 멸망의 자식 뿐이오니 이는 성경을 응하게 함이니이다" (요 17:12).

여기서 예수님은 "아무도 멸망치 않을" 것이라고 언급하신 사람들은 가룟 유다를 제외한 열 한 명의 제자들을 가리키고 있습니다. 주님께서 알고 주님의 음성을 듣고 주님을 따르는 자들은 다름 아닌 사도들을 가리킵니다. 여기 멸망의 자식은 예수님을 배반한 바로 가룟 유다입니다. 유다를 제외한, 모든 것을 버려두고 전적으로 주님을 따랐던, 다른 제자들은 다 구원하셨습니다.

❦ 결코 멸망하지 않을 자들은 '예수님을 끝까지 따르는 자들'

우리는 예수님께서 사용하신 '따르느니라'는 용어를 살펴 볼 필요가 있습니다. '따르느니라'는 단어의 원어는 '아콜루떼오(Akolouteo)'입니다. 이 용어의 신약성경의 용법은 원시 기독교에서 예수님과 동거동락하며 주님과 특별한 관계에 있던 제자들에게만 배타적으로 사용되었습니다.

따라서 사도 시대에 '따른다'(아콜루떼오: Akolouteo)라는 묘사는 예수님의 제자들 외에 어느 누구에게도 결코 사용되지 않았다는 사실입니다. 사도행전에는 바울, 바나바, 누가, 마가 등은 예수님과 친숙한 스승과 제자(master-pupil) 관계로 묘사되고 있습니다.

그러나 그들 중 그 누구에게도, 심지어 바울에게까지도, 그들이 주님을 추종한 것을 표현하고자 할 때 '아쿨루떼오(Akolouteo)'라는 표현은 쓰지 않고 있습니다.

이처럼 '아콜루떼오(Akolouteo)'는 주님을 따르는 모든 제자에게 쓸 수 있는 그런 일반적인 용어가 아닙니다. 바울처럼 주님과 친밀한 관계에 있었던 자의 추종도 '아콜루떼오(Akolouteo)'라는 용어를 성경 기록자들은 사용할 수 없었습니다. 그만큼 이 단어는 아주 특별히 배타적인 용어로 그 사용을 엄격히 제한했다는 것을 우리는 알 수 있습니다.

그러므로 이 말씀은 "예수님께서 성도의 믿음을 끝까지 지키신다"는 '성도의 견인 교리'의 토대가 결코 될 수 없습니다. 여기 나타나는 주님을 따르는 자들에 대해서는 이어서 나오는 책 "두렵고 떨림으로 구원을 이루라"에서 보다 자세히 볼 것입니다.

∽ 주님을 따르는 자는 주님 말씀과 사랑 안에 거하는 자입니다.

결코 그럴 수 없지만, 천 번 만 번 양보하여 '아콜루떼오 (*Akolouteo*)'라는 단어를 오늘날 예수 믿는 제자들에게 일반적으로 사용할 수 있다손 칩시다. 그럴지라도, 주님을 '따르는 자에 한해서 주님께서는 영생을 주셔서 멸망치 않게 하시겠다'고 하십니다.

그럼 주님을 따르는 자는 과연 누구입니까?

주님을 따른다는 것은 '주님 안에 거한다'는 말의 다른 표현입니다 (cf. 요 15:6). 즉, 주님을 '따르는 자' 즉, 주님 안에 거하는 자들은 끝까지 멸망치 않게 될 것이라는 말씀입니다. 그러한 자들은 주님께서 보호하고 계시기 때문에 이 세상의 그 어떤 세력들도 주님 손에서 빼앗아 갈 수 없습니다. 주님 안에 거하기 위해서 우리는 주님의 말씀을 지켜야 합니다. 주 예수님마저도 아버지의 계명을 지킴으로 아버지의 사랑 안에 거하셨다고 하셨습니다. 그러면서 우리에게 주님 사랑 안에 거하기 위해서는 주님의 계명을 지키라고 말씀하십니다 (요 15:10). 이렇듯, 우리가 주님의 말씀을 지킴으로 주님 안에 거할 때에 한해서 주님 손에서 우리를 아무도 빼앗아 갈 수 없는 것입니다.

그러나 "만일 우리가 주님을 따르는데 실패하고 주님을 따르는 대열에서 떨어져 나간다면, 어떤 능력자도 우리를 지켜줄 수 없으며, 결국 우리는 스스로 그리스도의 보호하심과 보살핌에서 벗어나게 되는 것입니다. 그리고 그 결과는 참담한 비극입니다".[1]

주님께서는 지금도 성도들이 믿음을 잃지 않기를 기도하고 계십니다.

지금도 예수님께서는 하늘보좌에서 성도들을 온전히 구원하기 위해 항상 중보기도 하고 계십니다.

만약 성도들의 믿음을 지키는 것이 주님께서 하시는 일이라면 주께서 항상 중보기도 하실 이유가 어디에 있겠습니까? 주님이 성도의 믿음을 지킬 능력이 부족해서 기도하시는 것일까요? 아닙니다.

'성도의 견인'은 말 그대로 성도가 자신의 믿음을 끝까지 인내함으로 지키는 것이기에 저들이 믿음에서 떨어지지 않기를 기도하고 계시는 것입니다. "예수는 영원히 계시므로 그 제사 직분도 갈리지 아니하나니 그러므로 자기를 힘입어 하나님께 나아가는 자들을 온전히 구원하실 수 있으니 이는 그가 항상 살아서 저희를 위하여 간구하심이니라" (히 7:24-25).

히브리서 기자가 말한 "자기를 힘입어 하나님께 나아가는" 것은 곧 성도의 믿음을 가리키는 것입니다. 우리는 믿음을 가지고 예수 이름으로 하나님께 나아갑니다. 다시 말하면 예수 이름으로 믿음을 가지고 하나님께 나아가는 자들을 온전히 구원하실 수 있다는 말씀입니다.

그러나 믿음을 저버린 자들은 그 누구도 주님의 이름으로 하나님께 나아 갈 수 없습니다. 믿음이 있는 자만이 예수 이름을 사용할 수 있고, 그러한 자만이 그 이름을 힘입어 하나님께 나아 갈 수 있게 되는 법입니다. 그러므로 성도들의 견인을 위한 예수님의 뜻은 저들이 끝까지 믿음을 지킴으로 예수의 이름을 힘입어 하나님께 나아가는 것입니다.

견인을 위한 성령님의 뜻

　예수님은 성도들의 믿음 생활을 인도하시고 도우실 보혜사 성령님을 보내주셔서 영원히 함께 있도록 해 주시겠다고 약속하셨습니다 (요 14:16). 그리고 약속대로 성령님은 믿는 자에게 오셨습니다. 그러나 믿는 자가 믿음을 떠날 때는 성령님도 떠나십니다. 성령님이 믿는 자 안에 거하시는 것은 믿음이라는 조건이 있었습니다. 믿음이 매개체였습니다. 매개체가 없는데 어떻게 성령님이 함께 계실 수 가 있겠습니까?

　그래서 바울은 "성령을 소멸치 말라"고 말씀하고 있습니다 (살전 5:19). 또한 히브리서 기자는 성령에 참예 한 바 되고 또는 성령을 나누어 받고서 타락한 자들을 다음과 같이 언급하고 있습니다. "한번 비췸을 얻고 하늘의 은사를 맛보고 성령에 참예한바 되고 하나님의 선한 말씀과 내세의 능력을 맛보고 타락한 자들은 다시 새롭게 하여 회개케 할 수 없나니 이는 자기가 하나님의 아들을 다시 십자가에 못

박아 현저히 욕을 보임이라" (히 6:4-6).

저들이 예수를 믿을 때 성령께서는 저들에게 임하셨습니다. 그래서 저들은 성령을 나누어 받은 자들이 되었습니다. 그러나 저들이 예수님을 욕보이고 믿음에서 떠나자 성령님도 자연히 떠나시게 되는 것입니다.

∽ 성령님의 인 치심

어떤 이들이 성령님의 인 치심 때문에 성도는 결코 구원을 놓치지 않는다고 생각합니다. 성령의 인 치심이 하늘나라 상속에 대한 담보물이라고 생각하기 때문에 그런 것 같습니다. 그러나 그러한 생각은 인 치심에 대한 근거를 미처 헤아리지 못한 것에서 비롯된 것입니다.

바울은 에베소의 성도들이 믿음 때문에 성령의 인 치심을 받았음을 밝히고 있습니다. "여러분도 그리스도 안에서 진리의 말씀, 곧 여러분을 구원하는 복음을 듣고 그리스도를 믿었으므로, 약속하신 성령의 인 치심을 받았습니다" (엡 1:13, 새 번역).

그리고 그 성령의 인 치심은 하늘나라 상속에 대한 담보와 같은 역할을 한다고 말합니다. "이 성령은 우리의 상속의 담보이어서 우리로 하여금 구속을 받아 하나님의 영광을 찬미하게 합니다" (엡 1:14, 새 번역). 이 하늘나라를 보증하는 성령의 인 치심이라는 담보물은 그 담보물을 유효하게 했던 우리의 믿음에 근거한 것입니다. 만약 그 근거가 사라지면 담보물은 아무런 효력을 지닐 수가 없습니다.

예를 들면 이렇습니다. 한 교회가 새로운 건물을 사려고 할 때 계약을 맺으면서 계약금 (deposit money)를 지불해야 합니다. 이 계약금은 계약의 완료를 담보하기 위한 것입니다. 계약 조건을 위반하는 측은 실제로 이 돈을 잃게 되어 있습니다. 캘리포니아 샌디에고의 한 한인 교회가 미국 교회 건물을 사기로 하고 계약을 했습니다. 물론 계약금을 지불했지요. 잔금을 치르기 전에 새로운 건물에 200만 불 (약 23억)을 들여서 예배당 수리를 하였습니다. 이제 잔금을 치를 때가 되었는데, 은행에서 조건이 맞지 않다며 대출해 주기를 거절했습니다.

이 교회는 곤경에 처하게 되었습니다. 은행에서 대출을 받지 못하자 잔금을 치를 수 없게 되었습니다. 당연히 계약이행을 하지 못하여 그 책임을 지게 되었습니다. 계약금과 그 동안 내부수리 공사를 했던 공사비 200만 불이 동시에 날아가 버리게 된 것입니다.

설상가상으로 건물을 팔기로 했던 측에서는 건물 원상복구까지 요구하고 있어 어려움이 더하여져 모든 한인들의 마음을 아프게 했습니다. 사기로 했던 건물은 당연히 못 사게 된 것이지요.

이와 같이 계약금을 아무리 많이 지불 했을지라도, 더욱이 그 건물이 마치 내 건물인 듯 많은 수리비를 들여서 내부 공사를 아름답게 했을지라도, 계약 조건을 이행하지 못하자 그 모든 것들이 헛것이 되고 만 것입니다. 만약 반대로 건물주 측에서 건물을 팔지 않겠다고 하면서 계약 조건을 위반했다면 어떻게 되었을까요?

정 반대의 상황이 연출되겠지요. 계약금을 두 배로 반환해야 하고 건물 내부 수리비 200만 불도 변상해야 됩니다.

마찬가지로 하나님과 우리는 구원을 놓고 계약을 맺었습니다. 우리가 예수를 믿으면 구원하여 주시고 천국을 주시기로 한 것입니다. "우리가 예수를 믿는다"는 계약 조건이 있습니다.

우리는 계약의 보증금으로 우리의 믿음을 주님께 제시했습니다. 그러자 주님께서도 우리의 믿음을 보시고 성령을 하나님의 보증금조로 우리에게 주신 것입니다. 성령을 우리에게 보증으로(deposit) 주신 것은 장차 천국을 유업으로 주시겠다는 하나님의 약속 이행의 증표입니다.

우리가 믿음을 계속 유지하고 있는 한 우리는 성령의 담보물을 가지고 하나님께 천국을 유업으로 내 놓으라고 주장할 권리가 있습니다.

그러나 우리가 믿음을 저버림으로 계약 조건을 이행하지 않으면 자동적으로 하나님께서는 성령의 보증(deposit)을 거두어 가십니다.

애초에 성령의 보증(deposit)은 우리의 믿음이라는 전제하에 그 믿음을 보시고 주신 것입니다.

그렇기 때문에 계약 조건인 '믿음'을 상실하면 당연히 하나님도 더 이상 계약이행을 하지 않으십니다. 그리하여 보증(deposit)으로 주셨던 성령을 회수하십니다. 하나님께서 계약을 파기하시거나 약속을 이행치 않는 경우는 없습니다.

우리가 계약 조건인 믿음을 지키고 있는 한 성령은 영원히 떠나지 않으십니다. 그러나 우리가 믿음에서 돌아서면 성령님은 우리에게서 떠나가십니다. 그러므로 성령의 인치심이 곧 성도들의 신앙의 견인을 보장하는 것이 될 수 없습니다.

🕊 성령의 인침과 성령을 받는 것은 다른 것이 아닙니다.

어떤 분들은 '성령의 인침'과 '성령의 참예함'은 다르다고 주장합니다. 그러면서 성령에 참예함을 입은 사람은 아직 예수를 믿지 않은 사람이고 성령을 인침 받은 사람만이 예수를 믿는 사람이라고 합니다. 그러나 성경을 자세히 보면 성령 받은 사람은 모두 다 성령의 인 치심을 받은 자들입니다.

쉽게 말하면 성령의 인 치심이 특별한 것이 아니고 믿는 자에게 주시는 성령의 임하심을 가리킵니다.

고린도후서 5장 2,5절은 하나님께서 지속적으로 보내주시는 성령님은(has given us the Spirit) 곧 하늘나라의 보증(담보물)이라고 증거 합니다. "과연 우리가 여기 있어 탄식하며 하늘로부터 오는 우리 처소로 덧입기를 간절히 사모하노니 …… 곧 이것을 우리에게 이루게 하시고 보증으로 성령을 우리에게 주신 이는 하나님이 시니라"(고후 5:2,5).

여기에 쓰인 보증이라는 단어는 성령의 인 치심의 보증으로 주신 담보물을 언급한 에베소서 1장 13-14절에 나타난 단어와 동일한 알라본(*allabon*)이라는 단어입니다. 하나님께서 성령을 우리에게 주신 것은 하늘나라를 우리에게 기업으로 주시겠다는 담보물이라는 이야기입니다.

성령 받은 것과 성령의 인 치심은 다른 것이 아닙니다. 어느 입장에서 보느냐에 따라서 그 명칭이 달라지는 것입니다. 즉, 우리 입장에서는 성령을 선물로 받은 것이고 하나님 입장에서는 성령으로 인을 치신 것입니다.

∾ 성령에 참예한 자들은 예수를 믿지 않는 자입니까?

히브리서 기자가 말한 히브리서 6장 4절 이하의 "성령에 참예한 자들"은 과연 불신자일까요? 같은 히브리서 기자는 히브리서 3장 1절에서는 동일한 단어를 사용하면서 "부르심을 함께 받은 형제자매"요 함께 신앙 고백을 하는 자들이라고 말하고 있습니다. "그러므로 하늘의 부르심을 함께 받은 거룩한 형제자매 여러분, 우리가 고백하는 신앙의 사도요, 대제사장이신 예수를 깊이 생각하십시오"(히 3:1, 새 번역).

우리말로 "참예한" 또는 "부르심을 받은"으로 번역된 단어는 헬라어로 '메록코스(meroxos)' 입니다. 이 단어는 히브리서 1장 9절에서는 그리스도의 "동료"를 표현하는데 사용되었습니다. "주께서는 정의를 사랑하시고, 불법을 미워하셨습니다.

그러므로 하나님, 곧 주님의 하나님께서는 주님께 즐거움의 기름을 부으셔서 주님을 주님의 동료들 (meroxos) 위에 높이 올리셨습니다"(히 1:9, 새번역).

누가 주님의 동료가 될 수 있습니까?
주님을 믿지도 않는 자를 주님의 동료라고 말할 수 있습니까?
그것은 있을 수 없는 이야기입니다.
분명 주님의 동료(meroxos)는 다름 아닌 주님을 믿는 자를 의미합니다. 그러므로 성령에 참예(meroxos)한 자는 분명 주님을 믿는 자입니다.

또한 히브리서 3장 12절로 14절에서는 그리스도와 함께 "참예한" 자로 나타납니다. "형제들아 너희가 삼가 혹 너희 중에 누가 믿지 아니하는 악심을 품고 살아 계신 하나님에게서 떨어질까 염려할 것이요 …… 우리가 시작할 때에 확실한 것을 끝까지 견고히 잡으면 그리스도와 함께 참예한 자가 되리라". 성경은 성령님께 참예한 자와 예수님께 참예한 자 둘 다 '메록코스'(meroxos)라는 동일한 단어를 사용하고 있습니다.

그런데도 그리스도와 함께 참예한 자는 신자이고 성령에 참예한 자는 불신자로 해석할 수 있습니까? 그것은 있을 수 없습니다. 예수님과 성령님께서는 모두 신격(神格)을 가지고 계십니다. 예수님께는 신격을 인정해드리고 성령님께는 신격을 부인한다면 그것은 곧 삼위일체 하나님을 부인하는 것입니다.

그러므로 예수님께 참여한 자를 '믿는 자'로 인정한다면 성령님께 참여한 자도 '믿는 자'로 인정되어야 마땅합니다.

전술한 바와 같이, 성경은 "성령에 참예한 자"를 함께 신앙고백을 하는 형제요, 심지어는 그리스도의 동료라고 까지 말씀하고 있습니다. 따라서 히브리서 6장 4절 이하에 나타난 "성령에 참예한 자" 되었다가 타락한 자들은 예수를 믿었던 자들입니다.

∽ 믿던 자가 예수님을 공개적으로 욕하고 떠나면 회개할 수 있나요?

사실 히브리서 기자의 논점은 믿던 자들이 그 구원을 놓칠 수 있느냐의 문제가 아닙니다. 그것은 당연한 것으로 여기고 있습니다. 히브리서 기자는 그 차원을 넘어서서 이미 구원을 잃어버린 사람들이 그것을 다시 회복할 수 있느냐를 논하고 있는 것입니다.

당시 히브리서 기록 배경은 기독교에 대한 핍박이 거세지자 유대인 성도들이 유대인 회당으로 돌아가고자 하는 자들이 많아졌기 때문이었습니다. 그들이 유대교 회당으로 돌아가는 데는 문제가 있었습니다.

그것은 그들이 회당으로 돌아가려면 공개적으로 예수를 부인해야만 했던 것입니다. 이것은 예수님을 십자가에 못 박은 사람들과 자신을 동일시 하는 행위가 됩니다. 게다가 그것은 공개적으로 그리스도를 욕을 보이고 그리스도를 떠나는 행위가 됩니다.

이와 같이 공개적으로 그리스도를 부인하는 행위는 그리스도를 현저히 욕보이는 행위로서 다시는 회개케 할 수 없게 된다는 것입니다. "하나님의 선한 말씀과 내세의 능력을 맛보고 타락한 자들은 다시 새롭게 하여 회개케 할 수 없나니 이는 자기가 하나님의 아들을 다시 십자가에 못 박아 현저히 욕을 보임이라"(히 6:5-6). 이어지는 히브리서 기자의 증거는 그리스도를 욕보이고 배반한 자들에게 결코 회개할 기회가 없음을 확실히 하고 있습니다.

> 우리가 진리를 아는 지식을 받은 후 짐짓 죄를 범한즉 다시 속죄하는 제사가 없고 오직 무서운 마음으로 심판을 기다리는 것과 대적하는 자를 소멸할 맹렬한 불만 있으리라…… 하물며 하나님 아들을 밟고 자기를 거룩하게 한 언약의 피를 부정한 것으로 여기고 은혜의 성령을 욕되게 하는 자의 당연히 받을 형벌이 얼마나 더 중하겠느냐. (히 10:26-27, 29)

요한 사도는 주님을 공개적으로 거절하고 현저히 욕을 보인 이러한 죄를 '사망에 이르는 죄'라고 합니다. "누구든지 형제가 사망에 이르지 아니한 죄 범하는 것을 보거든 구하라 … 그러나 사망에 이르는 죄가 있으니 이에 대하여 나는 구하라 하지 않노라"(요일 5:16).

요한 사도의 표현을 빌리면, 히브리서 기자는 그리스도와 성령의 은혜를 욕되게 하는 자들은 사망에 이르는 죄를 범한 자로서 그들을 구하려고 할 필요조차 없다는 것입니다.

성도의 견인은
하나님의 책임 아니면 성도의 책임?

　지금까지 살펴 본 바와 같이, 성 삼위 하나님께서는 성도의 궁극적인 구원을 위해 신앙의 견인을 위해 적극적으로 도우십니다. 다시 말해 성도들이 믿음을 끝까지 지키도록 하기 위해 가능한 모든 수단을 강구하십니다. 그렇다고 할지라도, 이것 때문에 인간이 행해야 할 조건들을 면제 시켜주는 것은 아닙니다.

　하나님의 은혜는 조건 없이 무조건적으로 주어지는 것입니다. 그러나 그 은혜를 받아들이느냐, 배척하느냐는 인간의 책임입니다. 그리고 신자는 받아들인 은혜를 잘 간직할 책임이 있습니다. 이 말은 하나님의 은혜는 무조건적이지만, 궁극적 구원을 위해 신자들이 믿음을 지속할 것에 대한 요구까지 없어지는 것이 아니라는 말씀입니다.

　이 말에 대하여 인간의 '전적 부패(Total depravity)'라고 하는 교리를 믿는 자들은 반발할 것입니다. 인간이 전적으로 부패했다는 말은 우리 인간이 무엇이 선하고 무엇이 악한 것인지도 구분할 수 없다는 말입니다. 또한 어떤 건전한 생각을 한다거나 고귀한 것을 소망한다거나 어떠한 선한 행실도 할 수 없다는 것을 의미합니다. 전적 부패를 믿는 사람들은 '죄로 인해 인간의 의지는 완전히 타락했기 때문에 인간은 복음을 받아들일 능력이 전혀 없다'고 주장합니다.

그러나 우리는 예수 믿지 않는 사람들이 전적으로 부패하여 어떤 선도 행할 수 없다고 주장한다면 그것은 억지 논리입니다. 만약 불신자들이 전적으로 부패하여 어떠한 선한 선택도 할 수 없다면 그래서 복음을 받아들일 능력이 전혀 없다면 하나님께서 저들의 예수 믿지 않은 죄를 어떻게 심판하실 수 있단 말입니까?

예수님은 예수님을 믿지 않는 것이 죄라고 다음과 같이 말씀하십니다. "그가 와서 죄에 대하여 …… 세상을 책망하시리라. 죄에 대하여 라 함은 저희가 나를 믿지 아니함이요"(요 16:8-9). 예수를 믿지 않은 죄에 대해 예수님께서는 분명히 세상을 심판하실 것이라고 말씀하셨습니다.

그런데 불신자가 전적으로 부패하여 스스로 예수님을 믿을 수 있는 어떠한 능력도 없다면 다른 죄는 몰라도, 어찌 예수 믿지 않은 죄를 심판할 수 있단 말입니까? 그렇다면 하나님은 공정하지 않은 상식 밖의 하나님이 되고 맙니다.

❧ 하나님은 상식 밖의 불의한 분이 아니십니다.

이제 갓 태어난 아이에게 걷지 못한다고 구박하는 엄마는 정상이 아닙니다. 걷지 못하는 앉은뱅이 학생에게 뛰려 하지 않는다고 벌을 준다면 그 선생님은 제 정신이 아닙니다. 곱셈과 나눗셈를 배우지도 않은 학생에게 미적분 숙제를 내 주고 못 풀어 왔다고 벌을 주는 선생님은 문제가 심각한 사람입니다. 이러한 모든 경우에 학생이 불의한 것이 아니라 선생님이 불의한 것입니다.

마찬가지 입니다. 사람의 경우에도 이렇거니와, 하물며 공평하신 하나님, 정의로우신 하나님이 과연 제 정신이 아닌 선생님과 같을 수 있단 말입니까?

사람이 도무지 할 수 없는 일을 못했다고 하나님께서 심판하신다면 그 심판이 공의로울 수 있을까요? 불신자들에게 예수 믿지 않은 죄를 심판하시고자 한다면 그 불신자들에게 적어도 예수를 믿을 수 있는 기본 능력은 있어야 말이 되는 것입니다.

예수님마저도 우리의 악함을 지적하시면서도, 선을 택할 수 있음을 말씀하고 계십니다. "너희가 악할지라도 좋은 것을 자식에게 줄 줄 알거든"(눅 11:13). 그렇기에 예수님께서는 세상 사람들에게 예수를 믿지 않은 것은 죄이며, 그 죄를 심판하시겠다고 하신 것입니다.

그러므로 인간의 전적부패 운운하는 것은 성경과 부합하지 않은 인간의 논리에 지나지 않습니다. 따라서 예수님을 영접하거나 배척하는 것, 영접한 이후에 은혜를 유지하고 믿음을 지키는 것, 이 모든 것에 따른 책임은 결국 모두 우리 인간에게 있는 것입니다.

이에 대한 모든 책임이 하나님께 있다면, 그리고 하나님은 공의로운 분이 맞다면, 하나님은 우리 인간을 심판하실 것이 아니라 하나님 스스로를 심판하셔야 마땅하지 않겠습니까?

인간 법정에서도 선택의 여지가 있었을 때에 처벌을 받습니다.

어떤 사람이 자신의 행동과정에서 선택의 여지가 전혀 주어지지 않았는데도, 그 사람에게 책임을 묻는다면 그 사람은 불합리하다고 반발할 것입니다. 인간 법정에서도 그 누군가의 죄를 다룰 때 그에게 다른 선택의 여지가 없었는지를 고려하여 판결합니다.

만약 한 살 먹은 아이가 갓 태어난 애기를 깔아뭉개 죽였다고 합시다. 그 때 우리는 그 한 살 먹은 아이를 살인죄로 처벌합니까?

아닙니다. 그 한 살 바기 아이를 살인죄로 처벌할 수 없는 것은 그는 아직 살인에 대한 분별할 수 있는 능력이 없기 때문입니다.

마찬가지 입니다. 우리의 의지가 완전히 부패하여 하나님을 인식할 수 있는 능력도 전혀 없고, 말씀에 반응할 수 있는 능력이 전혀 없다면, 예수를 믿지 않은 죄에 관한 한은, 하나님도 우리를 심판할 수 없습니다. 그런데 예수님은 "죄에 대하여 라 함은 저희가 나를 믿지 아니함이요"라고 말씀하십니다 (요 16:9). 예수를 믿지 않은 죄를 물으시겠다는 말씀입니다.

예수를 믿지 않는 것이 죄가 되는 것을 천국과 지옥을 다녀와서, 간증한 분이 계십니다. 바로 "두고 보리라"는 간증 책을 지은 박영문 장로이십니다. 그 분은 하늘나라 심판대에 도달했을 때에 '세상에서는 죄가 되지 않는다고 여겼던 무서운 두 가지 죄가 있다는 것을 비로소 알게 되었다'고 합니다. 그 하나가 '예수를 믿지 않는 죄'요, 다른 하나는 '예수를 믿는 자들을 핍박하는 죄'라고 합니다.

∾ 선택의 여지가 없었던 죄를 공의로운 하나님은 묻지 않으십니다.

예수를 믿지 않은 것이 죄가 되려면 최소한 복음(말씀)을 받아들이든지 거절하든지 양단간에 사람에게 선택의 여지가 있어야 합니다. 그래서 성경은 아비의 죄 때문에 그 자식들이 심판 받지 않을 것이라고 말씀하고 있습니다. 아비의 죄에 대하여는 그 자식들이 선택의 여지가 없었기 때문에 하나님은 그 죄를 묻지 않으시겠다는 것입니다. 그래서 하나님은 다음과 같이 말씀합니다.

> 그 때에 그들이 다시는 이르기를 아비가 신 포도를 먹었으므로 아들들의 이가 시다 하지 아니하겠고 신 포도를 먹는 자마다 그 이가 심 같이 각기 자기 죄악으로만 죽으리라. (렘 31:29)
>
> 너희가 이스라엘 땅에 대한 속담에 이르기를 아비가 신 포도를 먹었으므로 아들의 이가 시다고 함은 어찜이뇨 …… 너희가 이스라엘 가운데서 다시는 이 속담을 쓰지 못하게 되리라…… 범죄 하는 그 영혼이 죽으리라. (겔 18:2-4)

하나님은 사람들의 죄에 대해 자신이 짓지 않은 죄에 대해 비록 아버지의 죄라 할지라도 책임을 묻지 않겠다는 것입니다. 정의로우신 하나님이시기 때문입니다.

하나님은 구약 시대에도 고의가 아닌데도 어쩌다가 보니 실수로 사람을 죽였을 경우에는 그 사람에게 형벌을 면하도록 해 주었습니다. 자기의 의지가 반영된 것이 아니기 때문입니다. 선택의 여지가 없었기 때문에 형벌을 면하도록 조처를 취해 주셨습니다.

그것이 바로 '도피성' 제도였습니다. 고의성 살인이 아닌 경우, 살인자는 피의 보수 자를 피해 도피성으로 도망가면 거기서 제사장의 보호를 받을 수 있었습니다.

그러나 고살자, 즉, 고의로 사람을 죽인 자는 그 도피성으로 피한들 아무 소용이 없었습니다. 그는 사람을 죽일 의도를 가지고 즉, 선택의 여지가 있었는데도 살인을 하기로 선택했기 때문입니다. 그가 비록 도피성에 피할지라도, 피의 보수자는 그를 끌어내어 죽여도 아무 죄가 없었던 것입니다. 그러나 고살자가 아닌 실수로 사람을 죽인 살인자는 도피성으로 피하면 피의 보수자가 그를 끌어내 죽일 수 없었습니다.

만약 그 피의 보수자가 그 사람을 끌어내 죽였다고 하면 그는 죽임을 당하게 되어 있습니다 (참조: 민 35:6-32;수 20:2-21:38). 이것이 공의로우신 하나님이 이스라엘 백성 사이에 세워 놓은 윤리입니다. 하나님은 이처럼 선택의 여지가 전혀 없는 사람에게는 죄를 묻지 않았던 것입니다. 하나님의 공의 때문입니다.

만약 하나님이 전적으로 타락하여 예수를 믿을 수 있는 능력이 전혀 없는 죄인에게 다른 죄도 아닌 예수를 믿지 않은 죄를 묻는다면, 과연 그런 하나님을 정의로운 하나님이라 할 수 있습니까? 그것은 도피성을 만드신 정의로운 하나님의 모습과 전혀 다른, 성경에는 없는 불합리한 하나님의 모습일 수밖에 없습니다.

어떤 사람은 이렇게 질문할 것입니다. 그렇다면 하나님께서는 '복음을 듣지 못한 사람에게는 죄를 묻지 않느냐'고 말입니다. 하나님께서는 그런 사람들에게는 말씀을 기준으로 심판하지 않으십니다. 그들의 양심의 법으로 그들 자신이 스스로를 심판하게 하십니다 (참고, 롬 2:14-15). 그렇다고 해서 그 누구도 양심의 법에 따른 심판으로부터 자유로울 사람은 이 세상에 아무도 없습니다.

하나님은 선물을 억지로 받으라고 강요하시는 분이 아닙니다.

많은 사람들이 믿음을 하나님의 전적인 역사라고 이해하고 있습니다. 즉, 우리가 믿음을 갖게 되는 것은 전적인 하나님의 은혜로 거저 주어지는 것이지, 우리가 선택할 여지가 전혀 없다는 것입니다. 우리가 상식적으로 알거니와 선물이라는 것이 전달되려면 두 요소가 있어야 합니다. 하나는 주는 자요, 또 하나는 받는 자입니다.

아무리 선물을 받고 싶어도 주는 자가 없으면 선물 못 받습니다. 또 다른 하나는 받는 자가 있어야 합니다. 아무리 선물을 주고 싶어도 받는 자가 받고 싶지 않다고 거절하면 그 선물은 되돌아오게 되어 있습니다.

하나님으로부터 오는 선물도 받는 자가 기쁨으로 받을 수도 있고 거절할 수도 있는 것입니다. 이처럼 선물이 오가기 위해서는 주는 자의 의지와 받는 자의 의지가 일치해야 합니다. 하나님께서는 고귀한 인격을 소유하고 계신 분이십니다. 그래서 그 분께서는 우리에게 선물을 받으라고 강요하지 않으십니다.

∽ 하나님의 은혜는 그리스도를 우리에게 보내주신 것입니다.

하나님께서 우리에게 선물로 주신 것은 실은 믿음이 아니라 은혜입니다. 믿음은 하나님의 은혜가 사람의 마음속에서 열매를 맺은 결과입니다. 하나님께로부터 누구나 값없이 받아 누릴 수 있는 은혜는 사실 그리스도이십니다.

하나님께서 그리스도를 우리에게 보내 주신 것이 은혜입니다.

그리스도께서 우리 죄를 십자가에서 대신 갚아 주신 것이 은혜입니다. 즉, 그리스도의 복음이 은혜인 것입니다. 그런데 그 복음에 대한 사람들의 반응은 각자가 다 다릅니다.

믿음은 우리가 복음(말씀)을 들음으로써 생기는 법입니다. 그래서 바울은 "믿음은 들음에서 나며 들음은 그리스도의 말씀으로 말미암느니라"고 말한 것입니다 (롬 10:17). 우리가 복음(말씀)을 듣는다고 해서 모든 사람에게 다 믿음이 생기는 것은 아닙니다.

왜냐하면 복음에 대한 사람들의 각기 다른 반응 때문입니다.

예수님은 복음에 대한 사람들의 반응을 '씨 뿌리는 비유'에서 다음과 같이 말씀하십니다.

뿌리는 자는 말씀을 뿌리는 것이라 말씀이 길 가에 뿌리웠다는 것은 이들이니 곧 말씀을 들었을 때에 사단이 즉시 와서 저희에게 뿌리 운 말씀을 빼앗는 것이요 또 이와 같이 돌밭에 뿌리웠다는 것은 이들이니 곧 말씀을 들을 때에 즉시 기쁨으로 받으나 그 속에 뿌리가 없어 잠깐 견디다가 말씀을 인하여 환난이나 핍박이 일어나는 때에는 곧 넘어지는 자요 또 어떤 이는 가시떨기에 뿌리우는 자니 이들은 말씀을 듣되 세상의 염려와 재리의 유혹과 기타 욕심이 들어와 말씀을 막아 결실치 못하게 되는 자요 좋은 땅에 뿌리웠다는 것은 곧 말씀을 듣고 받아 삼십 배와 육십 배와 백배의 결실을 하는 자니라. (막 4:14-20)

죄인의 마음 밭에 하나님의 말씀의 씨앗이 뿌려지면 하나님의 성령께서는, 마치 어미 닭이 알을 품듯이, 저들의 마음 속에 뿌려진 말씀이 열매를 맺도록 품으십니다. 마음의 토양에 뿌려진 씨앗이 열매를 맺도록 적절한 공기와 온도와 빛을 비추어 주십니다.

죄인이 믿음을 가지게 되는 과정에는 이와 같은 성령님의 역사가 마음 밭의 내면에서 일어나는 것입니다. 길가 밭까지도 성령님은 동일하게 열과 태양 빛과 적절한 온도를 제공합니다.

문제는 말씀의 씨를 주시는 하나님께 있는 것이 아닙니다. 그 씨앗이 마음 밭 속에서 열매 맺도록 역사하시는 성령님께 있는 것도 아닙니다. 문제는 전적으로 마음 밭의 소유자에게 있습니다. 마치 밭의 종류에 따라 똑 같은 씨앗이 떨어져도 다른 결과가 나타나는 것과 같습니다.

그래서 히브리서 기자는 "그 들은바 말씀이 저희에게 유익 되지 못한 것은 듣는 자가 믿음을 화합 지 아니함이라" (히 4:2)고 증거 한 것입니다.

말씀을 듣기는 들었는데 그 말씀이 저희들 마음 속에서 믿음의 열매를 맺도록 올바른 마음 태도로 반응하지 않았기 때문이라는 것입니다. 그래서 저들에게 믿음이 생기지 않았다는 것입니다. 복음(말씀)을 대하는 사람들의 마음의 태도 여하에 따라서 믿음의 열매가 어떤 사람에게는 맺히는가 하면 또 어떤 사람에게는 맺히지 않기도 합니다.

～ 믿음이 생기려면 우리가 성령을 힘입어야 합니다.

우리는 예수님의 이 '씨 뿌리는 비유'에서 한 가지 흘려보내서는 안 되는 중요한 영적 교훈이 있습니다. 그것은 죄인의 마음 속에서 '악령'들이 활동하고 있다는 사실입니다. 이것이 바로 우리가 한 영혼을 구원하기 위해서는 그 영혼 안에 역사하는 악령들을 먼저 결박해야만 한다는 사실입니다.

그래서 예수님은 사단을 먼저 결박해야 하나님의 나라가 임할 수 있다고 말씀하십니다. "내가 하나님의 성령을 힘입어 귀신을 쫓아내는 것이면 하나님의 나라가 이미 너희에게 임 하였느니라 사람이 먼저 강한 자를 결박하지 않고야 어떻게 그 강한 자의 집에 들어가 그 세간을 늑탈하겠느냐 결박한 후에야 그 집을 늑탈하리라" (마 12:28-29).

예수님께서도 성령을 힘입어 귀신을 쫓아내셨습니다. 여기서 주의해야 할 주님의 말씀은 '귀신을 예수님께서 쫓아내신 것이지 성령님께서 쫓아내지 않았다'는 사실입니다.

우리도 마찬가지 입니다. 우리 안에 마음의 주인 자리에 도사리고 있는 마귀를 쫓아내는 일은 우리 인간이 하는 일입니다. 성령님께서 직접 하시는 일이 아니란 말씀입니다. 단지 성령님은 그와 같은 의지를 가진 자가 도움을 청하면, 그에게 그 일을 할 수 있는 힘을 제공하십니다.

사람이 그 마음의 보좌에서 마귀를 쫓아내고자 하는 의지를 갖지 않는다면, 성령님은 아무 것도 그를 도와 줄 수가 없습니다. 그와 같은 상태를 예수님은 '길가 밭'으로 비유하신 것입니다. 말씀이 그 마음 밭에 떨어지기가 무섭게 바로 부인해 버리는 강퍅한 마음 상태를 가리킵니다.

반대로 사람이 그 마음 중심에서 마귀를 축출하기로 결심하는 순간 그는 성령님을 힘입어 마귀를 쫓아낼 수 있는 것입니다. 이것은 하나님의 은혜입니다. 우리가 믿음을 갖기까지 성령님은 우리 안에서 우리를 도우시는 것입니다.

마귀의 손아귀에서 벗어나기에 무력한 자에게 벗어날 수 있는 힘을 제공하시는 것, 이것이 성령님의 은혜입니다. 그러나 성령님이 도우시는 역사가 있기 전에, 사람의 선택이 먼저 있어야 합니다.

마귀를 쫓아내고자 하는 의지적 선택, 주님을 왕으로 모시고자 하는 의지적 선택이 선행되어야 합니다. 그럴 때 그는 성령님의 도우시는 힘을 덧입을 수 있는 것입니다.

~ 믿음의 열매가 나타나기까지 성령님은 도우십니다.

예수님마저도 성령님을 힘입어 귀신을 쫓아냈다면, 죄에 얽매여 살던 사람이 자기 안에서 왕 노릇하고 다스리던 마귀를 어찌 자기 혼자

힘만으로 쫓아 낼 수 있겠습니까? 한 자연인이 복음의 말씀을 받고 열매 맺기까지 성령님은 그 심령 안에서 역사하십니다. 그 사람이 마귀를 축출할 수 있는 능력을 공급하십니다. 그리고 하나님을 영접하도록 도우십니다.

그러나 끝까지 마귀를 옹호하고 하나님의 말씀에 저항하는 자에게는 역사하실 수 없습니다. 오직 그러한 자에게는 마귀만이 역사할 수 있을 뿐입니다. 길가 밭의 마음으로 비유된 마음상태가 바로 그런 상태입니다.

성령님은 그런 자에게는 전혀 도우실 수 없습니다.

오직 악한 영이 그러한 자의 마음 밭에 떨어진 생명의 말씀을 즉시 쪼아 먹을 뿐입니다. 오직 마귀의 역사만이 그 심령 안에서 일어난다는 것입니다. 이렇게 말씀에 반항하는 자에게는 성령님도 어쩔 수가 없습니다. 더구나 강요하는 법은 없습니다. 하나님은 그 안으로 강제로 들어가시는 분이 아니십니다.

문 밖에 서서 문을 두드리고 계시는 예수님의 모습을 그린 그림이 있습니다. 아마 대부분 이 그림을 보셨을 것입니다. 거기에는 문고리가 그려져 있지 않습니다. 화가가 실수로 그 문고리를 빠뜨리고 그린 것이 아닙니다.

화가의 친구가 '문고리 없는 그림을 보고 문고리를 빠뜨린 실수한 그림'이라고 지적했습니다. 그러자 화가는 친구에게 '예수님의 인격성을 표현하고자 일부러 문고리를 그리지 않은 것'이라고 대답했다고 합니다.

우리의 마음의 문을 여는 것은 하나님께서 직접 하시지 않습니다. 아니 더 정확히 말하자면, 하나님은 그런 일을 결코 하실 수 없는 분이십니다. 하나님은 너무 젠틀하신 분이십니다. 그래서 우리의 의지를 끝까지 존중해 주십니다. 우리의 마음은 우리가 주관합니다.

그러나 그 결과에 대해서는 하나님의 심판이 있습니다. 그래서 지혜자는 "무릇 지킬만한 것보다 더욱 네 마음을 지키라 생명의 근원이 이에서 남이니라"고 증거한 것입니다 (잠 4:23).

우리는 우리의 마음을 마귀가 주관하지 못하도록 잘 지켜야 합니다. 대신 우리 주의 성령께서 주관하도록 그 분께 마음 문을 열고 의지해야 합니다. 그러면 매사에 성령님과 동역 할 수 있습니다.

이것은 사실 말씀이 열매를 맺어 그 마음 안에서 믿음이 생길 때부터 시작되는 하나님의 놀라운 축복입니다.

∾ 사도들은 성령님과 함께 일했습니다.

사도들은 성령님과 함께 동역하는 것을 인식했습니다. "성령과 우리는 이 요긴한 것들 외에 아무 짐도 너희에게 지우지 아니하는 것이 가한 줄 알았노니" (행 15:28).

사도들은 전도하는 일에도 성령님과 동역했습니다.

선교사를 파송할 때에도 성령님께 뜻을 묻고 인도를 받았습니다.

사도들뿐 만이 아닙니다. 믿는 자는 성령님과 함께 살며 그 분의 능력을 힘입어 살도록 되어 있습니다. 그 일은 말씀이 믿음의 열매를 맺기 전부터 우리 안에서 시작된 일입니다. 따라서 죄인이 구원 받는 일도 성령님과 인간의 의지가 연합할 때 가능한 것입니다.

그래서 '성령님의 도움 없이 우리 인간의 의지만으로 하나님을 믿고 구원받을 수 있다'는 펠라기우스의 주장은 바르지 못한 견해입니다. 뿐만 아니라 우리가 예수를 믿는 일이 우리 인간의 의지(意志)와 상관 없이 모든 일을 하나님께서 독단으로 하신다고 하는 칼빈의 주장도 올바르지 못합니다.

우리 인간의 구원 사역의 기초가 되는 믿음을 가지는 일은 인간의 의지만으로 또는 하나님의 전적인 은혜만으로 되는 것이 아닙니다. 하나님의 성령의 감화 감동하시는 역사와 인간의 의지적인 협력이 합쳐질 때 구원 얻는 믿음이 생겨나는 것입니다.

그래서 히브리서 기자는 복음의 말씀과 믿음을 결합시키는 것이 인간의 의지에 책임이 있음을 다음과 같이 증거합니다. "그들이나 우리나, 기쁜 소식을 들은 것은 마찬가지입니다. 그런데 들은 그 말씀은 그들에게는 아무런 유익이 되지 못하였습니다. 그들은 그 말씀을 듣고서도, 그것을 믿음과 결합시키지 않았기 때문입니다" (히 4:2, 새번역).

달리 말하면, 히브리서 기자는 복음을 받아들이지 못한 것이 하나님의 책임이 아니라 인간의 책임이라는 것입니다. 이 말씀 속에는 하나님은 하나님의 하실 일을 다하셨다는 것을 함의(含意)하고 있습니다.
즉, 하나님께서는 말씀 듣는 자에게 최선을 다해 성령의 감화감동을 주셨지만, 인간이 그것을 거절했다는 뜻이 내포되어 있는 것입니다.

다시 말하거니와 하나님의 깨닫게 하시는 은혜 없이 인간의 의지만으로도, 인간의 의지적 동의 없이 하나님의 전적인 은혜만으로도 구원 얻는 믿음은 생성되지 않는다는 것입니다.

하나님의 복음 사역에 사도들이 성령과 우리는 함께 동역했다고 한 것처럼, 개인의 믿음의 생성도 성령님과 우리가 함께 협력할 때 나타난다는 것입니다. 즉, 사람이 의지적으로 하나님 말씀을 옹호하고 그 말씀을 받아들이기로 동의했을 때만이 성령님은 역사하실 수 있는 것입니다. 성령님이 역사하실 수 있는 이러한, 마음 밭을 예수님은 옥토 밭이라고 말씀하신 것입니다.

율법 폐기론을 불러오는 성도의 견인 교리

성도의 견인 교리를 주장하는 사람들은 두 가지 견해로 나누입니다. 한 견해는 복음을 받아들이는 책임은 물론 복음을 받아들인 사람을 끝까지 견인할 책임까지도 모두 하나님께 있다는 견해입니다. 이 견해에 의하면 우리의 구원을 위해 우리는 아무 것도 하지 않고 가만히 있으면 됩니다.
 또 다른 견해는 인간은 복음을 받아들이는 데에는 책임이 있지만, 하나님은 복음을 받아들인 사람을 끝까지 견인할 책임이 있다는 것입니다.

 두 견허 다 인간이 어떤 죄를 짓든 구원과는 상관이 없습니다.
 어떻게 살아도 구원과는 상관 없다는 이야기 입니다. 이러한 주장은 결국 율법(도덕) 폐기론이 되고 맙니다. 그들의 주장은 "그리스도께서 죄의 형벌을 받으시고 율법을 성취하셨으므로 은혜 아래 사는 자들은 도덕법에 복종할 필요가 없다"고 하는 '반 율법주의'와 일맥

상통합니다.

성도의 견인교리에 의하면, 반 율법주의자들의 주장대로 살아도 결국 구원 받는 일에는 전혀 문제가 없는 것입니다. 그래서 '우리는 반 율법주의자가 아니오'라고 천만번 외쳐도 그것은 공허한 메아리가 될 뿐입니다. 결국 성도의 견인교리는 반 율법주의를 옹호하는 것이며 결국 율법 폐기론이 되고 마는 것입니다.

그러나 성경은 분명히 "주의 이름을 부르는 자마다 불의에서 떠날지어다"고 명령하고 있습니다 (딤후 2:19). 반 율법주의자들은 다음의 요한 사도가 증거한 말씀을 주의 깊게 묵상해 봐야 할 것입니다.

> 주를 향하여 이 소망을 가진 자마다 그의 깨끗하심과 같이 자기를 깨끗하게 하느니라 죄를 짓는 자마다 불법을 행하나니 죄는 불법이라 그가 우리 죄를 없이 하려고 나타내신 바 된 것을 너희가 아나니 그에게는 죄가 없느니라 그 안에 거하는 자마다 범죄하지 아니하나니 범죄하는 자마다 그를 보지도 못하였고 그를 알지도 못하였느니라 자녀들아 아무도 너희를 미혹하지 못하게 하라 의를 행하는 자는 그의 의로우심과 같이 의롭고 죄를 짓는 자는 마귀에게 속하나니 마귀는 처음부터 범죄함이라 하나님의 아들이 나타나신 것은 마귀의 일을 멸하려 하심이니라 하나님께로서 난 자마다 죄를 짓지 아니하나니 이는 하나님의 씨가 그의 속에 거함이요 저도 범죄치 못하는 것은 하나님께로서 났음이라 이러므로 하나님의 자녀들과 마귀의 자녀들이 나타나나니 무릇 의를 행치 아니하는 자나 또는 그 형제를 사랑치 아니하는 자는 하나님께 속하지 아니하니라. (요일 3:3-10)

∽ 예수님은 율법을 폐하기 위해서가 아니라 완전케 하려 오셨습니다.

예수님은 율법을 폐하러 오신 분이 아니라 오히려 완전케 하려고 오셨습니다 (마 5:17). 예수님께서 이 땅에 오심으로 온갖 의식법과 제사법은 완성되어 율법의 마침이 되셨습니다. 왜냐하면 그러한 것들은 예수님의 그림자요 실체는 예수님 자신이었기 때문입니다.

그러나 도덕법은 예수님이 오심으로 폐하여진 것이 아니라 더욱 더 강화되었습니다. 예수님 오시기 전에는 남을 미워해도 살인죄가 아니었습니다. 그러나 이제 예수님이 오신 후에는 마음 속으로 남을 미워하면 그것은 살인죄입니다. 이처럼 예수님은 도덕법을 더욱 강화한 것입니다.

그래서 예수님은 "너희 의가 서기관과 바리새인들의 의보다 더 낫지 못하면 결단코 천국에 들어가지 못하리라"고 말씀하고 계시는 것입니다 (마 5:20).

서기관들과 율법사들은 겉으로는 깨끗했습니다.

그러나 속은 더러웠습니다. 그 상태로는 안 된다는 것입니다.

예수님의 제자들은 겉은 물론 그 속도 깨끗할 것을 요구 받고 있는 것입니다. 하나님께서 신자들의 믿음을 끝까지 지켜 주신다는 성도의 견인교리는 성도들에게 죄를 경시하게 만들 위험이 도사리고 있습니다. 이러한 잘 못된 가르침 때문에 실족하여 지옥에 가는 영혼들이 생긴다면 그 책임을 누가 져야 합니까?

또한 만약 성도의 견인이 인간의 책임이 아닌 하나님의 책임이라면, "성령이 밝히 말씀하시기를 후일에 어떤 사람들이 믿음에서 떠나 미혹케 하는 영과 귀신의 가르침을 좇으리라 하셨으니"(딤전 4:1)는 말씀은 하나님의 무능함을 입증하는 것이 되고 맙니다.

과연 하나님이 성도들의 믿음을 지킬 능력이 없어서 저들이 믿음에서 실족한 결과가 되어버립니다. 즉, 하나님을 무능한 하나님으로 전락시키는 결과를 가져오게 됩니다. 그러므로 성도의 믿음은 하나님께서 유지해 주시는 것이 아니라 인간이 지킬 책임이 있는 것입니다.

∽ 배교가 아니라 처음부터 믿지 않은 자들이었다?

어떤 분들은 "배교처럼 보이는 것이 실제로는 배교가 아니라 떨어져 나간 자들은 처음부터 믿지 않은 자들이었다"고 말합니다. 그 근거로 다음 말씀을 인용합니다. "저희가 우리에게서 나갔으나 우리에게 속하지 아니하였나니 만일 우리에게 속하였더면 우리와 함께 거하였으려니와 저희가 나간 것은 다 우리에게 속하지 아니함을 나타내려 함이니라"(요일 2:19).

여기서 요한 사도가 말한 나간 자들은 처음부터 예수를 믿지 않은 자들에 대해 언급한 것입니다. 여기서 우리가 오해하면 안 되는 것이 바로 이 말씀이 곧 믿는 자들의 배교는 없다는 것을 말하고자 한 말이 아니라는 점입니다.

다음에 이어지는 요한 사도의 말은 그것을 확실하게 증명합니다. 요한 사도는 요한일서 2장 27-28절에 연이어 그의 강림하실 때를 대비하여 "주 안에 거하라 자녀들아 이제 그 안에 거하라"고 권면하고 있습니다. 또한 주를 맞이할 "소망을 가진 자마다 그의 깨끗하심과 같이 자기를 깨끗하게 하라"고 명령합니다 (요일 3:3). 그러면서

"그 안에 거하는 자마다 범죄하지 아니한다"고 잘라 말합니다 (요일 3:6).

이 말씀은 오해의 소지가 있어서 잠시 부연설명이 필요한 듯 합니다. 사도 요한이 말한 그 안에 거하는 자마다 범죄하지 않는다고 했는데, "그렇다면 예수 믿는 사람은 도무지 죄를 짓지 않는다는 말씀인가?" 하는 질문이 생깁니다. 여기서 사도 요한이 말하고자 한 본래 의도는 우리가 생각하는 그런 것이 아닙니다. 앞에서 말했듯이 헬라어 현재 동사는 원래 진행의 의미를 나타내고자 할 때 쓰는 동사입니다.

한글이나 영어에는 없는 용법입니다. 그러므로 요한이 말하고자 한 것은 그 안에 거하는 자마다 (계속해서 또는 반복해서) 죄를 짓지 아니한다"라는 말입니다. 영어성경(NIV)은 원어의 의미를 충실히 살려 잘 번역해 놓았습니다. 그 안에 거하는 자는 그 누구도 계속해서 죄를 짓지 않는다 (No one who lives in him keeps on sinning).

그러면서 사도 요한은 "자녀들아 아무도 너희를 미혹하지 못하게 하라"고 배교에 빠질 것을 경계하고 있습니다 (요일 3:7).

뿐만 아닙니다. 요한 사도는 그 편지의 마지막 장에서 다음과 같이 사망에 이르는 죄를 언급하고 있습니다.

> 누구든지 형제가 사망에 이르지 아니한 죄 범하는 것을 보거든 구하라 그러면 사망에 이르지 아니하는 범죄자들을 위하여 저에게 생명을 주시리라 사망에 이르는 죄가 있으니 이에 대하여 나는 구하라 하지 않노라 모든 불의가 죄로되 사망에 이르지 아니하는 죄도 있도다. (요일 5:16-17)

요한 사도는 사망에 이르는 죄가 구체적으로 무엇인지 명시하고 있지 않습니다. 그러나 그 당시 이 편지의 수신자들은 그 죄가 무엇인지 알고 있었을 것입니다. 우리는 요한 사도가 명시한 사망에 이르는 죄가 무엇인지는 히브리서에 나타난 내용을 보면 알 수 있습니다.

히브리서 6장 4절 이하에서 성령에 참예한 바 되었다가 타락한 자들 다시 회개케 할 수 없다고 말합니다. "한번 비췸을 얻고 하늘의 은사를 맛보고 성령에 참예한 바 되고 하나님의 선한 말씀과 내세의 능력을 맛보고 타락한 자들은 다시 새롭게 하여 회개케 할 수 없나니"(히 6:4-5).

히브리서 기자가 말한 "다시 회개케 할 수 없는 죄"가 바로 요한 사도가 말한 "사망에 이르는 죄"입니다. 그러므로 요한 사도는 결국 배교의 가능성을 염두에 두고 그것, 즉 사망에 이르는 죄를 성도들에게 경계하고 있는 것입니다.

따라서 사도 요한은 두 가지 경우를 다 말씀하고 있는 것입니다.

그 하나는 처음부터 예수를 믿지 않았던 자들이 무리에게서 떨어져 나간 경우입니다. 또 하나의 경우는 예수를 믿었다가 타락한 경우입니다.

그래서 사도 요한은 '미혹되지 않도록 주의하라'고 경계했습니다. 뿐만 아니라 형제라 일컫는 자가 사망에 이르는 죄에 이르는 것까지를 거론하고 있습니다.

그러므로 요한 일서 2장 19절을 제시하며, "배교처럼 보이나 실은 배교는 없는 것이다"라고 주장은 틀린 것입니다. 왜냐하면 그것은 사도 요한의 말하고자 하는 바의 일부분에 지나지 않기 때문입니다.

즉, 사도 요한은 무리에게서 떠난 자들 모두가 다 처음부터 믿음이 없었던 자라고 하지 않았습니다. 그러한 무리들도 개중에는 있었다는 것이지요.

교리에 매여서 진리를 외면하는 어리석음을 버려야 합니다. 많은 사람들이 과연 그 교리가 성경적인가 알아보려고 하지 않습니다. '정통'이라는 미명하에 무조건 맹신합니다. 자기도 죽고 자기를 따르는 사람도 죽이는 결과를 가져옵니다. 그런 사람들은 바리새인들이 그랬던 것처럼 자기가 "소경이 되어 소경을 인도하는 꼴이 되는 것입니다 (마 15:14). 예수님께서는 "심령이 가난한 자는 복이 있나니 천국이 저희 것임이요" (마 5:3) 라고 말씀하셨습니다.

주(註)

1) Williams, 1993, p. 167

An appendix

지옥 참상의 간증과 경고

부록
(附錄)

지옥 가는 넓은 길에서 어서 벗어나십시오.

　사람들이 지옥을 너무 가볍게 생각하고 살아가는 것 같습니다.
　지옥이 어떤 곳이라는 것을 사람들이 안다면 삶이 완전히 바뀔 수밖에 없습니다. 그런데 지옥을 너무도 피상적으로 알기에 그리고 나와는 전혀 상관이 없는 것으로 알기에 '예수를 믿는다' 하면서도 삶에 변화가 없습니다. 지옥이 얼마나 끔찍하고 무섭고 처참한 곳이라는 것을 조금이라도 안다면 지옥을 피할 수 있을 것입니다.
　그러나 "내 백성이 지식이 없어서 망한다"고 (호 4:6) 탄식하신 주님의 말씀처럼, 지옥에 대한 지식이 없어서 이 세상에서 죄를 끊지 못하고 살아가는 사람들은 영원한 멸망에 처하게 될 것입니다.

　저는 단 한 영혼이라도 지옥에 가지 않고 천국에 이르기를 간절히 소망하는 마음으로 이곳 부록에 지옥 간증을 수록합니다. 지옥을 직접 보고 체험한 사람들의 처참한 지옥의 참상에 대한 간증들과 경고들은 성도 여러분을 각성토록 할 것입니다.

물론 지옥에 다녀왔다는 사람들의 모든 간증을 우리가 다 진리로 받아들일 수는 없습니다. 그렇다고 다 사실이 아니라고 무조건 배척할 수도 없습니다. 따라서 우리는 그들의 간증을 성경에 비추어 볼 필요가 있습니다. 그래서 조금이나마 도움이 되었으면 하는 바램으로 저는 이 부록에 저들의 간증을 성경 말씀에 조명해 보았습니다.

근래에 들어 자살이 들 불처럼 번지고 있습니다. 전직 대통령도 자살, 회사의 사장들도 자살, 비리 공무원들도 자살, 인기 연예인들도 자살, 이처럼 인생의 어려움을 만나면 어떤 사람들은 자살로 생을 마감하기도 합니다. 그런 사람들은 '죽으면 모든 것이 끝난다'고 생각하기 때문입니다.

그러나 인간이 죽으면 모든 것이 끝나는 것이 아닙니다. 새로운 세계에서의 새로운 인생이 시작되는 것입니다. 성경은 사람이 죽은 다음에는 하나님의 심판이 있을 것이라고 분명하게 말씀하고 있습니다 (히 9:27b).

～ 죽음은 인생의 끝이 아니라 영원의 시작입니다.

사람이 죽은 다음 심판을 받고 나면 그가 영원히 거할 곳이 결정 납니다. 천국 아니면 지옥 둘 중의 하나입니다. 중간지대는 없습니다. 예수님은 사람이 죽은 다음에는 영생 천국 아니면 영벌의 지옥에 가게 될 것이라고 말씀하십니다 (막 9:45). 천국은 우리가 상상할 수도 형용할 수도 없을 만큼 아름답고 행복하고 축복이 넘치는 곳입니다.

이와 정반대로 지옥은 우리가 도저히 상상할 수도 없고 말로 표현할 수 없을 정도로 극심한 고통의 형벌과 저주가 있는 곳입니다.

예수님께서는 그곳은 "구더기도 죽지 않고 불도 꺼지지 않고 사람마다 불로서 소금 치듯 함을 받는" 영원히 고통 받는 곳이라고 말씀하십니다 (막 9:47-49). 그런데 많은 사람들이 천국과 지옥을 인간 이성의 한도 내에서 상상합니다. 천국을 세상보다 제법 좋은 곳쯤으로, 지옥을 세상보다 훨씬 못한 곳 정도로 말입니다.

그런데 천국과 지옥은 이 세상과는 근본적으로 다른 곳입니다.

천국은 하나님의 자녀들에게 하나님의 유업을 상속으로 주는 곳이기에 이 세상의 좋은 모든 것을 다 합친 것보다 더 좋은 곳입니다.

이와 정 반대로 지옥은 하나님을 대적하고 범죄한 마귀와 그의 추종자들을 처벌하는 곳입니다. 그래서 지옥은 이 세상에서 가장 고통스러운 것들을 모두 합친 것보다 천 배나 더 한 저주가 이글거리는 곳입니다. 이 세상에서의 어떤 고통도 지옥의 고통을 설명하기에 적합하지 않습니다. 그 곳은 잠시의 휴식이나 안식이 없는 곳입니다.

그 곳은 극히 작은 소망도 끊어진 곳입니다.

어떤 사람들은 '지옥이 그렇게 고통스러운 곳이라면 사랑의 하나님께서 과연 사람들을 그런 곳으로 보내시겠느냐'고 말합니다. 지옥이 이처럼 무섭고 고통스러운 곳이기에 사랑의 하나님께서는 당신의 독생자 예수님을 이 땅에 보내 주신 것입니다. 그리하여 예수님으로 하여금 죄인들을 대신하여 지옥의 형벌을 대신 받게 하셨습니다.

그러므로 누구든지 예수님께 나아와 그 분의 공로를 인정하고 그 분을 인생의 주인으로 모시고 살아가야 합니다. 이 땅에서의 자신의 모든 죄의 문제를 해결하지 못하고 죽은 영혼은 자신이 지은 모든 죄 값을 스스로 해결해야 합니다.

바로 영원히 지옥형벌을 받음으로써 말입니다. 죄의 값은 사망이기 때문입니다.

사망이란 우리의 영혼이 하나님과 영원히 단절된 상태를 말합니다. 대신 사랑의 하나님을 떠나 마귀와 영원히 함께 살아야 하는 것을 의미합니다. 온갖 좋은 것은 모두 다 하나님께로부터 나옵니다. 사랑, 정의, 자비, 축복, 행복, 기쁨, 은혜, 영광, 아름다움, 향기로움, 온전함, 만족감, 소망, 뿌듯함, 빛 등등 당신이 좋아하고 갖고 싶어하는 모든 것들이 말입니다.

반대로 온갖 나쁘고 저주스러운 것들은 모두다 마귀에게서 나옵니다. 악함, 죄, 미움, 무자비, 저주, 불행, 슬픔, 절망, 고독, 비참함, 참담함, 사악함, 더러움, 궁핍, 목마름, 공포, 고통, 어둠 등등 당신에게 제발 나타나지 않았으면 싶은 모든 것들은 마귀로부터 옵니다.

만약 당신이 하나님과 끊어진다는 것은 하나님으로부터 나오는 좋은 모든 것들과도 끊어진다는 것을 의미합니다. 영원히 말입니다.

대신 마귀에게서 나오는 모든 저주스런 것들을 영원히 체험하며 살아가야 한다는 것을 뜻합니다. 이것이 바로 하나님께 영원히 끊어지는 영혼의 사망입니다.

〰 엄연히 존재하는 지옥의 실재

여호와의 증인이나 안식일 교회에서는 영혼 멸절설을 주장합니다.

그들은 사람이 죽으면 구원 받지 못한 영혼은 멸절 된다고 주장합니다. 즉, 저들은 '사람이 죽으면 모든 것이 끝이 난다'는 주장을 하고 있는 것입니다.

저들은 성경이 말씀하고 있는 영혼의 불멸을 믿지 않고 있습니다.

따라서 저들은 자연히 지옥도 부인하고 있습니다. 지옥을 부인한다는 것은 지옥을 말씀하신 예수님을 부인하는 것입니다.

저들은 인간의 이성을 앞세워 하나님의 말씀을 전면 부인하고 있는 것입니다. 사랑의 하나님이 어떻게 하나님의 형상을 닮은 사람을 지옥에 보낼 수 있겠느냐는 것입니다.

그러나 예수님께서는 지옥에 관해 다음과 같이 분명하게 말씀하십니다. "불구자로 영생에 들어가는 것이 두 손을 가지고 지옥 꺼지지 않는 불에 들어가는 것보다 나으니라"(막 9:43). 예수님은 자색 옷을 입고 날마다 호화로이 연회를 베풀던 한 부자가 지옥에 떨어져 불꽃 가운데서 극심한 고통을 당하고 있다고 증거하십니다 (눅 16:24).

지옥은 불도 꺼지지 않는 실제로 존재하는 무서운 곳입니다. 또한 성경에는 지옥의 일면을 드러내주는 구절들만 무려 150여 구절이 나타납니다.[1]

오늘날 지옥을 다녀온 사람들의 간증이 적지 않습니다.

실제로 죽어서 지옥을 체험한 사람들도 있고 살아서 지옥을 체험하거나 지옥을 보고 온 사람들도 있습니다. 메리 백스터 같은 여인은 30일 동안 예수님과 함께 수십 차례에 걸쳐 지옥을 다녀왔다고 증언합니다. 그리고 지옥 체험을 간증하는 책을 썼습니다. 그 후 그녀는 목사가 되어 복음을 전하고 있습니다.

빌 와이즈 형제는 지옥에 떨어져서 지옥의 극심한 고통을 체험하고 '지옥에서의 23분'이라는 간증책을 썼습니다. 그리고 그는 TV와 라디오, 그리고 간증집회를 통해 지옥의 생생한 경험을 간증하고 있습니다. 그가 새크라멘토에 있는 아주 큰 러시아 정교회의 간증집회에 초청을 받았을 때 일입니다. 그가 간증을 마치고 단에서 내려오자, 그 교회 장로님 중 한 분이 다가와서는 다음과 같은 간증을 들려주었습니다.

> 저는 러시아계 유태인으로서 독일 강제 수용소에 잡혀 있을 때, 끓는 기름가마 속에 던져졌습니다. 그런데 한 친구가 나를 그 가마 솥에서 꺼내주어 다행히 살아날 수 있었지요. 그 기름가마에 던져졌을 때 나는 죽어서 직접 지옥을 체험했습니다. 저는 언젠가는 누군가가 찾아와 제가 지옥에서 본 것들을 확증해 달라고 지금까지 기도해왔습니다. 그런데 56년이 지난 지금 마침내 제 기도가 응답된 것입니다.[2]

러시아 정교회 장로님은 이미 56년 전에 자신이 직접 체험한 지옥을 책으로 펴낸 바 있는데 자신의 체험이 사실이라는 것을 사람들에게 확증해 주고 싶어서 오랜 동안 기도해 왔던 것입니다.
그런데 빌 와이즈 형제가 23분 동안 직접 체험한 지옥에 대한 증언이 자신이 오래 전에 간증했던 내용과 똑같다는 사실을 알게 되었습니다. 이로써 그 장로님은 자신이 오래 전 체험하고 간증한 지옥에 관한 증언들이 진리라는 사실을 확증하기에 이르렀습니다.

❧ 그 누구도 지옥에 가는 것은 하나님의 뜻이 아닙니다

하나님은 모든 사람이 예수를 믿어 구원을 받으며 진리를 아는데 이르기를 원하십니다 (딤전 2:4). 하지만 애석하게도 너무도 많은 사람들이 예수님을 믿기를 거부하고 있습니다. 그 누구라 할지라도 예수님을 통하지 않고서는 하나님 아버지께 나아갈 수 있는 길이 없는데도 말입니다.

메리 백스터 (Mary K. Baxter)는 예수님께서 다음과 같은 말씀을 증거해 주셨다고 증언합니다.

> 캐더린, 하나님 우리 아버지께서는 우리 각자에게 의지(Will)를 주셔서 하나님을 섬길 것인지 사탄을 섬길 것인지를 선택하게 하셨느니라. 하나님께서 그의 백성들을 위하여 지옥을 만드신 것이 아니다. 사탄은 속이는 영적 존재이며 지옥은 바로 이 사탄과 그를 따르는 천사들을 가두기 위해 만들어졌느니라. 그 누구든지 멸망하는 것은 나의 뜻도 하나님의 뜻도 아니란다.[3]

빌 와이즈 (Bill Wiese)는 예수님께서 부탁하신 말씀을 다음과 같이 증거합니다.

> 너는 가서 사람들에게 지옥에 대해서 알려라. 나는 한 사람도 지옥에 가는 것을 원치 않는다. 지옥은 처음부터 마귀와 그를 따르는 타락한 천사들을 위한 곳이지 사람들을 위한 곳이 아니었다고 가서 전하라.[4]

❧ 사람이 죽으면 어떻게 될까요?

빌 와이즈는 지옥에서의 23분이라는 책 다음과 같이 자신의 체험을 적고 있습니다.

> 나는 지옥에서도 몸을 가지고 있었다. …… 지옥에서 내가 가지고 있었던 몸은 지금 현재의 몸이라면 즉각적인 죽음을 가져올 수 있을 만큼의 무서운 고통을 견딜 수 있는 그런 몸이었다. 그 점을 제외하고는 나는 내 몸을 정상적인 몸처럼 느꼈으며, 몸의 다른 기능들도 정상적으로 움직이는 것 같았다. 나는 거기서도 생각하고 판단하며 기억할 수 있었기 때문이다. 지옥에서도 나의 감정은 여전히 느껴야 할 것을 느끼고 있었다. 다만 내 몸의 힘은 거의 존재하지 않는 것처럼 다 빠져나가 버렸으나, 나의 몸의 감각들은 아주 예민해져 있었다. 나는 볼 수 있었고, 들을 수 있었으며, 만지고 냄새 맡고, 맛볼 수 있었다.[5]

❧ 구원 받은 영혼은 하나님께서 천사를 보내 데려가십니다.

실제로 예수님은 "거지가 죽어 천사들에게 받들려 아브라함의 품에 들어갔다"고 증거하고 계십니다 (눅 16:22). 우리는 예수 믿다가 죽는 사람들의 임종 전에 천사를 보았다는 증언을 많이 듣습니다. 조안 웨스터 앤더슨의 "천사를 만난 사람들"에는 11세 된 예수 믿는 소년의 죽어가는 모습이 소개되어 있습니다. 복막염으로 죽어가는 그 소년이 주위 사람들에게 갑자기 천사가 보인다고 말하기 시작했습니다.

보세요, 엄마! 우리 주위에 천사가 있어요. 그 중에 한 천사가 나머지

천사보다 더 예뻐요." 엄마는 "내 눈에는 안 보이는 걸"하고 대답했습니다. 엄마는 아들이 헛소리를 하는 것이라고 생각하고 아들을 위로하려고 했습니다. 그러나 죽어가는 아들은 "보세요, 천사들이 바로 여기 있어요. 하도 가까워서 만질 수도 있어요"라고 계속 말했습니다. 그 부모는 그 아이가 실제로 천사들을 보고 있다는 사실을 알게 되었고 그로 인해 큰 위로를 받았다고 합니다.[6]

∞ 구원 받지 못한 영혼은 마귀가 지옥 사자들을 보내 끌고 갑니다.

지주 스님이셨다가 목사님이 되신 분의 간증 책을 읽어 본적이 있습니다. 그 분은 대대로 대처스님 집안의 아들이었습니다. 그래서 아버지 스님의 대를 이어 한 커다란 절의 주지스님이 되었습니다. 그 분이 있는 곳은 강원도 지역의 깊은 벽지 산간이었습니다.

그 분이 있는 산간 벽지엔 조그마한 중학교가 하나 있었는데 선생님들을 모실 수 있는 형편이 못 되는 학교였습니다. 그래서 그 주지스님이 그 학교에 교장선생님이자 수학 선생님까지 겸하고 있었습니다. 그 분이 수학과를 졸업하신 분이었기 때문입니다. 마침 서울의 한 교회에서 그 산간 지역으로 수련회를 갔습니다. 그런데 비가 너무 많이 와서 밖에 텐트를 칠 수가 없었습니다.

민박을 해야 하는 데 그럴만한 곳도 마땅히 없었습니다. 그 인근에 체류 할 곳이라고는 학교 밖에는 없었습니다. 그래서 학교를 빌려서 수련회를 하게 되었습니다.

서울에서 내려가신 목사님은 중학교 교장 선생님이신 스님과 한 방에 머물게 되었습니다. 밤새 이야기를 나누다가 목사님은 "예수를 믿어야 죽은 다음 지옥 가지 않는다"고 스님께 전도를 했습니다.

그리고 반대로 스님은 목사님께 석가모니 부처님을 믿어야 극락에 갈 수 있다고 불법을 전해주었습니다. 그리고 헤어졌습니다.

그리고 세월이 흘렀습니다.

어느 날 저녁이었다고 합니다. 옆 방에서 "아이쿠" 하는 외마디가 들렸습니다. 옆 방에서 주무시고 계시던 스님 아버님의 비명소리였습니다. 그래서 급하게 달려가 보았습니다. 그런데 거기서 너무너무 무서운 광경을 목도하게 되었습니다. 정말 놀라운 장면이 벌어지고 있었습니다. 검은 옷을 입은 무시무시하게 생긴 세 명의 저승 사자들이 보였습니다.

하나는 무서운 방망이를 들고 있었고 하나는 오라줄과 쇠 갈고리를 가지고 있었습니다. 그리고 한 저승 사자는 길다란 나무 막대기를 가지고 있었습니다. 한 저승사자가 무섭게 생긴 방망이로 누워 있는 아버지 스님을 여기 저기를 마구 두들겨 패대기 시작했습니다.

그러자 아버지 스님이 비명을 지르면서 허우적거리고 있었습니다. 또 다른 사자가 두 손과 두 발을 오라줄로 묶었습니다. 그리고 나자 다른 저승 사자가 돼지 잡아서 들어 올리듯이 갈고리로 꿰었습니다.

그러더니 길다란 막대기를 가진 사자가 갈고리에 꿰어서 둘이 들쳐 메고 나갔습니다. 그러면서 "오늘 지옥 새끼 또 하나 늘어났네"라고 하면서 킥킥대고 나가는 모습을 보았습니다.

스님은 말로 표현할 수 없는 무시무시한 두려움에 그만 실신하고 말았습니다. 한참 후에야 깨어나서 방으로 들어가 보았습니다. 너무나도 끔찍하게 일그러진 모습으로 아버지 스님이 죽어 있었습니다.

그러한 사건을 겪고 나서, 그 교장 선생님이신 스님은 정신적 공항 상태를 경험하게 되었습니다. 자기 아버지가 평생 믿던 석가모니 부처님이 자기 아버지를 극락으로 데리고 갈 줄 알았는데, 그게 아니었습니다.

대신 평생을 부처를 섬긴 아버지를 지옥의 저승사자가 와서 돼지 잡아가듯이 처참하게 끌고 갔습니다. 그 분의 평생의 부처에 대한 신앙이 와르르 무너져 내리고 말았습니다. "이게 뭔가 잘못되었구나!" 생각이 들었지만, 그렇다고 그러한 사실을 받아들인다는 것이 결코 쉬운 일은 아니었습니다.

그러한 마음의 번민을 거듭하던 어느 날 갑자기 지난 번 여름 수련회 때 만났던 목사님 생각이 났습니다. 그리고 그 목사님이 전해준 '예수님을 믿어야 구원을 받아 지옥 가지 않고 천국에 간다'는 말이 생각이 났습니다. 그래서 그 교장 선생님이신 스님은 옛날에 자기에게 전도해 준 목사님을 물어 물어 찾아 갔습니다.

그리고 전도를 받고 죄를 회개하고 예수님을 주님으로 받아들였습니다. 대대로 내려오던 사찰 문을 닫고 주의 종이 되기 위해 신학교를 갔습니다. 그리고 지금까지 목사님이 되어 수 많은 스님들에게 전도하는 목사님이 되셨습니다.

지옥은 어떤 곳일까요?

많은 사람들이 지옥의 존재를 믿으려 들지 않습니다. 그러나 지옥은 사람들이 없다고 생각한다고 해서 엄연히 존재하는 지옥이 없어지는 것이 아닙니다. 또한 지옥은 사람들이 생각하는 것처럼 그렇게 대수롭지 않게 생각할 그런 곳이 아닙니다. 지옥은 우리의 상상을 완전히 초월하는 지독하게 끔찍한 곳입니다.

예수님께서는 지옥은 그들을 파먹는 구더기도 죽지 않고, 사람들을 태우는 불도 영원히 꺼지지 않는 곳이며, 사람마다 불로서 소금 치듯 함을 받는 그런 끔찍한 곳이라고 말씀하십니다 (막 9:48-49).

∞ 지옥은 소금 치듯 불과 유황으로 타는 곳입니다.

예수님은 세상에서 호화로이 살던 한 부자가 죽어서 지옥에 떨어져 고통당하며 절규하는 모습을 다음과 같이 증거합니다. "나는 이 불 속에서 몹시 고통을 당하고 있습니다"(눅 16:24, 새번역).

요한 사도는 '666 짐승의 표'를 받아 지옥에 떨어진 영혼들이 영영한 불에 고통 당하는 모습을 기록하고 있습니다.

23분 동안 직접 지옥의 고통을 체험하고 돌아온 빌 와이즈 (Bill Weise)는 지옥의 처참한 모습을 생생하게 소개하고 있습니다.

그는 1998년 11월22일에 침대에서 갑자기 지옥의 가장 깊숙한 밑바닥으로 떨어졌습니다. 지옥의 고통을 직접 체험한 빌 와이즈는 지옥불의 고통을 다음과 같이 증거하고 있습니다.

> 각 사람은 유황불이 비 오듯 자신에게 떨어질 때 극도의 죽음의 고통과 두려움의 비명과 처절한 몸부림 속에서 철저하게 고립되고 단절되고 소외되게 된다. 도살장으로 끌려간 짐승들이 함께 쳐 넣어지는 것처럼 그들도 함께 지옥 불 가운데 던져진다.[7]
>
> 지옥의 불꽃들은 수 천 년을 굶주린 듯한 탐욕으로 수 많은 영혼들의 절규와 비명소리에도 아랑곳하지 않고 마구 집어 삼키고 있었다. ……
> 나는 불꽃들 사이로 사람들의 윤곽을 볼 수 있었다. 정죄 받은 영혼들의 절규와 비명 소리에 귀청이 터질 것만 같았다. 그런데 그 소리들은 단 한 순간도 수그러들지 않았다.[8]

지옥 불이 얼마나 뜨거운지 사람들은 상상하지 못합니다. 그 고통이 얼마나 처참한 지 당해보지 않았기에 피부에 와 닿지 않습니다. 사우나나 한증막에서 오랫동안 있어보신 분들은 한계상황이 지나면 정말 견디기 힘들어지는 것을 잘 알 것입니다. 그런데 그보다 몇 천 배 뜨거운 불 가운데서 끝없이 견뎌야 한다고 한 번 상상해 보십시오.

∾ 지옥에는 구덩이 감옥(pit prison)이 있습니다.

성경엔 지옥을 '구덩이', '웅덩이', 또는 '깊은 구렁' 등으로 표현하고 있습니다.

> 여호와여 주께서 내 영혼을 음부에서 끌어내어 나를 살리사 구렁(pit)으로 내려가지 않게 하셨나이다. (시 30:3)
> 주께서 나를 절망의 구덩이 (horrible pit)에서 건져 주시고. (시 40:2)
> 하나님이여 주께서 저희로 파멸의 웅덩이에 빠지게 하시리이다. (시 55:23)
> 악인을 위하여 구덩이(pit)를 팔 때까지. (시 94:13)
> 주의 얼굴을 내게서 숨기지 마소서 내가 무덤(pit)에 내려가는 자 같을까 두려워하나이다. (시 143:7)

이사야 선지자는 "그들이 죄수가 깊은 옥에 모임 같이 모음을 입고 감옥(prison) 속에 갇혔다가, 여러 날 후에 형벌을 받을 것이라" 고 증거하고 있습니다 (사 24:22). 잠언 기자도 죽음의 감방(chambers)에 대해 다음과 같이 증거하고 있습니다. "대저 그가 많은 사람을 상하여 엎드러지게 하였나니 그에게 죽은 자가 허다하니라 그 집은 음부의 길이라 사망의 방(chambers)으로 내려가느니라" (잠 7:26-27).

와이즈 빌은 지옥의 '구덩이 감옥'을 다음과 같이 증거합니다.

> 지옥의 불구덩이(inferno) 바로 오른편으로는 눈에 보이는 것만해도 수천 개의 작은 구덩이들이 있었다. 작은 구덩이들은 지름이 1 미터~1.5미

터 정도에다 높이가 1.2미터에서 1.5미터 정도는 넘지 않았는데, 각 구덩이에는 믿지 않고 정죄 받은 한 사람씩 들어가 있었다.[9]

내가 떨어진 장소는 한 감방이었다. 대략 4.5 미터 정도의 높이에 가로 3미터 세로 4.5미터 가량이었다. 거친 돌로 된 벽들과 쇠창살 문을 보면서 나는 내가 임시 감금 소에 갇혀 있다는 느낌을 받았다. 앞으로 죄수에게 닥칠 끔찍한 최종 판결, 즉 자신의 마지막 운명의 시간을 기다리는 그런 곳에 갇혀 있다는 느낌이 들었다".[10]

리차드 에비 (Richard Eby) 박사는 "낙원으로 끌려 올라감" (Caught up into Paradise)이라는 책에서 그가 체험한 지옥을 다음과 같이 묘사하고 있습니다.

지옥의 구덩이에서 작은 거미 같이 생긴 마귀들이 완전한 흑암과 고립 상태에 있는 나의 온 몸 위를 기어 다녔다. ……불쾌하고, 추잡하고, 악취가 나고, 썩은 냄새가 진동하고, 더러운 냄새 나는 것들이 악한 것들과 함께 뒤섞여서 견딜 수가 없었다. …… 나의 두려움과 견딜 수 없는 공포심은 한치의 소망도 보이지 않고, 처절한 자포자기와 심연에 떨어진 것과 같은 외로움은 극에 달했다.[11]

෴ 지옥은 어떤 소망도 존재하지 않는 짙은 흑암의 황폐한 곳입니다.

예레미야 선지자는 자신이 당하는 고통을 지옥의 흑암에 처한 것에 비유하여 다음과 같이 말하고 있습니다. "그가 나로 흑암에 거하게 하시기를 죽은 지 오랜 자 같게 하셨도다" (애 3:6). 지옥은 흑암이 짙게 깔린 칠흑같이 어두운 곳입니다. 그곳엔 빛이란 조금도 없습니다.

그래서 예수님께서도 지옥을 '바깥 어두운 곳'이라고 표현하셨습니다 (마 8:12, 22:13, 25:30).

이스라엘 백성을 애굽에서 구출하실 때 애굽 온 땅에 삼일 동안 캄캄한 흑암이 있어서 그 동안은 사람 사람이 서로 볼 수 없었습니다.
그러나 이스라엘 자손의 거하는 곳에는 광명이 있었습니다 (출 10:22-23). 이것은 장차 영원토록 있게 될 하나님의 백성이 거할 곳에 임할 빛과 지옥에 임할 어두움을 미리 보여주신 그림자와 같습니다.

빌 와이즈는 지옥이 얼마나 깜깜한지를 다음과 같이 묘사하고 있습니다.

> 지옥은 흑암이 어찌나 끌어 당기는 힘이 강하든지 그 어떤 빛도 더 이상 진행하지 못하고 그 흑암에 삼켜버림을 당하는 것이었다. 그 곳의 땅들은 온통 바위투성이에다 삭막하고 황폐했다. 거기에는 단 하나의 푸른 것도, 단 하나의 살아있는 것도, 단 하나의 풀잎이나 꽃잎도 존재하지 않았다. 완전한 황폐와 폐허와 죽음의 땅이었다.[12]

그는 지옥에는 어떠한 소망도 존재할 수 없음을 다음과 같이 증거합니다.

지옥은 바로 어떤 목적도 존재하지 않는 그런 땅, 아무런 소망도 존재할 수 없는 그런 곳이었다. 모든 삶은 끝이 났다. 그 모든 것들은 지나가 버렸다. 이젠 그 모든 것이 허망할 뿐이라는 허탈감과 허무감이 나를 삼켜버렸다. …… 그곳은 평범한 대화든, 지적인 대화든 그 어떤 인간과의 대화도 끊어진 곳이었다. 그렇기 때문에 사람들과 대화를 나누고, 뭔가를 주고 받을 수 있다는 것이 얼마나 소중한 축복인가를 절실히 깨닫게 되었다. 나는 지금 나의 존재 자체가 끝이 보이지 않는 영원한 고통과 상실과 외로움으로 가득 찬 가장 비참한 현실 가운데 놓여 있었다.[13]

∾ 지옥은 물이 없어 목이 타 들어가는 극심한 갈증을 느끼는 곳입니다.

예수님께서는 '지옥은 물 한 방울이 없는 극심한 갈증이 있는 곳'이라는 것을 지옥에 떨어진 한 부자의 다음과 같은 절규를 통해 알려 주고 계십니다. "아버지 아브라함이여 나를 긍휼히 여기사 나사로를 보내어 그 손가락 끝에 물을 찍어 내 혀를 서늘하게 하소서" (눅 16:24a).

빌 와이즈 (Bill Wiese)도 지옥이 얼마나 갈증이 심한 곳인지를 다음과 같이 묘사하고 있습니다.

가장 고통스러운 것 중의 하나는 도저히 참을 수 없고 미쳐버릴 것 같은 타는 목마름과 건조함이었다. 타는듯한 목마름 때문에 나의 입은 완전히 말라 붙어버렸다. 마치 수 십일 간 사막을 달려온 것 같은 느낌이었다. 지옥은 물도 없고, 물이나 물기를 찾을 수 가 없었다. 나는 처절하게 단 한 방울의 물을 갈구하고 있었다. 누가복음 16장 23절의 고통 중에 있는 부자처럼, 물 한 방울이 나에게는 생명과 같았다.[14]

이와 같이 물이 없어 미쳐버릴 것 같은 갈증으로 영원히 고통 받는 곳, 그곳이 바로 지옥입니다.

∽ 지옥은 짐승들에게 무서운 고통을 당하는 곳입니다.

이현숙 집사는 1998년에 한 번, 그리고 또 2003년에 이상 중에 지옥을 보았습니다. 그리고 그 내용을 "지옥에서 본 천국 I, II" 라는 책에다 기록해 놓았습니다.

다음의 내용은 그 두 책의 주요 내용을 발췌한 것입니다.

주위는 어두컴컴했으며, 아주 커다랗고 둥근 모양의 링이 둘러쳐져 있었고 그 링 안에는 서로 다른 종류의 피부를 가진 사람들이 콩나물 시루를 연상시키듯 빽빽하게 들어차 있었다. 또한 링 주위에는 사람들이 나오지 못하도록 몸집이 커다랗고 머리를 풀어헤친 지옥의 사자 모양을 한 무섭게 생긴 사람들이 저마다 손에 갈고리가 붙은 채찍을 들고 빙 둘러서 있었다. 그래도 사람들은 링 밖으로 나오려는 지 몸부림을 쳤고, 링 주위에 있는 사자들은 가장자리에 있는 사람들을 향해 채찍과 칼을 휘둘러댔다.

그럴 때마다 사람들의 몸에선 살이 찢어지고 피가 튀면서 괴로워했다. 링 가운데서도 사람들이 비명을 지르며 아우성치는데 자세히 보니 커다란 기둥 같은 몸체에 머리가 여러 개 달린 뱀인지 구렁이인지 표현할 수도 없이 징그럽고 거대한 괴물들이 사람들을 마구 물어뜯고 있었다.

그 와중에서 사람들은 링 가운데로도 가지 않고 가장자리로도 가지 않으려고 서로 밀어내며 싸우는 광경이 보였다. 링 밖으로는 또 다른 사람들이 말로는 형용할 수 없는 비참한 모습으로 팔과 다리에 쇠 사슬이 묶인 채 굵고 커다란 나무들을 어디론 가 힘겹게 나르고 있었다. 어쩌다 넘어지거나 떨어뜨리면 여지 없이 채찍의 갈고리가 그 사람의 몸에 내리쳐 꽂혔다. 정말이지 여간 잔인하고 끔찍한 일이 아닐 수 없었다.[15]

제가 그날 본 것은 영영한 불이 있는 곳이었습니다. 제 눈에 들어온 것은 아스팔트를 깔 때 사용하는 커다란 롤러 같은 것이었습니다. 무척이나 무겁고 커다랗게 생긴 롤러는 불에 완전히 달궈져 있었습니다. 불에 시뻘겋게 달구어진 엄청나게 커다랗고 무겁게 생긴 그 롤러는 내가 아는 그 분을 짓누르며 잔인하게 지나가는 것이었습니다. 마치 오징어를 누르듯이 말입니다. 비명 한 번 지르지 못했지만 처절한 몸부림만으로도 그 고통과 끔찍함을 짐작하게 했습니다. 정말이지 너무나 처절하고 잔인한 상황이었으며 그 어떠한 말로도 형용할 수 없는 끔찍한 광경이었습니다. 도대체 어떻게 된 일인지 그 상황에서도 죽지 않고 형상만 일그러져 있을 뿐 고통과 괴로움을 느끼는 것은 산 사람 그대로인 것 같았습니다.[16]

∽ 지옥은 과연 누구를 위해 예비 된 곳일까요?

지금까지 성경의 증거와 지옥을 직접 보거나 체험한 사람들의 증언과 같이 지옥은 참으로 가히 말로 표현하기 어려운 무서운 곳입니다. 이 지옥은 원래 사람들을 위해 만든 곳이 아닙니다. 하나님을 대적한 마귀와 그의 추종자들인 악령들을 영원토록 벌주기 위해 만든 곳입니다. 그러나 하나님과 더불어 사랑을 나누며 살도록 지음 받은 사람들일지라도, 그가 만약 하나님을 사랑하며 살기보다는 마귀를 사랑하기를 더 좋아하는 자들에게는 마귀와 영원히 살도록 해 주십니다. 그것이 곧 그가 사랑하는 마귀의 영원한 처소인 지옥으로 보내는 것입니다.

그래서 예수님은 "저주를 받은 자들아 나를 떠나 마귀와 그 사자들을 위하여 예비 된 영영한 불에 들어가라"고 말씀하신 것입니다 (마 25:41). 그러므로 우리는 마귀를 추종하는 죄를 버려야 합니다.

의를 행하는 것은 하나님을 사랑하는 것입니다 (요 14:21). 하나님의 아들로 살아가는 것입니다. 반대로 죄를 짓는 것은 마귀를 사랑하는 것입니다. 마귀의 종으로 살아가는 것입니다.

오늘날 예수 믿는다고 하면서 죄를 아무렇지도 않게 짓고 살아가는 사람들이 적지 않습니다. 그런 사람들은 입술로만 그리스도인일 뿐입니다. 그런 사람들은 하나님을 사랑하는 자가 아니라, 마귀를 사랑하는 사람들입니다. 그런 사람들은 죄를 회개하지 않으면 마귀와 그의 사자들을 위하여 예비 된 영원한 불, 지옥에 떨어진다는 사실을 알아야 합니다.

우리는 하나님과 마귀 중 하나를 택일해야만 합니다. 우리는 아담 이후로 모두가 죄를 지어 본질상 진노의 자식, 즉 마귀에게 속해 있었습니다. 하지만 우리가 아직 죄인 되었을 때에 하나님께서 우리를 사랑하사 독생자를 보내시어 우리의 모든 죄를 대신 짊어 지게 하셨습니다 (롬 5:8).

그리하여 우리가 받아야 할 지옥 사망의 심판을 십자가 위에서 예수님께서 대신 받도록 하셨습니다. 이제 누구든지 이 사실을 믿고 예수님을 주님으로 믿으면, 하나님께서는 우리를 예수님처럼 의로운 자로 받아주십니다. 우리가 예수님때문에 하나님께 나아갈 수 있는 길이 열린 것입니다. 예수님은 "내가 곧 길이요 진리요 생명이니 나로 말미암지 않고는 아무도 아버지께로 올 자가 없다"고 말씀하십니다 (요 14:6). 그리고 예수님께서는 "수고하고 무거운 짐진 자들아 다 내게로 오라 내가 너희를 쉬게 하리라"고 죄의 무거운 짐진 자들을 부르고 계십니다.

예수님은 우리를 이처럼 지옥형벌에서 구원하시기 위해 부르시고 계시는데도 지옥으로 달려가는 자들이 있습니다.

∽ 죄를 회개하지 않은 사람들은 마귀를 위해 예비 된 지옥에 갑니다.

예수님은 의인을 부르러 온 것이 아닙니다. 도리어 죄인을 불러 회개 시키러 오셨습니다. 죄인이 회개하지 않으면 죄의 삯인 사망 곧, 지옥의 형벌을 면할 수 없기 때문입니다.

예수님은 지옥에 떨어진 부자가 죄를 회개하지 않았기 때문이라고 말씀하십니다. 지옥에 있는 부자는 자기가 죄를 회개하지 않아 지옥에 떨어졌음을 다음과 같이 말하고 있습니다. "아브라함 조상님, 죽은 사람들 가운데서 누가 살아나서 그들에게 가면 그들이 회개할 것입니다" (눅 16:30, 새 번역).

그가 지옥에 떨어진 이유는 회개하지 않았기 때문입니다. 많은 사람들이 '반드시 천국에 가게 될 것이라'는 구원의 확신을 가지고 있습니다. 그런데 문제는 그런 사람들 중에 죄를 회개한 적이 없는 가짜 믿음을 소유한 자들이 많다는 사실입니다. 주님께서는 우리를 향하여 오래 참으시며 회개하고 돌아오기를 기다리고 계십니다.

주님은 우리 중 아무도 멸망치 않고 다 회개하기에 이르기를 원하시고 계십니다 (벧후 3:8-9).

～ 진정한 회개란 죄에서 완전히 돌아서는 것입니다.

성경은 회개란 우리를 패망케 하는 모든 죄에서 돌이켜 떠나는 것이라고 말씀하고 있습니다 (겔 18:30b). 즉, 진정한 회개란 가롯 유다처럼 단지 죄를 뉘우치거나, 죄를 자백하는데 그치는 것이 아닙니다.

그러나 오늘날 많은 사람들이 죄를 고백하는 것을 회개하는 것으로 오해하는 사람들이 많습니다. 아닙니다. 그렇다면 가롯 유다도 죄를 회개한 사람이 됩니다. 그는 죄를 뉘우치고 고백하기 까지는 했으나 죄를 회개하지는 않았습니다. 죄를 완전히 끊고 돌아서는 것이 회개입니다.

아직도 끊어버리지 못한 습관적인 죄 또는 끌려 다니는 죄가 있다면, 그 사람은 아직 회개하지 않은 사람입니다. 그런 사람의 회개하지 않은 죄는 그 사람을 지옥으로 끌고 갈 것입니다.

그러므로 어서 속히 죄의 줄을 끊고 회개하시기 바랍니다.

지옥의 참담함에 대한 증언들

이상 중에 두 번에 걸쳐 본 끔찍한 지옥의 모습을 본 이현숙 집사는 다음과 같이 소개하고 있습니다.

∽ '믿노라' 하면서도 불의(법)를 행하며 살다가 지옥에 온 증언

우리는 다른 불구덩이 앞에서 멈추었다. 멈추어선 불구덩이에서 여자의 목소리라 흘러 나왔다. 이 여자는 불 꽃 한 가운데 서 있었다. 불들이 그녀를 타고 올라갔다. 그녀의 뼈 속에는 썩어가는 것들과 구더기들로 가득 차 있었다. 불길이 그녀를 타고 올라가자 고통 속에서 주님께 손을 내밀며, "제발 저를 여기서 나가게 해 주세요. 이제 예수님께 제 마음을 드릴께요. 당신을 증거할 것입니다. 제발 빕니다. 저를 이곳에서 나가게 해 주세요"

예수님께서는 이 말씀을 해 주셨다. "내 말은 참이니라. 장차 다가올 환난을 피하려거든 모든 사람은 회개하고 죄에서 돌이키고 내가 그들의 삶 가운데 있도록 영접해야 할 것이니라." 그리고 주님께서는 그 여인을 향해 몸을 돌리시고는, "만약 네가 나의 말을 듣고 나에게 회개 하였더라면 나는 너를 용서하였을 것이다. 여인이여 나는 너에게 많은 기회들을 주었다. 그러나 너는 마음을 굳게 하고 회개하지 아니하였느니라. 간음하는 자는 이곳 불 못에 온다는 것을 너는 말씀으로 알고 있었잖느냐?"라고 하셨다. 예수님께서 나를 향하여 서시더니 말씀하셨다. "그녀는 반절만 나를 따랐느니라. 하나님과 사탄을 동시에 섬길 순 없다. 누구를 섬길지를 양단간에 결정해야만 한다".[17]

༄ 믿다가 타락한 주의 종이 회개하지 않고 죽어 지옥에 온 증언

한 번도 들어 본 적 없는 울부짖는 소리가 온 공기를 진동 시키고 있었다. 그 소리는 어떤 남자의 부르짖음이었다. 고통 중에 울부짖는 소리가 얼마나 처절했던지 내 가슴이 찢어지는 듯 하였다. …… 나는 너무 무서워서 나도 모르는 사이에 몸을 떨고 있었다. "캐더린, 여기에는 많은 영혼들이 갖가지 모양으로 고통을 당하고 있단다. 한 때 복음을 증거하다가 타락했거나 하나님의 부르심에 불순종한 자들은 더 큰 심판을 받고 있느니라. 캐더린, 내 말에 귀 기울이기 바란다. 전도자들이여, 설교자들이여, 나의 말을 가르치는 교사들이여, 복음 사역에 참여하고 있는 모든 자들이여 깨어 있으라. 만약 죄를 범하거든 회개해야 하느니라. 그렇지 않으면 모두 멸망할 것이니라"고 말씀하셨다. …

"그의 고통은 낮이나 밤이나 쉬지 않고 계속되느니라. 그를 이 관 속에 집어넣은 이는 바로 사탄이다. 그리고 그에게 이런 고통을 가하고 있단다"라고 주님이 말씀하셨다. 이 남자는 전에 하나님의 말씀을 전파하는 설교자였다. 한 때 그는 온 힘으로 나를 섬기며 많은 영혼들을 구원의 길로 인도했었지. 그러나 수년이 지난 후 이 남자는 육체의 정욕과 물질의 욕심에 이끌려 끝내 타락하고 말았단다. 결국은 사탄에게 완전히 사로잡히고 말았다. 그는 큰 교회를 담임하였고 비싼 차에 많은 사례를 교회에서 받았단다. 그러면서도 그는 교회 헌금을 도둑질하기 시작했다. 거짓을 가르쳤고 설교할 때에도 반은 거짓이었고 반만 진실이었다. 그는 내가 끼어 들 만한 틈을 주지 않았다. 나는 그가 회개하고 진리만을 전하도록 나의 종들을 그에게 보냈지만 그는 듣지 않았느니라. 하나님을 위해 살아가는 삶보다는 인생을 즐기며 사는 정욕적인 삶을 더 좋아했단다. 그는 성경 이외의 것을 가르치면 안 되는 것을 알고 있었다. …… 예수님은 관 속에 있는 남자를 불쌍히 내려다 보시며, "잃어버린 영혼들의 피 값이 이 남자의 손에 다 있느니라. 그들 중 다수는 이 지옥에서 고통 당하고 있단다"라고 말씀하셨다.[18]

❧ 입술로는 주님을 사랑하나 행위로 부인하는 자가 지옥에 온 증언

우리가 한 구덩이에 멈추어 서자 거기에는 한 여자가 있었는데, 그녀는 이 불길에서 나가게 해 달라고 주님께 울부짖고 있었다. 예수님께서는 사랑의 모습으로 그녀를 쳐다보시며 말씀하셨다. "네가 지구상에 있을 때에 내게 오라고 수 없이 너를 불렀단다. 때가 더 늦기 전에 네게 돌아 오라고 네게 애원했었지. 그 때마다 너는 내게 이르기를, '네 주님, 주님을 따르렵니다' 하였었다. 입술로는 나를 사랑한다고 말하였으나, 네 가슴은 내게서 멀었느니라.

네 마음이 어디에 가 있었는지 나는 알고 있단다. 내게 돌아와 회개하라고 네게 이르기 위해 나의 사자들을 종종 보내곤 하였었지. 그러나 내 말을 듣지 아니하였느니라. 나는 네가 복음 사역에 뛰어들어 다른 이들을 내게로 돌아오게 하는데 쓰임 받기를 원하였단다. 그러나 너는 나 보다는 이 세상을 더 좋아하였다. 내가 너를 불렀으나 너는 듣지 않았고 회개도 하지 않았단다."

이 여자가 입을 열었다. "주님, 내가 어떻게 교회를 다녔으며 얼마나 착했는지 기억 나지 않으세요? 얼마나 교회 생활에 잘 적응했으며 바로 당신 교회의 한 멤버가 아니었나요? 내 삶에 주님의 부르심이 있음을 알았어요. 그리고 그 부르심에 순종해야 된다는 것도 알고 있었어요. 또 그렇게 했고요."

여인이여 너는 여전히 거짓말과 죄들로 가득 차 있구나. 내가 너를 불렀지만 너는 듣지 않았단다. 물론 너는 교회 멤버 중 하나였었지. 그러나 멤버가 된다고 해서 천국에 가는 것은 아니란다. 너의 죄는 너무 많았지만 너는 회개하지 않았느니라. 너는 많은 사람들을 넘어지게 하였었지. 그들이 너에게 상처를 주었다고 해서 너는 그들을 용서하지 않았다. 믿는 자들 앞에서 사랑하는 척 섬기는 척 하였지만, 그들이 없는 곳에선 거짓말하고 속이고 도적질하였느니라. 미혹의 영에 빠져서 이중인격의 삶을 살지 않았더냐?

물론 어떤 길이 바른 길이고 좁은 길인지 알면서도 말이다. 그리고 너는 이중 혀를 가지고 있었느니라. 예수 안에서 형제 자매라고 불렀지만, 그들이 안 보이는 곳에서는 심하게 판단하고 그들보다 네 자신이 더 낫다고 하지 않았더냐? 여전히 네 속에 죄로 가득 차 있으면서도 말이다. 너는 믿음의 초보자들의 행동을 함부로 판단하고 사람들을 외모로만 판단하였느니라.

입술로만 나를 사랑한다고 하였으며 너의 마음은 내게서 너무 멀리 있었단다. 너는 무엇이 주님의 길인지를 알고 있었느니라. 하나님을 너의 목적을 위해서만 이용하였었지. 하나님께서는 그것을 다 알고 계셨느니라.

진심으로 하나님을 섬겼더라면 지금 이곳에 오지 않았을 것이다. 하나님과 사탄을 동시에 섬길 수 없느니라' 라고 말씀하셨다. 그리고 주님께서 내게로 몸을 돌리시며 말을 이어가셨다.

"캐더린, 마지막 말세에는 많은 이들이 믿음에서 떠날 것이다. 미혹의 영들에 속아서 죄를 섬길 것이다. 그러나 그들에게 떠나서 구별되어야 한다. 그들이 걸어가는 길을 걸어선 안 된다." [19]

～ 주님보다 세상을 더 사랑하여 타락한 주의 종들이 지옥에 온 증언

어느덧 불과 유황으로 타고 있는 한 못에 도착하였다. 육 피트 (183cm) 정도로 보이는 한 남자가 뜨거운 불길에 타고 있었는데 뼈들도 불길에 휩싸여 있었다. …… 나는 이 남자가 왜 이 곳에 와 있는 것일까 생각하자 주님은 내 생각을 아시고 말씀하셨다. "이 남자는 지구에 있을 때, 복음을 전파하는 설교자였다. 한 때는 나를 잘 섬기며 진리를 전파하였었지."

주님께서 접근하시자, 그는 주님께 죄를 회개하는 말을 하기 시작했다. "나는 교회 사람들에게 왜곡된 진리만을 전했습니다. 나는 내 나름대로 천국을 설정해 놓고 어느 것이 옳은지 그른지를 내 마음대로 결정했습니다. …

가난한 사람들에게서 돈을 취하기도 했습니다. 이젠 선하게 살겠습니다.

교회에서 함부로 돈을 취하지 않겠습니다. 이제 인종차별도 하지 않을 것입니다. 주님 저를 나가게 해 주세요".

예수님께서 말씀하셨다. "너는 하나님의 말씀을 왜곡하고 잘 못 가르쳤을 뿐 아니라 알지도 못하면서 아는 척, 거짓말도 많이 하였느니라. 하나님의 말씀을 사랑하는 것보다 이 세상 재미를 더 사랑하였느니라. 너는 네가 하고 싶은 대로 살지 않았더냐? 사탄이 너의 주인이 아니었더냐? 너는 진리를 알고 있었으나 회개하고 내게로 돌아오지 아니하였느니라. 그러나 나는 항상 네 곁에 있었고 돌아올 때까지 기다리고 있었다. 네가 회개하길 바라면서 말이다. 이미 심판은 끝이 났느니라. ……

너는 사람들에게 진실을 이야기 했어야 했다. 만약 네가 지옥은 실존하며, 믿지 않는 자는 불과 유황으로 타고 있는 이 지옥으로 온다는 사실을 말했더라면 많은 사람들을 바른 길로 인도할 수 있었을 것이다. 너는 십자가의 도를 알고 있었다. 너는 의의 도를 알고 있었다. 진리를 이야기해야 하는 것도 알고 있었다. 그러나 사탄은 네 마음 속을 거짓으로 가득 채웠으며 너는 죄의 길로 따라 갔느니라. 그 때 너는 대강 회개해서는 아니 되었고 진실로 철저하게 회개했어야 했다.[20]

지금 회개하여 영생 천국을 준비하십시오

예수님께서는 "만일 그 종이 마음에 생각하기를 주인이 더디 오리라 하여 노비를 때리며 먹고 마시고 취하게 되면 생각지 않은 날 알지 못하는 시간에 이 종의 주인이 이르러 엄히 때리고 신실치 아니한 자(unbelievers)의 받는 율에 처하리라"고 말씀하셨습니다(눅 12:45~46).

신실치 못한 자들은 불신자들을 가리킵니다.
불신자들의 영혼이 가는 곳이 지옥이 아니고 어디겠습니까?
마찬가지로 주님의 부름을 받아 주의 종이 된 사람들 중에서 주님보다 세상을 더 사랑하여 죄악의 수렁에 빠져버린 자들도 지옥에 간다는 말씀입니다.

෴ 믿노라 하면서 거룩을 버리고 불의한 삶을 사는 자들이 가는 지옥

성경은 '불의한 자가 하늘나라를 유업으로 받지 못할 것'이라고 말씀하고 있습니다. 그러면서 그러한 불의한 일이 무엇인지를 구체적으로 제시하고 있습니다.

> 음란하는 자나 우상 숭배하는 자나 간음하는 자나 탐색하는 자나 남색하는 자나 도적이나 탐람하는 자나 술 취하는 자나 후욕하는 자나 토색하는 자들은 하나님의 나라를 유업으로 받지 못하리라. (고전 6:9-10)

예수님은 "너희 의가 서기관과 바리새인보다 더 낫지 못하면 결단코 천국에 들어가지 못하리라" 고 말씀하고 계십니다 (마 5:20). 최소한 바리새인들은 위에 바울이 언급한 불의한 일은 행하지 않은 자들입니다.

예수님은 마음으로 음욕을 품은 자들도 이미 간음한 자들이라고 말씀하십니다. 또한 예수님은 "누구든지 음행한 연고 없이 아내를 버리면 이는 저로 간음하게 함이요 또 누구든지 버린 여자에게 장가 드는 자도 간음함이니라" 고 말씀하셨습니다 (마 5:32).

그러므로 이런 일을 행하는 자들은 즉시 회개해야 할 것입니다.

바울은 우리가 성령을 좇아 행치 않고 육체의 소욕을 좇아 다음과 같은 죄를 지으며 살면 지옥에 간다고 증거합니다.

> 육체의 일은 현저하니 곧 음행과 더러운 것과 호색과 우상 숭배와 술수와 원수를 맺는 것과 분쟁과 시기와 분냄과 당 짓는 것과 이기심, 분리함과 이단과 투기와 술 취함과 방탕함과 또 그와 같은 것들이라 전에 너희에게 경계한 것같이 경계하노니 이런 일을 하는 자들은 하나님의 나라를 유업으로 받지 못할 것이요. (갈 5:16-21)[21]

메리 백스터는 "지옥은 정말 있습니다" 라는 책에서 다음과 같이 기록하고 있습니다.

> 예수님께서 말씀하셨다. "하나님의 거룩한 백성들이 아첨꾼들에 의하여 잘못된 길로 빠져 왔느니라. 속지 말라. 하나님은 만홀히 여김을 받지 아니하시나니 누구든지 귀를 열고 내 말에 귀 기울이면 깨달음이 너희에게 올 것이니라. …… 나의 거룩한 곳에 서서 아첨하는 말로 사람들을 유혹하는 거짓 선지자들을 조심하라. 오, 땅에 거하는 자들이여. 나의 많은 백성이 거짓된 교리에 속아 다 자고 있구나. 깨어 있으라! 내가 네게 이르노니 모든 불의가 죄니라. 영과 육의 모든 죄에서 너희를 깨끗케 할지니라." ……
>
> "들으라, 나의 거룩한 말씀을 선포하는 사역자들아, 하나님을 대항하여 죄를 짓지 않도록 가르치라. 하나님의 집에서 심판이 반드시 있음을 명심할지니라. 만일 회개하지 아니하면 너희를 이 세상에서 옮길 것이니라."
>
> "진리를 전하되 너희 속은 불의로 가득하며 가난한 자들의 금과 은을 주머니에 넣고 다니는 자들아, 내가 엄히 경고하노니, 때가 너무 늦기 전에 회개할지니라. 심판의 날, 너희가 내 앞에 서는 날, 너희 모든 행위가 일일이 드러날 것이니라. …… 능히 이기는 자가 되도록 기도할지니라"[22]

❧ 너무 늦지 않도록 지금 회개하십시오.

우리는 항상 우리에게 기회가 있을 거라고 생각합니다.
그러나 기회가 항상 우리를 기다리고 있지는 않습니다.
'아직 시간이 많으니 지금은 즐기고 다음에 회개하리라' 생각하다가 졸지에 죽음을 당하여 지옥에 떨어진 불쌍한 영혼들이 얼마나 많은 지 모릅니다. 많은 사람들이 '언젠가는 주님께로 돌아가리라'고 생각하고 죄와 짝하며 여전히 세상에 머물러 있습니다.

다음에 나오는 백스터의 지옥 참상의 증언은 회개를 내일로 미루어서는 안 된다는 점을 우리에게 상기시키고 있습니다.

절규하며 부르짖는 음성이 들려와서 그 쪽을 돌아보았다. 보통 사람의 눈과 같이 되어 있었으나 불에 덴 자국이 남아 있었다. 나는 너무 그 영혼이 불쌍해서 몸을 떨었다. "주님, 이제 바로 살겠습니다. 전에 당신을 알았고 주님은 저의 구세주이셨습니다"라고 이야기하며 손으로 감방 쇠창살을 쥐었다."왜 지금은 저의 구세주가 될 수 없으시죠?"라고 이야기 할 때 한 움큼의 살점들이 떨어져 나갔다. 남은 것은 해골뿐이었다. ……

"주님, 언젠가는 주님께 돌아올 생각이었습니다. 나는 그 때 사탄에게 사로잡히고 있는 줄 몰랐습니다. 나는 아직도 시간이 있다고 생각했습니다. '내일 나는 예수님께 돌아가지 뭐, 그러면 그 분께서는 나를 용서하시고 받아 주실 거야' 라고 생각했습니다. 그러나 나는 너무 미루었습니다".[23]

주님께서는 내게 이런 말씀을 해 주셨다. "내게로 오는 자가 나를 위하여 목숨을 버리면 얻을 것이요, 더 풍성히 얻을 것이니라. 그러나 죄인은 지구상에 있을 동안에 회개하여야 한단다. 그들이 여기에 도착할 때면 이미 때는 늦었다. 많은 죄인들이 하나님과 사탄을 동시에 섬기기를 원한단다. 그리고 아직 시간이 있으니 하나님의 은혜는 나중에 받자는 식으로 사는 사람들이 있단다. 진실로 현명한 자는 나를 섬기기 위해 바로 오늘 선택할 것이니라"[24].

오늘날도 이처럼 예수 믿는 것을 차일 피일 미루는 사람들이 적지 않습니다. 당신이 내일 주님께로 돌아가겠다고 생각할 지 모르지만 어쩌면 그 내일이 영원히 당신에게 오지 않을 수도 있다는 사실을 잊지 마시기 바랍니다. 이 시간 결단 하고 주 예수님께로 나오십시오.

이 땅에서 살 동안만이 당신에게 주어진 유일한 기회임을 잊지 마십시오! 만약 당신이 예수님을 믿는다고 하면서도 죄를 버리지 못하고 죄와 짝하고 살아가고 있습니까?
회개하십시오! 회개는 말로만 하는 것이 아닙니다.
죄를 버리고 돌아서는 것이 진정한 회개입니다. 더 늦기 전에 회개하고 말씀에 순종하며 사시기 바랍니다. 기회가 언제까지나 당신을 기다리고 있지 않습니다. 그리하여 지옥 형벌을 면하고 영생축복을 준비할 수 있기를 바랍니다.

∾ 영생을 준비하는 지혜로운 자가 되십시오.

우리는 어디 여행을 가고자 할 때 계획을 세우고 여행을 준비합니다. 좀더 여유 있는 노후를 위해서 요즘 미국 사람들은 젊어서부터 계획하고 준비합니다. 그런데 안타깝게도 너무나 많은 사람들이 죽은 이후에 영원한 생애에 대해서는 전혀 준비를 하지 않습니다.

죽음 이후에 영원히 살게 될 영생을 오직 이 땅에서만 준비할 수 있는데도 사람들은 관심을 기울이지 않습니다. 죽음 다음에는 사람들의 영혼이 갈 곳은 둘 중 하나입니다. 예수 잘 믿어 준비한 사람에게는 이루 형용할 수 없는 축복의 세계인 영생 복락의 천국이 기다리고 있습니다.

그러나 준비하지 않고 되는 대로 인생을 산 영혼에게는 처참하고 무시무시한 지옥의 영원한 형벌(刑罰)이 기다리고 있습니다.

당신이 지옥에 갈 리 없다고 아무리 우겨도 성경은 예복을 준비한 자만이 천국에 갈 수 있다고 증거합니다. 당신에게 기회가 항상 있는 것이 아닙니다. 당신은 당신의 영생을 가지고 도박을 해서는 안됩니다. 죽으면 그만이라는 생각으로 당신 마음대로 살아가는 것은 지금 당신의 영생을 가지고 도박을 하고 있는 것입니다. 영원한 때를 준비하여 그 끔찍한 지옥을 면하고 천국에 입성하는 복된 인생이 되시기를 간절히 바랍니다.

주(註)

1) Wiese, 지옥에서의 23분, 2007, p. 141
2) Wiese, 지옥에서의 23분, 2007, p. 110
3) Baxter, 1997, p. 47
4) Wiese, 지옥에서의 23분, 2007, p.77
5) Wiese, 2007, pp. 175-176
6) 재인용, 변승우, 지옥에 가는 크리스천들, 2004, pp. 34-35
7) Wiese, 2007, p. 65
8) Wiese, 2007, pp. 57-58
9) Wiese, 2007, p. 72
10) Weise, 2007, pp. 32-33
11) Wiese, 2007, pp. 161-162
12) Weise, 2007, p. 45
13) Bill Weise, 2007, p. 48
14) Wiese, 지옥에서의 23분, 2007, p. 47
15) 이현숙, 지옥에서 본 천국 I, 1998, pp. 32-33
16) 지옥에서 본 천국 II 2003, pp. 128-129
17) Baxter, 1997, pp. 55-56
18) Baxter, 1997, pp. 89-91
19) Baxter, 1997, pp. 62-64
20) Baxter, 1997, pp. 51-54
21) 참조: 우리말 개역 성경에는 '이기심'이 빠져 있습니다. 그리고 표준 새 번역에는 '이기심'이 들어 있고 영어성경에서는 대부분 '이기적인 야심'(Selfish ambition)이라고 번역되어 있습니다.

22) Baxter, 1997, pp. 169-170
23) Baxter, 1997, pp. 189-190
24) Baxter, 1997, p. 197

참고문헌 (REFERENCES)

강병도. (Ed.). (1991). 호크마 종합주석: 로마서, Seoul Korea: 기독지혜사

권성수. (1994). 로마서 강해 I: 로마서 1-8장, Seoul Korea: 도서출판 횃불

권성수. (1999). 로마서 강해 II: 로마서 9-16장, Seoul Korea: 도서출판 횃불

김동수. (2004). 구원, 그것이 알고 싶다, Seoul Korea: 도서출판 성산 서원

김세윤. (2001). 구원이란 무엇인가, 서울: 도서출판 두란노

박영선. (1985). 구원, 그 즉각성과 점진성: 출애굽 사건과 사사기, Seoul Korea: 새순 출판사

박윤선. (1976). 예레미야 주석 (The commentary of Jeremiah), Seoul Korea: 영음사

배정훈. (2007). 대 예언서, Seoul Korea: 한국장로교 출판사

변승우. (2004). 지옥에 가는 크리스챤들 (Christians going to hell), 서울: Grace Publisher

이현숙. (1998). 지옥에서 본 천국 (I): 일어나서 함께 가자, 서울: 도서출판 아가

이현숙. (2003). 지옥에서 본 천국 (II): 일어나서 함께 가자, 서울: 도서출판 아가

옥한흠. (1999). 내가 얻은 황홀한 구원: 옥한흠 목사의 로마서 강해 1, Seoul Korea: 도서출판 두란노

정민영, 한규삼, 김태권 외. (2009). 파워 기독교와 십자가의 도: 세상이 부러워 하는 성도의 힘, 서울: 열린 말씀

황영식. (2005). 조나단 에드워즈의 참된 부흥, Seoul Korea: 도서출판 누가

Alleine, Joseph. (1992). 천국에의 초대 (A Sure guide to heaven), Seoul Korea: 생명의 말씀사

Baxter, Mary K. (1997). 정말 지옥은 있습니다 (A divine revelation of hell: Time is running out), Seoul Korea: Grace Publisher

Bridges, Jerry. (1989). 하나님을 의뢰함 (Trusting God), Seoul Korea: 네비게이토 출판사

Charnock, Stephen. (2000). 당신의 거듭남 확실합니까 (The new birth I), Seoul Korea: 지평서원

Chisholm, Robert B. Jr. (2006). 예언서 개론 (Handbook on the prophets), Goyang Korea: 크리스천 다이제스트

Duffield, Guy P. & Van Cleve, N.M. (1992). 오순절 신학 기초 (Foundations of Pentecostal Theology), Seoul Korea: 성광 문화사

Edwards, Jonathan. (1997). 놀라운 회심 이야기 (A faithful narrative of the surprising work of God), Seoul Korea: 기독교 문서 선교회

Finney, Charles G. (1987). 승리의 원리 (Principles of victory), Goyang Korea: 크리스천 다이제스트

Guthrie, Donald. (1988). 신약신학 *(New Testament Theology)*, Seoul Korea: Christian Literature Crusade

Hodge, Charles. (2004). 조직신학 개요 *(The way of life)*, Goyang Korea: 크리스천 다이제스트

Lehman, Chester K. (1993). 성경신학 I 구약 *(Biblical Theology volume one: Old Testament)*, Seoul Korea: 크리스천 다이제스트

Lewis, Clive. S. (2001). 순전한 기독교 *(Mere Christianity)*, Seoul Korea: 주식회사 홍성사

Price, Charles. (1996). 진정한 그리스도인 *(Real Christians)*, Seoul Korea: 네비게이토 출판사

Ryle, John C. (2009). 거룩 *(Holiness)*, Seoul Korea: 도서출판 복 있는 사람

Sell, P. F. Alan (1989). 칼빈주의와 알미니안 주의와 구원 *(The great debate: Calvinism, Arminianism, and Salvation)*, Seoul Korea: 생명의 말씀사

Stott, John. (2002). 온전한 그리스도인이 되려면 *(The whole Christian)*, Seoul Korea: 한국 기독학생회 출판부

Watson, Thomas. (2007). 회개 *(Repentance)*, Seoul Korea: CLC

Pawson, David. (2000). 한번 구원은 영원한 구원인가?*(Once saved, eternal saved?: A study in perseverance and inheritance)*, Seoul Korea: Moriah Publishing Company

Vos, Geerhardus. (2000). 성경신학 *(Biblical Theology)*, Seoul Korea: Christian Literature Crusade

Wiese, Bill. (2007). *지옥에서의 23분 (23 Minutes in hell)*, Seoul Korea: 베다니 출판사

Williams, J. Rodman. (1993). *조직신학 (Renewal theology: Salvation, the Holy Spirit, and Christian Living)*, Goonpo, Kyunggi: 순신 대학교 출판부

Wynkoop, Mildred B. (1987). *칼빈주의와 웨슬레 신학 (Foundations of Wesleyan Arminian theology)*, Seoul Korea: 생명의 말씀사

Beilby, James K. & Eddy, Paul R. (Eds.). (2001). *Divine foreknowledge: Four views with contributions by Gregory A. Boyd, David Hunt, Willam Lane Craig, and Paul Helm*. Downers Grove, Illinois: InterVarsity Press.

너희가 그러고도 천국 갈 줄 아느냐!

재판1쇄 2025년 09월 25일

지은이	김경규
펴낸이	이기성
기획편집	권희연, 서해주, 최인용
표지디자인	권희연
책임마케팅	이수영, 김정훈
펴낸곳	도서출판 생각나눔
출판등록	제 2018-000288호
주　　소	경기도 고양시 덕양구 청초로 66, 덕은리버워크 B동 1708, 1709호
전　　화	02-325-5100
팩　　스	02-325-5101
이 메 일	bookmain@think-book.com

- 생각의 뜰은 도서출판 생각나눔의 자서전 브랜드입니다.
- 책값은 표지 뒷면에 표기되어 있습니다.
  ISBN 979-11-7048-913-9(03200)

Copyright ⓒ 2025 by 김경규 All rights reserved.
· 이 책은 저작권법에 따라 보호받는 저작물이므로 무단전재와 복제를 금지합니다.
· 잘못된 책은 구입하신 곳에서 바꾸어 드립니다.